Der Ohlsdorfer Friedhof

Helmut Schoenfeld
unter Mitarbeit von Norbert Fischer,
Barbara Leisner und Lutz Rehkopf

Der Ohlsdorfer Friedhof

Ein Handbuch von A–Z

Mit 190 Abbildungen

EDITION TEMMEN

Inhalt

Trauernde auf
der Grabstätte
Gobert/Strack,
Marmorplastik
aus dem Jahr
1900 (❖ X 24,
31–40)

Vorwort

Seit mehr als 100 Jahren gibt es Führer über den Ohlsdorf-Friedhof in Buchform. Der erste erschien 1897, zwanzig Jahre nach der Eröffnung des Friedhofs und anlässlich der Allgemeinen Gartenbauausstellung in Hamburg, verfasst vom damaligen Friedhofsdirektor Wilhelm Cordes. Der Friedhof war zu jener Zeit schon weit über die Grenzen Hamburgs bekannt und zu einer Sehenswürdigkeit geworden. Sogar auf der Weltausstellung 1900 in Paris wurde er zusammen mit der Speicherstadt als Vorzeigeobjekt der Stadt Hamburg ausgestellt und bekam den Grand Prix zugesprochen.

Wie der erste, so hatten weitere Ohlsdorf-Führer immer nur den Umfang eines schmalen »Büchleins« mit zunächst nur 20 Textseiten. Je mehr aber der Friedhof wuchs und damit auch seine Sehenswürdigkeiten zunahmen, desto größer wurden Umfang und Inhalt der liebevoll gestalteten Druckerzeugnisse. Alle Aspekte des einzigartigen großen Parkfriedhofs konnten in den zurückliegenden Veröffentlichungen jedoch nie gleichzeitig Beachtung finden. So wurden zwar immer ausführlichere Ohlsdorf-Führer veröffentlicht, eine umfassende Informationssammlung aber blieb bisher aus. Diese Lücke schließt das vorliegende Nachschlagewerk.

Zusammen mit dem Verlag entwickelten die Autoren ein lexikalisch aufgebautes Handbuch, das mit fast 700 Stichwörtern ein breites Spektrum an Wissen über den Friedhof bündelt und mit Querverweisen vernetzt. Behandelt werden die Bestattungs-, Friedhofs- und Grabmalkultur, alle Friedhofsanlagen und -bauten, etwa 180 Kurzbiografien von hier beigesetzten bekannten Persönlichkeiten des öffentlichen Lebens sowie der artenreiche Naturraum Friedhof. Aber auch ganz alltägliche Dinge wie Friedhofsgebühren, Grabnutzung und Ruhezeit bilden eigene Stichwörter. Das Handbuch setzt sich deutlich ab von der Art bisher erschienener Ohlsdorf-Führer, ohne diese in ihrer bleibenden Bedeutung für Details, Spaziergänge und Vergangenes zu schmälern.

Eine Ausweitung der behandelten Begriffe, besonders im Bereich Bestattung und Biografien, ist ohne weiteres möglich. Die gewählte Form eines Lexikons räumt einer späteren Aktualisierung große Chancen ein. Die Auswahl von Personen für die Kurzbiografien ist nicht willkürlich, es liegt aber in der Natur der Sache, dass jede Auswahl letzten Endes immer subjektiv sein bzw. erscheinen wird. So wurde von den etwa 600 allgemein bekannten Persönlichkeiten ein Querschnitt ausgewählt, der Hinweise gibt auf die Vielfältigkeit der hier bestatteten Prominenten und damit den Friedhof als Gedächtnis Hamburgs hervorhebt.

Das »Handbuch von A bis Z« reiht sich ein in eine neue Form der Vermittlung von Stadtgeschichte. Damit erschließt sich dem Leser der Friedhof auf eine sehr praktische Weise: Als Nachschlagewerk ermöglicht es mit seinen mannigfaltigen Querverweisen und mit Hilfe des Literaturverzeichnisses, sich eingehend in das jeweilige Thema zu vertiefen oder unter den in den »Allgemeine Informationen« am Ende des Bandes genannten Kontaktadressen weitere Auskünfte einzuholen. Darüber hinaus vermittelt die reiche Bebilderung weitere Aufschlüsse, und erstmals wird einem Buch über den Friedhof ein fest eingefügter ausklappbarer Übersichtsplan beigegeben.

Für die genaue Lage der beschriebenen Grabstätten und Objekte wird die offizielle Bezeichnung des Friedhofs verwendet, die sich am Raster des Koordinatennetzes orientiert. Das Auffinden wird für den Friedhofsbesucher dennoch nicht einfach sein. Daher werden neben der Lagenbezeichnung zusätzlich charakteristische Merkmale genannt. Eine weitere Hilfe sind die Möglichkeiten, auf dem Friedhof Hinweise einzuholen, so bei den Friedhofsgärtnereien, im Informationshaus und im Friedhofsmuseum.

Innerhalb nur eines halben Jahres haben die Autoren ihr fundiertes Wissen über den Friedhof zu Stichwörtern zusammengefügt. Ein besonderer Dank gilt den Mitautoren: Barbara Leisner-Fiedler als Kunsthistorikerin und seit der Grabmalinventarisierung bestens mit der Grabmalkultur vertraut, Norbert Fischer als Sozialhistoriker mit zahlreichen Publikationen u.a. zur Geschichte des Todes und der Friedhofskultur und Lutz Rehkopf, dem Referenten für Öffentlichkeitsarbeit bei den Hamburger Friedhöfen AöR. Gedankt sei auch den Mitarbeitern des Friedhofs Ohlsdorf und Mitgliedern des Förderkreises Ohlsdorfer Friedhof e.V., die bei der Beantwortung von Einzelfragen oder der Bildbeschaffung halfen. Eingeschlossen in den Dank ist Daniel Tilgner, der als erfahrener Lexikonherausgeber die Autoren unermüdlich auf die Systemtreue einer Stichwortsammlung eingeschworen hat. Abschließend noch ein besonderer Dank an meine liebe Frau, die trotz ihrer Krankheit mir ausreichend Zeit gewährte, das Ohlsdorf-Lexikon zusammenzustellen.

Helmut Schoenfeld
Hamburg, im September 2006

Nächste Doppelseite: Blick durch den Rosengarten auf das Cordesdenkmal

Abraham, Paul (geb. 2.11.1892 Apatin/ heute Serbien, gest. 6.5.1960 Hamburg), Operettenkomponist. Seine erste Operette »Viktoria und ihr Husar« brachte ihm 1930 Weltruhm ein. Bis 1933 folgten weitere, deren Melodien zu Evergreens geworden sind. Als ungarischer Musiker jüdischer Abstammung entschied er sich während der NS-Diktatur zur Emigration in die USA. Dort lebte A. in Armut und musste in eine Nervenheilanstalt eingeliefert werden. 1956 sorgten Freunde für seine Übersiedlung nach Hamburg in die Psychiatrie Eppendorf. ⧈ ❖ O 11, 123/P 11, 8, lgd. Platte

Ädikulagrabmal (Ädikula lat. = Häuschen). Ein Ä. stilisiert das Aussehen kleiner antiker Tempelfronten. Zwei Säulenelemente tragen einen Dreiecksgiebel oder Querbalken und bilden so eine Nische für die zentrale Wandfläche mit den Namen und Daten der Verstorbenen. Sie sind häufig mit eingearbeiteten ➤ *Grabmalreliefs* oder ➤ *Grabmalplastiken* verziert. Neben den kunstvoll als repräsentative ➤ *Grabmalarchitekturen* in ➤ *Naturstein* gestalteten Ä. (Grabmale Laspe ❖ O 7, 21–30, Holst ❖ AD 17, 91–100, Meyer ❖ AD 17, 209–218, Linder ❖ AE 16, 18–47) gibt es schlichtere Ausführungen aus vorgefertigten ➤ *Kunststein*elementen verschiedener Größen. Lit. *Leisner u.a. 1990*

AFD ➤ *Arbeitsgemeinschaft Friedhof und Denkmal e.V.*

Ahlefeldt, Mita von (geb. 13.12.1891 Hamburg, gest. 18.4.1966 ebd.), Schauspielerin. Nach ihrem ersten Engagement bei Erich ➤ *Ziegel* an den Kammerspielen am Besenbinderhof folgten Rollen an vielen Hamburger Bühnen und später außerdem zahlreiche Auftritte in Film, Fernsehen und Rundfunk. ❖ O-P 27, ➤ *Garten der Frauen*, ➤ *Kissenstein*

Links: Ädikula mit vollplastischen Säulen und angegliederter Exedra, 1909, Patenschaftsgrabstätte Menck (❖ Z 21, 28-36, vormals Leinau)
Rechts: einfaches Ädikulagrabmal ohne freistehende Säulen

Ahlefeldt, Otto von (geb. 10.9.1858 Kiel, gest. 27.2.1936, Hamburg) Landmesser und Heimatkundler. A. war 40 Jahre lang technischer Mitarbeiter von Wilhelm ➤ *Cordes* und verfasste zahlreiche Aufzeichnungen über die Geschichte des Friedhofs. 1897 gehörte er zu den Mitbegründern des Bürgervereins für Fuhlsbüttel und Klein Borstel, den beiden Nachbargemeinden von Ohlsdorf, die in ihrer Entwicklung stark von der des Friedhofs geprägt wurden. ❖ Z 4, 166–168

Grabplatte eines der bekanntesten Prominenten auf dem Friedhof. Auch viele junge Menschen suchen das Grab von Hans Albers auf

Ahlers, Anni (geb. 21.12.1902 Hamburg, gest. 14.3.1933 London), Operettensängerin. Seit 1929 war A. gefeierte Operettendiva und Filmschauspielerin in Berlin u.a. mit der Hauptrolle in »Viktoria und ihr Husar« von Paul ➤ *Abraham*. ❖ G 18, 296, quadratische ➤ *Stele*

Albers, Hans (geb. 22.9.1891 Hamburg, gest. 24.7.1960 Starnberg), Schauspieler. Als »Blonder Hans« genießt der in St. Georg geborene A. noch heute hohe Beliebtheit und gehört zu den bekanntesten dt. Schauspielern. 1928 gelang ihm der große Sprung, als ihn Max Reinhardt an das Dt. Theater in Berlin holte. Daneben wirkte er in Stummfilmen mit und schaffte auch den Übergang zum Tonfilm. Die Hauptrollen in seinen Filmen standen stets unter dem Motto »Hoppla, jetzt komm ich!« (Titel des Erfolgssongs aus dem Film »Der Sieger«, 1932) Wenige Monate vor seinem Tod stürzte er während eines Bühnenauftritts und konnte sich von den Folgen nicht mehr erholen. Ens ö ❖ Y 23, 245–254, 325, Grabstätte Kobrow, ab Waldstraße Hinweisschilder

Albertinen-Haus ➤ *Diakonissenhaus*

Allgemeine Gartenbauausstellung vom 1897. Die Hamburger A.G. übertraf an Großartigkeit und Dauer alle bisher in Deutschland gezeigten Vorgängerveranstaltungen. Viele Auswärtige besuchten auch den Friedhof, insbesondere am »Internationalen Gärtnertag«. Aus Anlass der A.G. verfasste Wilhelm ➤ *Cordes* den ersten ➤ *Friedhofsführer* und der ➤ *Verein Deutscher Garten-Künstler* schlug vor, den Friedhof als herausragendes Beispiel deutscher ➤ *Gartenkunst* auf der ➤ *Weltausstellung* in Paris vorzustellen.

Alsterdorfer Anstalten ➤ *Ev. Stiftung Alsterdorfer Anstalten*

Alte Hamburger Friedhöfe. Die A.H.F. wurden um 1800 als Begräbnisplätze der Kirchspiele vor den Toren der Stadt angelegt, zunächst, um Platz für neue Gräber zu gewinnen, bis 1812 die Beisetzungen in den Kirchen aus hygienischen Gründen generell verboten wurden. Sie lagen vor dem Steintor

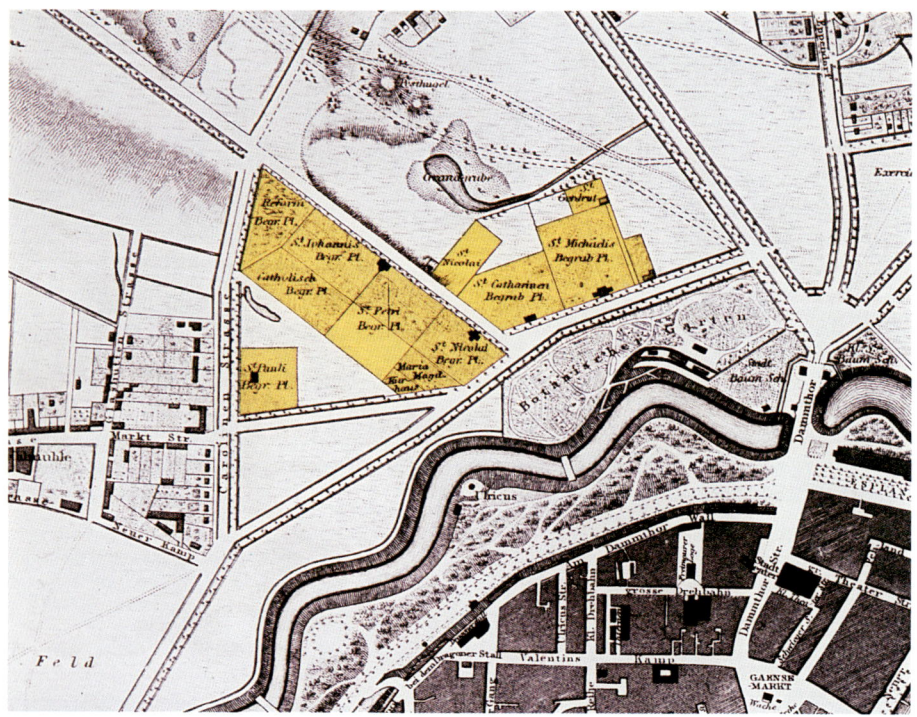

Die Begräbnisplätze vor dem Dammtor. Ausschnitt aus einem Hamburger Stadtplan um 1841. Aus dem schräg nach oben links verlaufenden Weg wurde die heutige St. Petersburger Straße

in St. Georg, heute Kirchenallee beim Hauptbahnhof, und vor dem Dammtor, heute Messegelände und Planten un Blomen. Die Räumungen vor dem Steintor begannen um 1900, vor dem Dammtor etwa 1920. Lit. *Albrecht 1920, Kiesel 1921, Kändler 1997*

Altes Krematorium. Das A.K. wurde von Ernst Paul Dorn im Auftrag des ➢ *Vereins für Feuerbestattung in Hamburg* an der Alsterdorfer Straße errichtet und am 19.11.1892 als erstes Hamburger und drittes dt. ➢ *Krematorium* in Betrieb genommen. Es umfasste zunächst auch ein ➢ *Kolumbarium*, bevor 1901 und 1904 auf dem Gelände des A.K. zwei ➢ *Urnenfriedhöfe*

entstanden. 1915 wurde das A.K. vom hamburgischen Staat übernommen. Die Einäscherungen endeten mit Inbetriebnahme des ➢ *Neuen Krematoriums* 1933. Gemeinsam mit den ehem. ➢ *Urnenfriedhöfen* erfolgte 1981 die Eintragung in die Hamburger Denkmalschutzliste. 1997 wurde das Gebäude aufwändig restauriert, danach vorübergehend als Restaurant genutzt. Lit. *Fischer 1996, 2002*

Althamburgischer Gedächtnisfriedhof. Der A.G. ist eine gärtnerische Anlage, die in ihrer Struktur dem Parterre eines Barockgartens ähnelt, überragt von einer ➢ *Christusstatue.* Der A.G. ist mit ➢ *Gräbern im öffentlichen In-*

Blick von der Christusstatue über den Althamburgischen Gedächtnisfriedhof in Richtung Verwaltungsgebäude

teresse belegt und damit als Gedächtnis Hamburgs von stadtgeschichtlicher Bedeutung. Er wurde in den Jahren 1896 bis 1905 angelegt und zunächst als »Ehrenallee« und dann als »Ehrenfriedhof« bezeichnet, um Gräber verdienter Hamburger aufzunehmen. Zunächst erfolgten die Umbettungen von Vincent ➢ *Placcius* und des Archivars Martin ➢ *Lappenberg* von dem ➢ *alten Hamburger Friedhof* St. Georg. Direkt beigesetzt wurden Alfred ➢ *Lichtwark* sowie später die in Hamburg bekannten Oberbaudirektoren Fritz ➢ *Schumacher* und Gustav ➢ *Oelsner*. Die Bez. A.G. kam erst in den 1920er Jahren auf, nachdem festgelegt worden war, die Anlage solle ausschließlich zur Aufnahme von Überresten stadtgeschichtlich bedeutender Hamburger dienen. So wurde die Anlage erst ab 1926 und nach Aufhebung und beginnender Räumung der ➢ *alten Hamburger Friedhöfe* vor dem Dammtor für diesen Zweck im größeren Umfang genutzt, die bemerkenswerten Grabmale aber getrennt in ➢ *Freilichtmuseen* auf dem Friedhof aufgestellt. In den 1960er Jahren kamen auch Gebeine von dem aufgehobenen Hammer Friedhof und dem St. Jacobi Friedhof in Wandsbek dazu. In 86 Gräbern, s. folgende Seite, ruhen sie geordnet nach Berufsgruppen. Am östl. Rand befinden sich die Gräber der Schauspieler Gustaf ➢ *Gründgens* und Ida ➢ *Ehre*, dahinter erhebt

Der Althamburgische Gedächtnisfriedhof

Lageplan zum Althamburgischen Gedächtnisfried-hof

Erläuterungen zum Lageplan Althamburgischer Gedächtnisfriedhof

Die Anordnung der Sammelgräber beruht auf den Angaben von Hans Wilhelm ➢ *Hertz*. Er war seit den 1920er Jahren an der Auswahl von um Hamburg »verdienter Persönlichkeiten« und an der Überführung ihrer Gebeine von den ➢ *alten Hamburger Friedhöfen* nach dem Friedhof Ohlsdorf beteiligt. Alle Gräber werden vom ➢ Staatsarchiv in ihrer Gesamtheit als ➢ *Gräber im öffentlichen Interesse* gewertet. Nicht jedes Grab ist mit einem Grabmal oder einer Grabplatte gekennzeichnet, und einige Inschriften dort Beigesetzter fehlen. Eine ausführliche Namensliste ist im ➢ *Museum Friedhof Ohlsdorf* zu erfragen. Seit 1998 wurden weitere Personen von anderen Friedhöfen nach Ablauf der dortigen ➢ *Ruhezeit* hierher überführt. In den 74 Sammelgräbern und acht Einzelgäbern sind beigesetzt:

Althamburgischer Gedächtnisfriedhof, Blick von den Grabstätten Ida Ehre und Gustaf Gründgens auf die Christusstatue

sich ein ➤ *Hügelgrab*. Über ein halbes Jh. war der A.G. eine gärtnerische Schmuckanlage von besonderem Reiz, angelegt im ➤ *neobarocken* Stil, mit symmetrisch angeordneten Wegeführungen, die auf Treppenanlagen zuliefen, säulenförmig geschnittenen Eiben sowie kugelförmigen Gehölzen und vielen Rosen auf der umlaufenden Böschung. Die Anlage verfiel; ein Relikt der einstigen Rosenpracht ist der Rosenstock am Grabmal ➤ *Lichtwark* mit der Sorte »Rosa venusta pendula«. Die 1992 von Gartenarchitekten erarbeitete ➤ *gartendenkmalpflegerische Leitbildkonzeption* war Basis für eine Teilrekonstruktion der Anlage 1998. Das Hauptgerüst der Wegeführungen mit begleitenden geschnittenen Eibensäulen konnte mit Hilfe von Spenden wiederhergestellt werden. ⓞ ❖ P 6, nahe Haupteingang.

Ämtersteinmuseum. Das Ä. ist ein ➤ *Freilichtmuseum* von Grabmalen der ➤ *Genossenschaftsgräber* von Ämtern und Brüderschaften auf den ➤ *alten Hamburger Friedhöfen*. Die Anlage wurde bis Anfang des 20. Jh.

als ➤ *Denkmalhof* bezeichnet und 1938 am »Tag für Denkmalpflege und Heimatschutz« eingeweiht. Als gemeinsame Grabzeichen dokumentieren sie alte Traditionen und den engen Zusammenhalt der Menschen in Arbeit, Leben und über den Tod hinaus. Die Steine entstanden um 1800, in Einzelfällen wesentlich früher. An der Ostseite des pyramidalen Steins der Gold- und Silberarbeiter lockerte sich vor Jahren die Vierung. Es fiel eine fast ebenso große Messingplatte heraus, vermutlich eine »Probierplatte«, früher von den Goldschmieden zur Bestimmung des Goldgehaltes von Schmuck verwendet. Aus Anlass des Europäischen Denkmalschutzjahres 1975 wurde das Ä. leicht verändert. Die damals auf dem umlaufenden Weg verlegten Sandsteinplatten sind wohl noch die einzigen Yorkshire-Sandsteinplatten in Hamburg. Sie kamen als Ballast englischer Segelschiffe in die Stadt und wurden häufig beim Bau von Gehwegen weiterverwertet. **E** ❖ T 27

Anders, Peter (geb. 1.7.1908 Essen, gest. 10.9.1954 Hamburg), Sänger. A. begann 1932 in Heidelberg eine Solokarriere, die ihn über Deutschland, Österreich und Schottland nach Hamburg führte. Anfang der 1950er Jahre erschloss er sich die großen heldischen Partien. Auf dem Höhepunkt seiner Karriere verunglückte er 1954 mit dem Auto und erlag wenig später seinen Verletzungen. ⓞ ❖ P 7, 11–12, ➤ Stele oberhalb des ➤ *Althamburgischen Gedächtnisfriedhofs*

Anonyme Bestattung. Die auch als ➤ *Sargbestattung* mögliche A.B. ist in der Regel eine Urnenbestattung, ohne

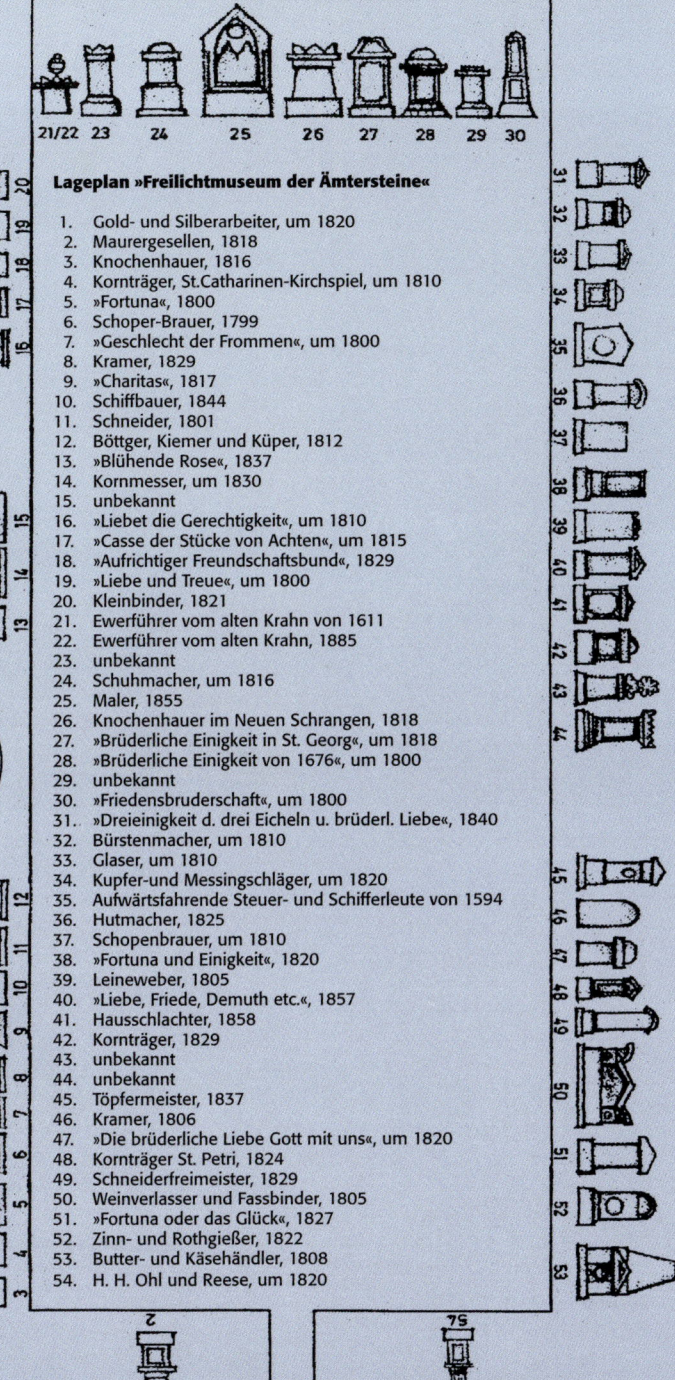

Lageplan »Freilichtmuseum der Ämtersteine«

1. Gold- und Silberarbeiter, um 1820
2. Maurergesellen, 1818
3. Knochenhauer, 1816
4. Kornträger, St.Catharinen-Kirchspiel, um 1810
5. »Fortuna«, 1800
6. Schoper-Brauer, 1799
7. »Geschlecht der Frommen«, um 1800
8. Kramer, 1829
9. »Charitas«, 1817
10. Schiffbauer, 1844
11. Schneider, 1801
12. Böttger, Kiemer und Küper, 1812
13. »Blühende Rose«, 1837
14. Kornmesser, um 1830
15. unbekannt
16. »Liebet die Gerechtigkeit«, um 1810
17. »Casse der Stücke von Achten«, um 1815
18. »Aufrichtiger Freundschaftsbund«, 1829
19. »Liebe und Treue«, um 1800
20. Kleinbinder, 1821
21. Ewerführer vom alten Krahn von 1611
22. Ewerführer vom alten Krahn, 1885
23. unbekannt
24. Schuhmacher, um 1816
25. Maler, 1855
26. Knochenhauer im Neuen Schrangen, 1818
27. »Brüderliche Einigkeit in St. Georg«, um 1818
28. »Brüderliche Einigkeit von 1676«, um 1800
29. unbekannt
30. »Friedensbruderschaft«, um 1800
31. »Dreieinigkeit d. drei Eicheln u. brüderl. Liebe«, 1840
32. Bürstenmacher, um 1810
33. Glaser, um 1810
34. Kupfer- und Messingschläger, um 1820
35. Aufwärtsfahrende Steuer- und Schifferleute von 1594
36. Hutmacher, 1825
37. Schopenbrauer, um 1810
38. »Fortuna und Einigkeit«, 1820
39. Leineweber, 1805
40. »Liebe, Friede, Demuth etc.«, 1857
41. Hausschlachter, 1858
42. Kornträger, 1829
43. unbekannt
44. unbekannt
45. Töpfermeister, 1837
46. Kramer, 1806
47. »Die brüderliche Liebe Gott mit uns«, um 1820
48. Kornträger St. Petri, 1824
49. Schneiderfreimeister, 1829
50. Weinverlasser und Fassbinder, 1805
51. »Fortuna oder das Glück«, 1827
52. Zinn- und Rothgießer, 1822
53. Butter- und Käsehändler, 1808
54. H. H. Ohl und Reese, um 1820

in der Platzmitte:

Der Anonyme Urnenhain bei Kapelle 8

dass die Hinterbliebenen den genauen Standort der Grabstätte erkennen und damit auch kein Grabmal setzen können. Meistens liegt die Grabstätte unter Rasen (daher auch ➤ *Rasengrab* oder Rasenbestattung). Sie hat den Status einer ➤ *Reihengrabstätte*. Die A.B. ist seit 1970 in Hamburg gesetzlich zugelassen. Auf dem Ohlsdorfer Friedhof sind seit 1975 nur Urnenbestattungen möglich. Lit. *Fischer 2002*

Anonymer Urnenhain. Bez. der Grabfelder für ➤ *Anonyme Bestattungen* von ➤ *Urnen*. Der erste A.U. entstand 1975 bei ➤ *Kapelle 8* (mit etwa 15.000 Bestattungen inzwischen belegt), weitere folgten seit 1991 bei

Kapelle 2 und hinter Kapelle 13. Die Anlagen sind gärtnerisch gestaltet, und das Grabfeld ist als Rasen erkennbar. Blumenschmuck kann an dafür bestimmten Stellen abgelegt werden (s.a. ➤ *Urnenhain*).

Ansichtspostkarten. Um 1900 begann die Darstellung des Friedhofs als Sehenswürdigkeit auf A., angeboten von mehreren Verlagen mit vielfältigen Motiven, tlw. koloriert und oft mit Personenabbildungen bedruckt. A. sind Zeitdokumente und begehrte Sammlerstücke. Versandte A. haben in ihren Mitteilungen nur selten einen Bezug zum Friedhof. Zahlreiche A. sind im ➤ *Archiv* und im Altonaer Museum

HAMBURG-OHLSDORF   Rosen am Nordteich

»Rosen am Nord-
teich«, Ansichts-
postkarte, um
1910

zu finden. Seit Ende des 20. Jh. bieten die Friedhofsverwaltung, der ➢ *Förder-kreis* und Verlage wieder A. an. Die Motive sind nunmehr in der Regel Gebäude und eindrucksvolle Grabmale.

Arbeitsgemeinschaft Friedhof und Denkmal e.V. Als Nachfolgerin des ➢ *Reichsausschusses für Friedhof und Denkmal* von Werner Lindner 1951 zur Pflege und Förderung der Friedhofs- und Denkmalkultur in Deutschland gegründet. Sitz des Vereins ist Kassel. Die Friedhofsverwaltung und der ➢ *Förderkreis Ohlsdorfer Friedhof e.V.* stehen mit der A.F.D. in engem Kontakt. In den vergangenen Jahren wurden gemeinsame Ausstellungen im ➢ *Mu-seum Friedhof Ohlsdorf* organisiert. Seit 1956 Herausgabe der Zeitschrift »Friedhof und Denkmal«. 1979 erfolg-te Gründung des Zentralinstitutes für Sepulkralkultur und erste große Ausstellung (»Wie die Alten den Tod gebildet«). 1992 eröffnete das der A.F.D. angegliederte Museum für Sepulkralkultur (Kassel).

Architektur ➢ *Friedhofsbauten*

Archiv. Das im ➢ *Museum Friedhof Ohlsdorf* untergebrachte A. entstand aus der Sammlung des ➢ *Förderkreises Ohlsdorfer Friedhofs* insbesondere von Aktenauszügen, Fotos, Dias, Plänen, Zeitungsausschnitten zu den Themen

Friedhof Ohlsdorf und Friedhofs- und Bestattungswesen sowie ➢ *Ansichtspostkarten*, Arbeitsunterlagen des ➢ *Forschungsprojektes*, ➢ *Künstlereikartei*, ➢ *Lüdemann'sche Sammlung*, Präsenzbibliothek. Großfotos, Pläne und Modelle aus der Zeit um 1900 sowie Beisetzungsregister unterschiedlichster Art werden von der ➢ *Friedhofsverwaltung* aufbewahrt.

Arnold, Xaver (geb. 17.2.1848 Sursee, gest. 14.8.1929 Hamburg), Bildhauer. A. stammte aus der französischen Schweiz, studierte an der Kunstakademie in München und unterrichtete an der Bauschule Minden Zeichnen und Modellieren, bevor er Ende des 19. Jh. nach Hamburg übersiedelte. Hier entwickelte sich eine intensive Zusammenarbeit mit dem Friedhofsdirektor Wilhelm ➢ *Cordes*. An etwa 20 Grabmalen wirkte er mit, meist fertigte er Büsten und Halbreliefs an, schuf aber auch vollplastische Arbeiten wie die Christusfigur auf dem ➢ *Althamburgischen Gedächtnisfriedhof*. ❖ L 15, 483, ➢ *Schweizer Begräbnisstätte*

Aschengrabgarten. Bez. von ➢ *Linne* für kleine architektonisch gestaltete Urnengrabfelder mit einheitlicher Bepflanzung und strengen Vorgaben für die Gestaltung von ➢ *Reformgrabmalen*, Beispiele: abgesenkter A. beiderseits des ➢ *Inselkanals*, ❖ Bp–Bq 59 und A. mit kunstvoll gestaltetem ➢ *Brunnen* beiderseits des ➢ *T-Teiches*. ❖ Bk 54–55, Lit. *Linne 1927*

Association of Significant Cemeteries in Europe (ASCE). Vereinigung bedeutender Friedhöfe in Europa, 2001 in Bologna mit dem Ziel gegründet, Friedhöfe als bedeutendes Kulturgut hervorzuheben, die sich durch ihre Geschichte, Grabkunst oder landschaftlichen Schönheiten besonders auszeichnen. Seit 2004 ist der ➢ *Förderkreis Ohlsdorfer Friedhof e.V.* Mitglied und vertritt damit den größten Parkfriedhof der Welt. Im selben Jahr wurde ein Führer zu 30 bedeutenden europäischen Friedhöfen herausgegeben.

Aufbahrung. Bis Anfang des 20. Jh. wurden Verstorbene vor der Beisetzung in ihren Wohnungen aufgebahrt. Mit dem Übergang von bäuerlichen zu bürgerlichen Wohn- und Lebensformen endete diese Sitte. Der Verstorbene wird heutzutage vor der Beisetzung zunächst in einer Leichenhalle aufgebahrt. Die Angehörigen, die das Bedürfnis der Abschiednahme am offenen Sarg haben, können hierfür einen Abschiedsraum bei den ➢ *Feierhallen* des Krematoriums nutzen.

Augenpunkt. Von Wilhelm ➢ *Cordes* geschaffener Begriff zur Bez. von Standorten in der Friedhofsparkland-

Aufgebahrter, geschlossener Sarg in der Kapelle 10 kurz vor der Trauerfeier

Expressionistische Grabwand mit weit auskragendem Gesims auf der Grabstätte für Franz Bach aus dem Jahr 1935. Die von Richard Kuöhl geschaffenen Terrakottafiguren symbolisieren die vier Lebensalter

schaft, von denen aus bemerkenswerte Objekte wie Gebäude, Grabmonumente, Teiche oder Bäume gezielt aus der Entfernung anvisiert werden können. A. liegen meist an etwas erhöhten Stellen.

August-Heerlein-Stift. 1894 errichtete der Hamburger Weinhändler August Heerlein eine Stiftung von Freiwohnungen für allein stehende Frauen aus gebildeten Kreisen. Seine Tochter ließ im Jahr 1904 zum 100. Geburtstag des Vaters ein ➢ *Genossenschaftsgrab* für die verstorbenen Bewohnerinnen einrichten. Vor dem hohen Pfeiler kniet eine junge Frau in Bronze, die einen Kranz zur Inschrifttafel hochhält. 🅴❖ AB 27–28

Ausstellungen ➢ *Allgemeine Gartenbauausstellung 1897,* ➢ *Weltausstellung Paris 1900,* ➢ *Friedhofskunst-Ausstellung 1912,* ➢ *Internationale Hygiene-Ausstellung 1912*

»Avaré«-Untergang. Am 16.7.1922 wurde der brasilianische 8000-t-Frachter »Avaré« nach einer Generalüberholung auf der Vulkanwerft im Ellerholzhafen ausgedockt. Wegen ungenügendem Wasserballast kam es dabei zur Katastrophe: Binnen weniger Sekunden kenterte das Schiff, und 26 Besatzungsmitglieder und sieben Werftarbeiter ertranken. Die brasilianische Reederei »Companhia de Navegaçao Lloyd Brasilerio« sorgte für die ➢ *Gemeinschaftsgrabstätte.* Nach Hebung und Reederwechsel wurde das Schiff durch Aufbau eines zweiten, »blinden« Schornsteins äußerlich verändert, um nicht länger an das Unglück zu erinnern. 🅴 ❖ Bi 57, nördl. Blutbuchenallee

Bach, Franz (geb. 3.6.1865 Hamburg, gest. 16.10.1935 ebd.), Architekt, Bauunternehmer. B. wurde bekannt durch Kontorhausbauten in der Hamburger Innenstadt, insbesondere an der 1909 fertig gestellten Mönckebergstra-

Die Findlingsgruppe auf der Grabstätte Ballin zeigt eine typisch-naturnahe Grabmalform im Cordesteil des Ohlsdorfer Friedhofs

ße. Mit dem Bau des »Südseehauses« (1911/12) und des »Levantehauses« (1912/13) übernahm B. zusammen mit Carl Bensel den neuen Kontorhausstil, der mit Backstein und Bürgerhausmotiven sich auf althamburgische Traditionen des Bauens stützt. Ⓔ ❖ Q 25, 97–108, expressionistisches Klinkergrabmal

Bahá'í, Grabfeld der. Die seit 1982 nach Südosten ausgerichteten Grabsteine, oft mit persischen Schriftzeichen versehen, lassen muslimische Gräber vermuten. Trotz eines islamischen Hintergrunds steht die Religion der B. nicht im Einklang mit dem Islam. Ihre Grundsätze sind u.a. Toleranz gegenüber allen Religionen, die Gleichberechtigung von Mann und Frau sowie die Harmonie von Wissenschaft und Religion. In der Stadt Akko in Israel steht der Schrein des Religionsgründers, die Qiblih. Sie ist maßgebend für ihre Gebetsrichtung und Ausrichtung der Gräber. Hauptsitz der weltweit lebenden sechs Millionen Anhänger ist das nahe gelegene Haifa. Dort wirkt das international besetzte Gremium »Das Univer-

sale Haus der Gerechtigkeit«. Es gibt für die B. kaum Bestattungsrituale. Vorgeschrieben sind lediglich die Erdbestattung, das Totengebet für über 15-jährige und höchstens eine Stunde Weg vom Sterbeort zur Beerdigungsstätte, denn es gilt der Leitsatz: Wo der Mensch gestorben ist, hat ihn seine Seele hingebracht, und dort muss er auch bestattet werden. ❖ Bo 72, im nordwstl. Bereich

Bahnhofskapelle ➤ *Kapelle 11*

Ballin, Albert (geb. 15.8.1857 Hamburg, gest. 9.11.1918 ebd.), Reedereidirektor. B. verkörperte den Aufstieg der Hamburger Reederei HAPAG im späten 19. und frühen 20. Jh. zur größten Reederei der Welt. 1886 wurde er zum Leiter der HAPAG-Passageabteilung und 1899 zum Generaldirektor berufen. Als Vertrauter Kaiser Wilhelms II. setzte sich B. vor dem Ersten Weltkrieg erfolglos für eine deutsch-britische Verständigung ein. Ⓔ Ⓞ̈ ❖ Q 10, 420–429, Findlingsgrabmal im Waldteil

Banco, Alma del (geb. 24.12.1862 Hamburg, gest. 8.3.1943 ebd.), Malerin. B. war Gründungsmitglied der Hamburgischen Sezession von 1919. In der NS-Zeit wurden ihre Bilder für »entartet« erklärt und verboten. Nach Erhalt ihres Deportationsbescheides beging B. Selbstmord. Ⓞ̈ ❖ AC 8, 215–224, Grabstätte Lübbert, ➤ *Kissenstein*

Bathurst-Opfer ➤ *Lufthansaflieger*

Bäume ➤ *Gehölze*

Bäumer, Paul (geb. 11.5.1896 Hamburg, gest. 15.7.1927 ebd.), Pilot, Flugzeugkonstrukteur. Mit seinem selbst konstruierten, leuchtend rot lackierten Leichtmetallflugzeug »Sausewind« stellte B. mehrere Weltrekorde auf und war mit seinen berühmten Kunstflügen die Attraktion zahlreicher Flugschauen. Bei einem Testflug über den Öresund verlor er die Gewalt über seine Maschine vom Typ Rohrbach und stürzte aus 5000 m Höhe in die See. **E** ⬚ ❖ H 6, 188

Baumgräber nahe des Z-Teichs. Der Verzicht auf sichtbare Grabzeichen hebt den naturnahen Charakter dieser Gemeinschaftsgrabstätten für Urnenbestattungen hervor

Baumgräber bezeichnen seit 2003 ➢ *Gemeinschaftsgrabstätten* für ➢ *Urnenbestattungen* unter Bäumen ohne Grabzeichen. B. sind 100 x 50 cm große, mit zwei ➢ *Urnen* belegbare ➢ *Wahlgrabstätten*. Namen und Lebensdaten der Verstorbenen können in gemeinschaftlichen Granitplatten verzeichnet werden. Die Anlage wird durch einen Rundweg erschlossen, der Randbereich ist als »Wildwiese« gestaltet. ❖ Bl 58, am ➢ *Z-Teich*

BDM-Mädchen. Am 6.11.1944 wurde eine Gruppe des nationalsozialistischen Bundes Deutscher Mädel aus Hamburg nach einem Kameradschaftsabend südl. von Bremen auf der Rückfahrt von englischen Tieffliegern beschossen. Sieben junge Frauen kamen dabei ums Leben. Kissensteine markieren das in unmittelbarer Nähe der früheren Ehrenanlage gefallener Kämpfer der NSDAP angelegte Gemeinschaftsgrab. † ❖ R 26, am Rand der Lichtung

Beckmann, Emmy (geb. 12.4.1880 Wandsbek, gest. 24.12.1967 Hamburg), Oberschulrätin, Politikerin. B. wurde 1927 erste weibliche Oberschulrätin Hamburgs, 1933 wegen nationaler Unzuverlässigkeit vorzeitig pensioniert und nach 1946 in ihr Amt wiedereingesetzt. Sie war bei der Gründung von Frauenvereinen aktiv und 1921–33/ 1949–57 Abgeordnete der Hamburgischen Bürgerschaft. **Ens** ❖ O–P 27, ➢ *Garten der Frauen*, lgd. Platte

Beisetzungszahlen. Im Jahresmittel 2004/05 wurden auf hamburgischen Friedhöfen etwa 17.500 Verstorbene beigesetzt. Davon entfallen mit 5280 Beisetzungen etwa 30 % auf den Friedhof Ohlsdorf. Die Urnenbeisetzungen hatten dabei einen Anteil von 74 % (= 3900).

Bekannte Persönlichkeiten ➢ *Prominentengräber*

Beratungszentrum. Das B. im ➢ *Verwaltungsgebäude* erteilt Besuchern und Angehörigen Verstorbener umfassende Informationen über alle Fragen zu Grab und ➢ *Bestattung*, ➢ *Feuerbestattung*, ➢ *Grabpflege* sowie ➢ *Vorsorge*. Sie erhalten dort kostenlose Friedhofspläne, Prospekte zu Prominenten, Hinweise zu ➢ *Friedhofsführungen* und die neuesten Grabangebote (s. Allgemeine Informationen).

Bernuth, Julius von (geb. 8.8.1830 Rees/heute Stadtteil Düsseldorfs, gest. 24.12.1902 Hamburg), Dirigent. B. leitete 1854–68 die Singakademie in Leipzig und bis 1894 die in Hamburg, wo er zugleich Dirigent der Philharmonischen Konzerte war. 1872 bezog er die Singakademie als Chor des Philharmonischen Orchesters ein und gründete im Jahr darauf das Hamburger Konservatorium. Wie Hans von ➤ *Bülow* führte B. reine Instrumentalkonzerte ein und nahm die Werke des Zeitgenossen Johannes ➤ *Brahms* mit in das Programm auf. Ⓔ ❖ AB 9, 74–83, an der Straße

Bestattung. Auch Begräbnis oder Beisetzung genannt, bezeichnet die B. die Verbringung verstorbener Menschen in die ➤ *Grabstätte* oder in eine Nische des ➤ *Kolumbariums*. Die B. umfasst auch die rituellen Vorgänge, die durch religiöse Traditionen vermittelt sind und dem Seelenheil des Verstorbenen dienen, z.b. begleitende Gebete beim Absenken des Sarges in die ➤ *Gruft* sowie Musik, Blumendekoration und Trauerfeier.

Bestattungsarten. Grundsätzlich unterscheidet man zwischen der Bestattung eines Sarges in der Erdgruft und der ➤ *Feuerbestattung*, die Beisetzung einer mit Asche gefüllten ➤ *Urne* in einer entsprechend kleineren ➤ *Gruft*. Darüber hinaus gibt es die Bestattung im ➤ *Kolumbarium*, bei der die Urne in eine geschlossene Nische eingestellt wird, und die Seebeisetzung, der Ausbringung der Asche in einer Spezialurne ins offene Meer. Moderne B. sind Luft- und Weltraumbestattungen sowie das Ausstreuen der Asche auf einer Wiese.

Bestattungsgesetz. Das B. ist Landesrecht und wird von der Hamburgischen Bürgerschaft erlassen. Es regelt den Umgang mit den Verstorbenen, u.a. die ➤ *Ruhezeit*, bestimmt, was eine Störung der Totenruhe ist, und legt die Pflicht zur Beisetzung auf einem Friedhof fest. Aus dem B. resultiert die ➤ *Friedhofsordnung* für die staatlichen Friedhöfe der Freien und Hansestadt Hamburg.

Bestattungsgewerbe. Das B. übernimmt Aufgaben rund um eine Bestattung:
1. Das Bestattungsunternehmen kümmert sich um den Sarg, die Erledigungen beim Standesamt, um die Buchung der Feierräume und die Organisation der Trauerfeier, ggf. um testamentarische Angelegenheiten und sorgt in Zusammenarbeit mit ➤ *Friedhofsgärtnereien* für den Kranz- und Blumenschmuck und die weitere Dekoration der Abschiedsfeier.
2. Der Friedhof verwaltet die ➤ *Kapellen*, die ➤ *Feierhallen* und die ➤ *Grabstätten*, führt die Grabüberlassung sowie die Friedhofspflege durch, genehmigt das Aufstellen von Grabmalen und entwickelt neue Bestattungsarten.
3. Die ➤ *Friedhofsgärtnereien* bieten Grabpflege und Dekorationen an.
4. Steinmetzbetriebe gestalten und errichten Grabmale, ergänzen ggf. Inschriften und sorgen für die Standsicherheit der Grabmale.

Bethanien ➤ *Diakonissenhaus*

Bethesda ➤ *Diakonissenhaus*

Bethlehem ➤ *Diakonissenhaus*

Beurle, Carl A. A. (geb. 7.5.1848 Hamburg, gest. 3.7.1906 ebd.), Feuerwehrmann. Als Brandwächter und Telegrafist auf dem Turm der Michaeliskirche versuchte er vergeblich, ein bei Lötarbeiten entstandenes Feuer zu löschen. Trotz Lebensgefahr lief er zurück zum Morseapparat in sein Dienstzimmer und alarmierte die Hauptfeuerwache. Anschließend war es für seine eigene Rettung zu spät, und er kam in den Flammen um. ⑥ ❖ Q 11, Gedenkplatte (s.a. ➤ *Feuerwehrgräber*)

Bildhauer ➤ *Künstlerkarte*

Biotopkartierung. Auswertung einer Untersuchung des Lebensraumes oder einer bestimmten Art in der ➤ *Tier- und Pflanzenwelt* innerhalb eines Ökosystems. Ergebnisse mehrerer B. oder gleichwertiger Bestandserhebungen ergaben, dass der Friedhof in vielfältiger Weise als wertvoller und für einige Arten auch als alleiniger Lebensraum in Hamburg anzusehen ist, z.B. für verschiedene Nacht- und Kleinschmetterlinge (➤ *Insekten*). Die Untersuchungen berücksichtigten in erster Linie Arten, die von zoologischen Laien kaum wahrgenommen werden. Eine Bestandserhebung des Gesamtpotentials der Artenvielfalt besteht nicht (nähere Informationen bei der Friedhofsleitung oder im ➤ *Archiv*).

Bischofskuhle lautet die volkstl. Bez. für eine Bodensenke des Ohlsdorfer Friedhofs, an deren Rand zahlreiche Grabstätten verstorbener Hamburger Hauptpastoren und Bischöfe liegen (s. ➤ *Herntrich*, ➤ *Knolle*, ➤ *Wölber*). Meist kennzeichnen große, schlichte Grabplatten ihre Gräber. Die Senke war ehem. zur Aufnahme und Versickerung von Oberflächenwasser bestimmt.
❖ AA 7–8, südl. der Straße

Blohm, Hermann (geb. 23.7.1848 Lübeck, gest. 12.3.1930 Hamburg), Ingenieur und Werftbesitzer. Der Sohn eines wohlhabenden Lübecker Kaufmanns gründete zusammen mit dem Schiffsingenieur Ernst ➤ *Voss* auf dem Kuhwerder die Werft Blohm + Voss. Ⓔ ⑥ ❖ Q 25, 28–35

Bombenopfergräber werden neben dem ➤ *Bombenopferkreuz*, die zwei Gemeinschaftsanlagen genannt, in denen weitere identifizierte Tote der Luftangriffe aus der Zeit von 1940 bis 1945 einzeln bestattet wurden. ❖ I–M 27–28 südl. der ➤ *Mittelallee*, 1289 Tote, gekennzeichnet mit einer »eisernen Dornenkrone«, Entwurf Egon Lissow, und H–L 31, volkstl. Bez. »Handtuch«, 304 Tote hinter der Kapelle 10, †

Bombenopferkreuz. Das B. benennt die kreuzförmige Anlage von vier Massengräbern für 36.918 von etwa 42.000 Hamburgern, die bei den Luftangrif-

Einer der vier Massengrabhügel des Bombenopferkreuzes, im Hintergrund das Bombenopfer-Mahnmal

Die monumentalen Figuren in der Nische des Bombenopfer-Mahnmals sind scharfkantig geschnitten und stark stilisiert

Detail der Figur »Mutter und Kind«

Die Toten erscheinen von der Grausamkeit des Massenmordes unberührt und symbolisieren die Befreiung von der Schicksalslast des Lebens im Tode

fen der Alliierten Ende Juli/Anfang August 1943 vor allem im dicht besiedelten Stadtteil Hammerbrook ums Leben kamen. Im Kreuzungspunkt steht das ➤ *Bombenopfer-Mahnmal*. Die meisten Toten konnten nicht identifiziert werden. Zum Bergen der Leichen und deren bis in den Oktober hinein andauernde Beisetzung wurden KZ-Häftlinge eingesetzt. Die eichenen Querbalken mit den Stadtteilnamen weisen auf die Fundorte hin, dokumentieren aber nur annähernd den Sterbeort der Beigesetzten. Entwurf: Bildhauer Ludwig Kunstmann (1944), aufgestellt 1949, seither mehrmals erneuert. Noch heute gedenken vereinzelt Angehörige ihrer Toten mit Kreuzen und Namenstäfelchen am Fuß der Massengrabhügel, es waren einst 2000. † ❖ Bo 66, Bn–Bq 67, Bo 58, Zugang vorzugsweise von der ➤ *Mittelallee*

Bombenopfer-Mahnmal. Mahnmal für alle Opfer der Bombardierung Ham-

burgs während des Zweiten Weltkriegs und Mittelpunkt der Massengrabanlage ➤ *Bombenopferkreuz*. Der Entwurf aus einem im Jahr 1947 ausgelobten Wettbewerb stammt von Gerhard ➤ *Marcks* (Ausführung Alfons Doll

und Johannes Bursch). Bürgermeister Max Brauer weihte das B.-M. am 16.8.1952 ein. Der nach oben hin offene Bau aus Elm-Kalkstein wirkt schroff und unnahbar wie eine Ruine. Vom eisernen Tor an der Südseite fällt der Blick auf eine überlebensgroße, stark stilisierte Figurengruppe aus Obernkirchener Sandstein. In einer Nische stehen oder hocken zusammenhanglos nebeneinander der Totenfährmann Charon, Vater, Brautpaar, Mutter und Kind, Großvater in einem flachen Nachen. Das Tor ist von Ende Juli bis Anfang August im Gedenken an die Bombennächte sowie an Volkstrauer- und Totensonntagen geöffnet. Ⓔ ⓞ̈ ❖ Nähe Kapelle 13, nördl. ➤ *Mittelallee*

Boor, Julie de (geb. 21.7.1848 Hamburg, gest. 4.6. 1932 ebd.), Malerin. B. machte sich als Porträtistin der Hamburger Gesellschaft einen Namen und war verheiratet mit dem Schlachtenmaler Hermann de Boor. Ⓔ ❖ T 21, 10–31, Grabstätte Unna

Borchert, Herta (geb. 17.2.1895 Hamburg, gest. 26.2.1985 ebd.), Schriftstellerin. Die Mutter von Wolfgang ➤ *Borchert* verfasste niederdeutsche Erzählungen aus ihrer Kindheit und Heimat in den Vierlanden. Später setzte sie sich für die Verbreitung der Werke ihres Sohnes ein. Ihre Urne wurde auf der Grabstätte ihres Sohnes beigesetzt. ❖ AC 5, 6, ➤ *Kissenstein* am Rand des Hügels

Borchert, Wolfgang (geb. 20.5.1921 Hamburg, gest. 20.11.1947 Basel), Dichter und Schriftsteller. B. wurde einer der bekanntesten deutschen Autoren der Nachkriegszeit. Als Soldat an der Ostfront ab 1941 erkrankte er mehrfach schwer. Nach 1945 versuchte er, in der Theater- und Kabarettszene Fuß zu fassen. Bis Ende 1946 entstanden in rascher Folge etwa 20 Prosastücke und daneben die Sammlung früherer Gedichte »Laterne, Nacht und Sterne«. Unheilbar krank, schrieb er noch sein letztes und berühmtestes Werk »Draußen vor der Tür«, das einen Tag nach seinem Tod in den Hamburger Kammerspielen unter Ida ➤ *Ehre* uraufgeführt wurde. B. starb im Alter von nur 26 Jahren während eines Kuraufenthalts in der Schweiz. Ⓔ ⓞ̈ ❖ AC 5, 6, lgd. Platte am Fuß des Hügels

Böse, Johannes (geb. 27.8.1879 Hemelingen/heute Stadtteil Bremens, gest. 13.12.1955 Hamburg), Reformpädagoge. B. war 1925 Begründer der bis heute in Hamburg bestehenden Griffelkunst-Vereinigung e.V., die er bis zu seinem Tod leitete. Entstanden im Umfeld kunstpädagogischer Reformbewegungen, zielte sie darauf ab, grafische Kunst einer breiten Bevölkerung näher zu bringen. ⓞ̈ ❖ S 11, 127

Boßdorf, Hermann (geb. 29.10.1877 Wiesenburg bei Belzig, gest. 24.9.1921 Hamburg), Dramatiker und Balladendichter. In der Ausbildung zum Telegraphenassistenten lernte B. Dänisch und Schwedisch und las die nordischen Dichter im Original. Er verfasste anfangs hochdeutsche Dramen mit biblischen Stoffen. Der starke Erfolg seines ersten niederd. Dramas 1919 veranlasste die Hamburger »Gesellschaft für dramatische Kunst«, sich als »Niederdeutsche Bühne« von da an ausschließlich der niederd. Heimatkunst zu widmen. Ⓔ ⓞ̈ ❖ B 14, 22–24, ➤ *Findling* am Zaun

Bozenhard, Karli (geb. 11.6.1866 Wien, gest. 1.2.1945 Hamburg), Schauspielerin. B. galt früh als Wunderkind und gehörte später gemeinsam mit ihrem Mann Albert über 40 Jahre zum Ensemble des Thalia Theaters. **E** ❖ O–P 27, ➤ *Garten der Frauen*, Pfeilergrabmal

Brackenhoeft, Eduard (geb. 31.5.1845 Stockelsdorf, gest. 1914 Hamburg), Rechtsanwalt. B. war der Pionier der ➤ *Feuerbestattung* und sorgte als Vorsitzender des ➤ *Vereins für Feuerbestattung* in Hamburg für den Bau des ersten Krematoriums in Hamburg 1892 (➤ *Altes Krematorium*). **E** ❖ U 12, 86–90, 291–292, ➤ *Ädikula* mit Galvanorelief

Brahmsgräber werden die Gräber der Familie Johannes Brahms (1833–97) und weiterer Mitglieder aus dem Hamburger Wirkungskreis des berühmten Komponisten und Ehrenbürgers der Stadt

Grabstätte der Stiefmutter und des Stiefbruders von Johannes Brahms, denen der Komponist zeitlebens eng verbunden war (❖ Q 5, 37-40, Hinweisschild)

Hamburg genannt. Dazu gehören u.a. der Vater Johann Jacob ➤ *Brahms*, die Stiefmutter Caroline ➤ *Brahms*, Julius von ➤ *Bernuth*, Hans von ➤ *Bülow*, Eduard ➤ *Hallier*. Insgesamt 38 Personen und ihre Gräber hat der ➤ *Förderkreis Ohlsdorfer Friedhof e.V.* ermittelt und ihnen 2004 in Zusammenarbeit mit der Johannes-Brahms-Gesellschaft Hamburg eine Ausstellung im Friedhofsmuseum und im Hamburger Johannes-Brahms-Museum gewidmet. Lit. *Förderkreis, Band 10*

Brinckmann, Justus (geb. 28.5.1843 Hamburg, gest. 8.2.1915 ebd./Bergedorf), Kunsthistoriker und Museumsdirektor. B. wurde 1877 vom Hamburger Senat zum ersten Direktor des Museums für Kunst und Gewerbe ernannt, dessen Gründung er maßgeblich betrieben hatte. U.a. setzte sich B. sehr für niederdt. Heimatkunst ein. **E** **ö** ❖ Z 11, 50–59, ➤ *Kissenstein* mit Bronzeplatte

Britische Reichskriegsgräberkommission ➤ *Commonwealth War Graves Commission*

Britische Soldatengräber (Erster Weltkrieg). In den 1923 angelegten B.S. sind 683 in Deutschland während des Ersten Weltkriegs verstorbene Kriegsgefangene beigesetzt (zumeist durch Umbettungen desselben Jahres aus den Lagern Güstrow, Hannover, Minderheide, Munsterlager, Parchim und Soltau). Seit 1974 erinnert ein Gedenkstein an 25 unbekannte britische Seeleute, die 1916 vor Helgoland ums Leben kamen, dort beigesetzt waren und hierhin umgebettet wurden. Das Hochkreuz, ➤ *Commonwealth War Graves Commission*, ist Bezugs-

punkt für die angrenzenden Anlagen ➢ *britischer Soldatengräber (Zweiter Weltkrieg),* so auch bei den jährlichen Feierlichkeiten am ➢ *Remembrance Day.* Zweisprachige Erläuterungen an den seitlichen Eingangspfeilern geben Hinweise zu dieser Anlage. ❖ Bi 59

Britische Soldatengräber (Zweiter Weltkrieg). Durch Umbettungen aus der weiteren Umgebung Hamburgs sind nach dem Krieg in diesen Soldatengräbern 1443 britische Soldaten beigesetzt worden, auch jene 67 Seeleute und Piloten, die vor der Insel Pellworm von der deutschen Bevölkerung tot geborgen und zunächst in Privatgräbern beigesetzt waren. Ein Gedenkstein er-

innert an die drei Piloten, deren Gräber aus den Jahren 1939 und 1942 auf der Insel Helgoland nicht mehr auffindbar waren. Der Eingang der Anlage ist flankiert von zwei offenen Gedenkhallen aus Obernkirchener Sandstein. Dort liegen ein Besucherbuch und ein Grabregister aus, in dessen Vorspann eine kurze Darstellung des Kriegsendes in Norddeutschland enthalten ist. Die Gestaltung der Anlage erfolgte nach den Regeln der ➢ *Commonwealth War Graves Commission.* ❖ Bk 59

Britischer Garnisonsfriedhof. Der B.G. ist Ruhestätte für 304 in den Jahren 1945 bis 1958 in Hamburg verstorbene britische Staatsangehörige, u.a.

Die britischen Soldatengräber (Zweiter Weltkrieg) mit Blick nach Norden

Bronzeplastik »Das weinende Mädchen« von Stephan Sinding, 1907, auf zweistufigem Sockel (Grabstätte Lachmann, ❖ Z 22, 54-65)

Frauen und Kinder sowie acht Piloten der Berliner Luftbrücke. ❖ Bl 58, abseits der ➤ *britischen Soldatengräber*. Im Gedenken an alle 39 Flieger, die während der Berliner Luftbrücke 1948 ihr Leben ließen, pflanzte der ➤ *Volksbund Deutsche Kriegsgräberfürsorge* am ➤ *Remembrance Day* 1998 einen ➤ *Gingko-Baum* zwischen den ➤ *britischen Soldatengräbern*.

Bronzeplastik. Im Gegensatz zur ➤ *Galvanoplastik* wird bei der B. eine in Gips oder Ton geformte Figur oder ein Relief nachgeformt und seine Konturen mit flüssiger Bronze ausgegossen. Auf qualitätvollen B. finden sich die Künstlersignatur und die Gießermarke. Die erste B. auf dem Friedhof wurde 1886 auf der Grabstätte der Familie ➤ *Laeisz* aufgestellt. Besonders im Waldteil des Friedhofs stehen auf großen Familiengräbern zahlreiche B., die von zeitgenössischen ➤ *Künstlern* entworfen wurden. Besonders häufig ist

der Hamburger Künstler Arthur Bock vertreten. Am beliebtesten waren bronzene ➤ *Engel* und Frauengestalten sowie ➤ *Porträt*reliefs der Verstorbenen. Lit. *Leisner u.a. 1990*

Bronzezeitliche Grabhügel ➤ *Hügelgräber*, ➤ *Prähistorische Anlagen*

Broschek, Albert Vicent (geb. 3.2.1858 Danzig, gest. 10.7.1925 Königsberg i.Pr.), Buchdrucker und Zeitungsverleger. B. übernahm 1907 den Verlag des »Hamburger Fremdenblattes«, führte 1911 mit großem Erfolg das Kupfertiefdruckverfahren ein und ließ 1925 sein Verlagshaus am Heuberg in der Neustadt mit einer Fassade im expressionistischen Stil erweitern. Ⓔ ❖ AA 18, 96–105, Christusfigur

Brücken ➤ *Südteich*

Brunnen. Künstlerisch gestaltete B. sind vorwiegend im ➤ *Linneteil* des Friedhofs zu finden. Vielfach aus Sandstein gebaut und mit expressionistischen Ornamenten verziert, markieren sie weithin sichtbar ein bestimmtes Grabfeld. Die Entwürfe stammen in der Regel von Paul A. R. ➤ *Frank*, von 1927 bis 1933 Leiter der ➤ *Grabmalgenehmigungs- und -beratungsstelle*. Beispiele sind der Chinesentempel, der ➤ *Sternbrunnen* und die B. in Bk 54, Bk 55, Bn 65 und Bn 68. 50 B. sind aus jener Zeit erhalten geblieben und weitere zeittypische in ➤ *Mustergrabfeldern*. Schmuckstücke besonderer Art sind außerdem der ➤ *Cordesbrunnen* und der ➤ *Margarethenbrunnen* im ➤ *Cordesteil*.

Bülow, Hans von (geb. 8.1.1830 Dresden, gest. 12.2.1894 Kairo), Dirigent und Klaviervirtuose. Seit 1853 unternahm B. zahlreiche Konzertreisen u.a. mit Musik von Richard Wagner. 1857 heiratete er Franz Liszts Tochter Cosima, die später Richard Wagners Frau wurde. Über Berlin, München, Hannover und Meiningen kam B. 1886 nach Hamburg, wo er sich der Musik von Johannes Brahms zuwandte. Er verstarb auf einer Erholungsreise. Der ➤ *Förderkreis Ohlsdorfer Friedhof* ließ das Grabmal in den Jahren 2001 und 2004 restaurieren. ♛ Ⅸ ❖V 22, 1–8, großes ➤ *Exedragrabmal* am Weg (s. S. 48)

Burchard, Johann Heinrich (geb. 26.7.1852 Bremen, gest. 6.9.1912 Hamburg), Hamburger Bürgermeister. B. wuchs als Sohn eines Bremer Kaufmannes in Hamburg auf. 1884 wurde er in die Bürgerschaft gewählt, im Jahr darauf in den Senat und 1901 erstmals zum Hamburger Bürgermeister. Ⅸ ⓞ ❖ AA 16, 1–54, auf dem Hügel nahe Nordteich mit sarkophagähnlicher Granitplatte

Bürsten- und Pinselmacherinnung, Sterbekasse der. ➤ *Genossenschaftsgrabstätte* von 1884 mit einem ➤ *Obelisk* auf hohem Postament auf felsartigem Unterbau. Ⅸ ❖V 14, 283–342

Buslinien. Mit Unterbrechungen in der Inflationszeit nach dem Ersten Weltkrieg und erneut von 1941 bis 1945 gibt es ➤ *öffentlichen Personennahverkehr* auf dem Friedhof seit 1923. In den 1930er Jahren wurde er von der Hamburger Hochbahn AG übernommen, seit 1969 gilt für die Beförderung in den beiden B. 170 und 270 der Normaltarif des Hamburger Verkehrsverbunds (s. Allgemeine Informationen).

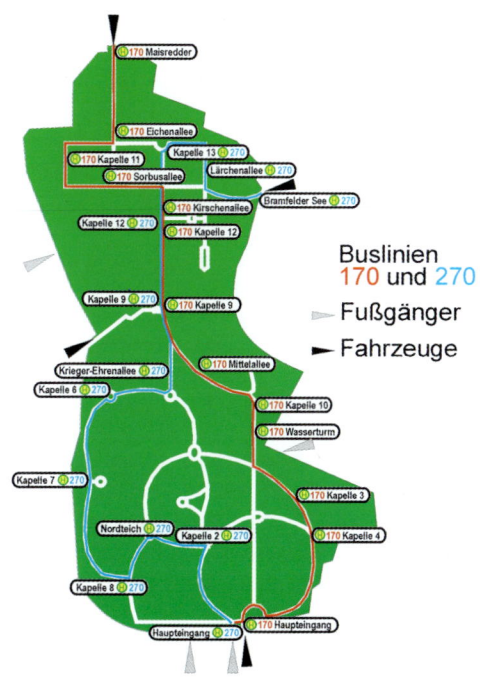

Buslinien und Straßenverkehr

Buslinien
170 und 270
➤ Fußgänger
➤ Fahrzeuge

Die Eingänge, die Straßen und die Bushaltestellen des Friedhofs

Campo Santo (ital. = heiliges Feld) lautet die Bez. für eine von Arkadenhallen umschlossene Friedhofsanlage. In der ersten Planung des Friedhofs war von dem verantwortlichen Oberingenieur Franz Andreas ➤ *Meyer* ein C.S. nach dem Vorbild der zeitgenössischen italienischen Friedhöfe geplant worden, die Ausführung jedoch als zu kostspielig und für Hamburger Verhältnisse unpassend von der Bürgerschaft zurückgewiesen. Lit. *Leisner u.a. 1990*

Casse der Stücke von Achten. Das ➤ *Genossenschaftsgrab* mit plattdeutscher Inschrift am Grabmal hat seine Wurzeln im 15. Jh. Bereits damals gab es unter Schiffseignern eine Für- und Vorsorge für in Not Geratene unter ihnen und insbesondere für jene, die in die Hände von Piraten gefallen waren und freigekauft werden mussten. Als im Jahre 1622 acht Hamburger Schiffe vor der nordafrikanischen Küste gekapert wurden, gründeten Schiffer und Steuerleute eine eigene Lösegeldversicherung, die C. Der Name ist der Zahlungsweise an die Piraten in Pesos zu acht Realen entlehnt. Zu den sozialen Leistungen der C. gehörten im Laufe der Jahre auch Sterbegeld, Witwenwohnungen, eine gemeinschaftliche ➢ *Gruft in der Kirche St. Maria Magdalenen* (1807 abgebrochen) und eine ➢ *Genossenschaftsgrabstätte* auf den ➢ *alten Hamburger Friedhöfen* vor dem Dammtor. Das Grabmal von 1845 ist heute im ➢ *Ämtersteinmuseum* aufgestellt, die 156stellige Grabstätte der C. besteht seit 1885 und wird von der 1958 eingerichteten Stiftung gleichen Namens verwaltet, die auch das Alten- und Pfle-

In der von einer spitzbogigen Ädikula gebildeten Nische des Grabmals »Casse der Stücke von Achten« sind auf einer Bronzetafel ein abgetakeltes Segelschiff und plattdeutsche Inschriften dargestellt

geheim »Fallen Anker« in Othmarschen betreut. Sie ist seit 1843 offizielle Pensions- und Unterstützungskasse für Hamburger Schiffskapitäne und deren Witwen. Ⓔ ❖ U 15–16, schmiedeeisernes Hinweisschild

Centralfriedhof lautete bis zu Beginn des 20. Jh. die Bez. für den ersten kommunalen Friedhof in Hamburg (➢ *Kommunalisierung*).

Ceram, Kurt W., eigentl. Kurt W. Marek (geb. 20.1.1915 Berlin, gest. 12.4.1972 Hamburg), Schriftsteller. Nach seiner Ausbildung als Verlagsbuchhändler betätigte sich C. ab 1932 als Buch-, Film- und Theaterkritiker in Berlin, schrieb Feuilletons und war Kriegsberichterstatter. Nach dem Krieg wurde er u.a. Cheflektor beim Rowohlt Verlag in Hamburg. Im Jahr 1954 übersiedelte C. in die USA. Sein großes Interesse an der Archäologie belegt sein Bestseller »Götter, Gräber und Gelehrte«, das 1949 erschien und dem Buchtyp »Sachbuch« zum Durchbruch verhalf. 1971 kehrte er nach Deutschland zurück. ❖ AB 4, 71–75, Grabplatte mit sitzender Figur

Chateauneuf, Alexis de (geb. 8.2.1799 Hamburg, gest. 31.12.1853 ebd.), Architekt. A. zählt in städtebaulicher und architektonischer Hinsicht zu den maßgeblichen Gestaltern des nach dem Großen Brand von 1842 wieder aufzubauenden Hamburgs. Er plante u.a. die Alsterarkaden und die Alte Post. ⓑ ❖ P 6, ➢ *Althamburgischer Gedächtnisfriedhof*, Grab 13, ➢ *Findling*

China-Deutsche ➢ *van Imhoff-Katastrophe*

Chinesentempel ➤ *Brunnen*

Chinesischer Verein. 1929 richtete
das Generalkonsulat der chinesischen
Republik für fern der Heimat verstorbene Seeleute eine ➤ *Gemeinschaftsgrabstätte* ein. Heute ist sie ausschließlich
für Mitglieder des Chinesischen Vereins
reserviert (100 Gräber mit ➤ *Kissensteinen* und traditionell roter Inschrift).
Die drei Stelen am Kopfende haben
unterschiedliche Bedeutungen: Auf der
zuerst gesetzten, mittleren, steht: »Zum
Gedenken an die in Hamburg verstorbenen Seeleute und Staatsangehörige«,
auf der linken sind die Namen von Beigesetzten zu lesen, deren Gräber aufgehoben und wieder belegt wurden. Die
aufgefundenen Knochenreste wurden
davor wieder beigesetzt. Die rechte Stele
zeigt als Halbrelief die Büste des in den
1920er Jahren wirkenden Vereinsvorsit-
zenden sowie hier beigesetzten Chen
Chun Chin (Bildhauer Herbert Glink
1971). Am Totengedenktag »Qingming«
im April werden Speisen zu den Gräbern gebracht und Räucherstäbchen an-
gezündet, der genaue Tag richtet sich
nach dem chinesischen Mondkalender.
Ⓔ ❖ Bp 68

Choleraopfer. 1992 stellte die Patriotische Gesellschaft einen Gedenkstein für die 8605 im Spätsommer
1892 in der Nähe beigesetzten C. auf.
Die Inschrift lautet: »Verantwortung
für die Umwelt und ihre Lebensquel-
len sei unsere Mahnung«. Das historische Grabmal war nachweislich mit
einer Reliefplatte des Bildhauers Cäsar
➤ *Scharff* geschmückt (Ⓔ ❖ N 19, am
Fußweg). Gleichzeitig ließ der ➤ *Förderkreis Ohlsdorfer Friedhof e.V.* an der
nahe gelegenen »Schwarzen Bude«, da-

Bronzeplastik
»Der Lesende«
von Erich F. Reu-
ter auf der Grab-
platte Ceram

malige Unterkunft der ➤ *Kuhlengräber* und heute ➤ *Friedhofsgärtnerei*
Ringstraße, eine Erläuterungstafel an-
bringen (❖ M 16). Zum Hintergrund
des Choleraausbruchs: Ungefiltertes
Elbtrinkwasser der Stadtwasserkunst,
mangelnde hygienische Verhältnisse in
den Elendsvierteln der Stadt und die
zunächst auch aus Furcht vor handels-
schädigenden Quarantänemaßnahmen
abwartende Haltung des Senats in Bezug auf Gegenmaßnahmen ließen in
Hamburg zehn Wochen lang die Cho-
lera-Epidemie wüten. Als Sündenbock
galt der Medizinalrat Kraus, der angeblich die Lage nicht früh genug erkannt
hatte. Tatsächlich aber hatte er bereits
20 Jahre zuvor auf die hygienischen
Übelstände auf den Begräbnisstätten
der ➤ *alten Hamburger Friedhöfe*
hingewiesen und somit zur Anlage des
Ohlsdorfer Friedhofs beigetragen.

Christusstatue ist die Bez. der über-
lebensgroßen Figur eines zum Himmel
aufweisenden Christus am ➤ *Althamburgischen Gedächtnisfriedhof* von Xaver ➤ *Arnold*. Die weiße Marmorsta-
tue wurde 1905 auf einer der typischen

Treppenanlagen von Wilhelm ➤ *Cordes* aufgestellt, gestiftet von dem Reeder Friedrich Wencke, der zur selben Zeit für sich und seine Familie eine große Grabstätte erwarb und nach Cordes Ideen ausschmücken ließ. Lit. *Leisner u.a. 1990*

Clausen, Rosemarie (geb. 5.3.1907 Groß-Ziethen, gest. 9.21.1990 Hamburg), Theaterfotografin. C. wurde nach 1945 in Hamburg zur fotografischen Chronistin der neuen Theaterkultur unter Gustaf ➤ *Gründgens* am Deutschen Schauspielhaus. ❖ O 8, 236, ➤ *Stele* mit Objektiv

Collande, Gisela von (geb. 5.2.1915 Dresden, gest. 22.10.1960 Pforzheim), Schauspielerin. Verheiratet mit dem Schauspieler Josef Dahmen und ausgebildet durch Max Reinhardt in Berlin, kam sie 1945 nach Hamburg. Hier feierte sie als Polly in Bert Brechts »Dreigroschenoper« ihren ersten großen Erfolg. ❖ AC 11, 86–89, lgd. Platte, am ➤ *Stillen Weg*

Collande, Volker von (geb. 21.11.1913 Dresden, gest. 29.10.1990 Hannover), Schauspieler und Regisseur. Nach dem Architekturstudium nahm C. Schauspielunterricht und debütierte 1933 im Deutschen Theater Berlin. In den Folgejahren arbeitete er als Bühnenschauspieler in Berlin und Saarbrücken, wirkte als Darsteller in über 30 Spielfilmen mit und betätigte sich als Drehbuchautor sowie als Regisseur von Filmen und Hörspielen. Besonders populär ist der von ihm gedrehte Spielfilm »Hochzeit auf Immenhof« (1956). ❖ AC 11, 86–89, lgd. Platte, am ➤ *Stillen Weg*

Die Christusstatue ist das verbliebene Einzelstück eines nicht umgesetzten Figurenprogramms von Wilhelm Cordes. Im Umfeld des Verwaltungsgebäudes waren u.a. je sechs symbolische Figuren für die christlichen Tugenden sowie aus der Antike geplant

Commission für die Verlegung der Begräbnißplätze. Die aus je drei Mitgliedern des Senats und der Bürgerschaft bestehende Commission wurde 1873 mit dem Ziel gebildet, die Vorbereitungen zur Anlage eines unter staatlicher Verwaltung stehenden ➤ *Centralfriedhofs* für Verstorbene aller Konfessionen außerhalb der Stadt zu treffen. Sie legte 1876 u.a. fest, dass die »Gesamtanlage der Umgebung entsprechend parkartig und landschaftlich gehalten werden müsse, wobei jedoch eine beschränkte architektonische Ausschmückung keineswegs ausgeschlossen sein solle«. Nach der Auflösung der C. im Jahre 1882 übernahm die ➤ *Friedhofsdeputation* die Verwaltung des Friedhofs.

Commonwealth War Graves Commission (ehem. Imperial War Graves Commission). Die C.W.G.C. sorgt sich seit 1917 weltweit um Anlage, Erhaltung und Pflege ➤ *britischer Soldatengräber*, Kriegsgräber und Gedenkstätten. 1956 wurde ein bilaterales Abkommen mit der Bundesrepublik Deutschland zur Regelung der Wahrung des ewigen Ruherechts und der kostenlosen Überlassung von Bestattungsflächen abgeschlossen. Auch auf dem Friedhof erfolgt die Pflege der Gräber in eigener Regie. Die Grundzüge zur Gestaltung der Soldatenfriedhöfe in aller Welt wurden 1918 gesetzlich festgelegt: Hochkreuz mit Bronzeschwert, Erinnerungsstein mit Inschrift, Stelen aus englischem Portlandsandstein mit festen Maßen und vorgeschriebener Inschrift sowie klimageografisch angepasster Beetbepflanzung, ➤ *Britische Soldatengräber*. Als Modell gilt der Friedhof Forceville in Frankreich.

Friedhofsdirektor
Wilhelm Cordes
um 1900

Cordes, Johann Wilhelm (geb. 11.3.1840 Wilhelmsburg/seit 1937/38 zu Hamburg, gest. 31.8.1917 Hamburg), Friedhofsarchitekt und Gründungsdirektor des Friedhofs Ohlsdorf. Als Sohn eines Wilhelmsburger Landwirtes und Mühlenbesitzers studierte C. nach einer Zimmermannslehre Architektur in Hannover (s.a. ➢ *Hannoversche Schule*). Von 1874 an arbeitete er als Architekt für die Stadt Hamburg und lieferte die maßgeblichen Entwürfe für den damaligen »Centralfriedhof« Ohlsdorf und entwickelte den ➢ *Generalplan*. Nach der Friedhofseröffnung 1877 wurde er Bauleiter, 1879 Friedhofsverwalter und 1898 Friedhofsdirektor. C. war bis zu seinem Tod für den Friedhof tätig. Während seiner 40-jährigen Amtszeit erhielt dieser erste kommunale Friedhof Hamburgs die im ➢ *Cordesteil* heute erhaltene Gestaltung im Stil des englischen Landschaftsparks. **E** ⬚✧ AD 12, 3–12, barockisierende Stele mit Marmorrelief

Die Vorlieben von Wilhelm Cordes für neobarocken Stil und florale Detailgestaltung sind auch am heute nach ihm benannten Brunnen gut zu erkennen. Die Anlage ist damit ein gutes Beispiel für das, was Friedhofskenner scherzhaft gern als typisch »Cordischen Rosen- und Anemonenbarock« bezeichnen

Cordesallee heißt heute die einst als »Hauptallee« bezeichnete breiteste Straße des Friedhofs im ➢ *Cordesteil*. Sie erstreckt sich vom ➢ *Verwaltungsgebäude* bis zum in Sichtweite stehenden ➢ *Wasserturm* und trägt den Namen des Friedhofsdirektors Wilhelm ➢ Cordes. Im vorderen Teil alleeartige Bepflanzung mit Platanen, ehem. vier Reihen und kastenförmig beschnitten, und bis zur Ringstraße Anhäufung von Nadelgehölzen aus vier Kontinenten.

Cordesbrunnen. Brunnenanlage aus rotem Mainsandstein und zweiläufiger Treppe im ➢ *neobarocken Stil* als östl. Abschluss des abgestuften, einstmals aufwändig bepflanzten Grabfeldes mit repräsentativen Grabstätten, typische Kleinarchitektur des Friedhofsdirektors Wilhelm ➢ Cordes. Von der Balustrade nördl. Blick, ➢ *Augenpunkt*, zur ➢ *Kapelle 1* und südl. über den C. hinweg einst bis zum ➢ *Rosengarten*. ✧O 10

Cordesdenkmal. Das zu Ehren von Johann Wilhelm ➢ *Cordes* errichtete C. wurde am 11.3.1920, dem 80. Geburtstag des Namengebers, eingeweiht. Entwurf: Fritz ➢ *Schumacher*, Ausführung: Friedrich Schümann, Büste: Oskar ➢ *Ulmer*, Material und Gestalt: fränkischer Muschelkalk, leicht konkave Stellung von vier Pfeilern mit abschließendem mächtigen Gebälk. E ö ❖ J 9-10, im ➢ *Rosengarten*

Cordesteil. Als C. wird der alte, unter ➢ *Cordes'* Federführung entstandene Friedhofsteil bezeichnet. Seine östl. Begrenzung verläuft annähernd parallel mit der ehem. Grenze zwischen Hamburg und Preußen, erkennbar am durchgehenden, leicht geschwungenen Weg in nordöstl. Richtung und am Raster der Grabfeldbezeichnung. Cordes orientierte sich in seiner Planung an amerikanischen Beispielen parkartiger Friedhöfe, aber auch an Vorgaben der ➢ *Friedhofsdeputation*. Der C. wurde neben seiner Funktion als zentrale und erste kommunale Begräbnisstätte mit seiner künstlich gestalteten Ersatznatur sehr bald zu einer viel beachteten Grünanlage.

Corporation der Klempner. Das Zentrum der ➢ *Genossenschaftsgrabstätte* von 1885 ist beherrscht von einer Sandsteinstele. Das weiße Marmorrelief zeigt eine Laterne und deutet damit auf

Blick vom westlichen Rand des Rosengartens auf das Cordesdenkmal

Das Grabmal Eckler aus dem Jahr 1905. Der vom Bildhauer Xaver Arnold überreich ausgestattete Grabbau für den Bauunternehmer Paul Eckler (1847–1915) war schon zu Lebzeiten des Auftraggebers fertiggestellt

die Herkunft des Handwerks von den Leuchtenmachern hin. Die Worte »Siegel 1541« weisen auf das Datum der ältesten Amtsartikel der Zunft hin. Zuvor hatten die Leuchtenmacher zur Zunft der Tischler gehört. Mit der Verwendung von verzinntem Eisenblech (Weißblech) für Lampen, Laternen und anderen Hausgerätschaften entwickelte sich das Klempnerhandwerk. 🅔 ❖ S 10–11, direkt am Weg. Lit. *Leisner u.a. 1990*

Dahmen, Gisela ➤ *Collande*, Gisela von

Dalmann, Johannes (geb. 4.3.1823 Lübeck, gest. 2.8.1875 Wunsiedel), Wasserbaudirektor. D. beobachtete viele Jahre hindurch die Strömungsverhältnisse der Elbe zwischen Harburg und Hamburg. Basierend auf seinen dabei gewonnenen Erkenntnissen, wurde mit dem Ausbau der Norderelbe und des Köhlbrands der Hamburger Hafen in seiner heutigen Gestalt als Tidehafen mit langen Bassins geschaffen. ❖ P 6, ➤ *Althamburgischer Gedächtnisfriedhof*, Grab 35; Teile des ehem. Grabmals: 🛡 🅔 ❖ AB 15, 1

Dauergrabpflegevertrag. Vertrag mit der ➤ *Friedhofsverwaltung* für eine langjährige Betreuung und Pflege der Grabbepflanzung. Er ist zugeschnitten auf alle Grabarten und -größen mit Laufzeiten von fünf bis 25 Jahren, einschließlich Beratung durch die ➤ *Friedhofsgärtnereien*.

Denkmale stehen als künstlerisch gestaltete Erinnerungsstätten auf dem Friedhof, jedoch ohne Bezug zu einer Grabstätte, sind aber im Gedenken Verstorbener und/oder zur Mahnung an die Lebenden oder zum Thema Tod und Sterben errichtet (s.a. ➤ *Bombenopfer-Mahnmal,* ➤ *Choleraopfer,* ➤ *Cordesdenkmal,* ➤ *Gedenkhalle für deutsche Soldaten,* ➤ *Goethestein,* ➤ *Grablegung Jesu,* ➤ *Guttempler,* ➤ *Hanseatische Kampfgenossen,* ➤ *Kindergedenkplatz,* ➤ *KZ-Opfer-Mahnmal,* ➤ *Linnedenkmal,* ➤ *Margarethenbrunnen,* ➤ *Prophet und Genius,* ➤ *Schicksal*).

Denkmalhof. Zum Bau des 1906 fertig gestellten Hauptbahnhofs wurden die ➤ *alten Hamburger Friedhö-*

fe vor dem Steintor geräumt, die dabei
geborgenen Gebeine auf dem Friedhof
Ohlsdorf in einem ➤ *Kalzinierofen*
verbrannt und in einem Sammelgrab
beigesetzt. Im gleichen Zuge gelangten
auch erhaltenswerte Grabmale nach
Ohlsdorf. Als 1920 die Aufhebung der
➤ *alten Hamburger Friedhöfe* vor dem
Dammtor begann, wurde der D. so verändert, dass hier nur die Grabmale von
Ämtern und Brüderschaften verblieben,
die anderen fanden im ➤ *Heckengar-*
tenmuseum ihren Platz. Zugleich erfolgte die Umbenennung des D. in ➤ *Äm-*
tersteinmuseum. ❖ T 27

Denkmalpflege umfasst den Auftrag,
die Kulturdenkmäler wissenschaftlich
zu erforschen und nach Maßgabe des
Denkmalschutzgesetzes zu sichern und
zu erhalten sowie sie in die städtebauliche Entwicklung, Raumordnung und
Landespflege einzubeziehen. Gemäß
§ 1 des Denkmalschutzgesetzes von
2006 hat sich Hamburg die Aufgabe
gestellt, durch vorbildliche Maßnahmen an Denkmälern für den Wert des
kulturellen Erbes in der Öffentlichkeit
einzutreten (s. ➤ *Forschungsprojekt*,
➤ *Gesamtkunstwerk*).

Denkmalschutz bezeichnet gesetzli-
che Regelungen zum Schutz von Kul-
turdenkmälern (s. ➤ *Denkmalpflege*),
die in eine Denkmalliste eingetragen
sind. Auf dem Friedhof Ohlsdorf stehen
das Grabmal Eckler (❖ P 8, 177–181/
185–186) und die ➤ *Prähistorischen*
Anlagen unter D.

Deutsch-Baltischer Friedhofsverein.
Der im Jahr 1959 gegründete D.B.F.
erwarb im selben Jahr eine ➤ *Gemein-*
schaftsgrabstätte mit 153 ➤ *Grabstel-*

len. Etwa 120 Grabplatten markieren
seither Gräber von Deutsch-Balten, die
in ihrer neuen Heimat Hamburg verstarben. Zum Gedenken ihrer Toten in
aller Welt errichtete die Deutsch-Balti-
sche Landsmannschaft Hamburg 1968
einen Gedenkstein in Form eines stili-
sierten Kreuzes aus rotem Heidelberger
Sandstein. Im Sockel zeigt es das Wappen der Ordensritter mit dem Wahl-
spruch »In Treuen fest«. **E** ❖ D–E 21,
am Friedhofszaun

*Porträtrelief am
Grabmal Eckler
und Detail des
farbigen Boden-
mosaiks mit der
Taube als dem
christlichen
Symbol für den
Heiligen Geist*

Deutsche Seemannsmission ➤ *See-*
mannsfriedhof

Grabfeld der deutschen Soldatengräber (Erster Weltkrieg) mit genormten Stelen in unterschiedlichen Formen, ohne die ursprüngliche heckenartige Hinterpflanzung

Deutsche Soldatengräber (Erster Weltkrieg, 1914–1918). Grabfeld für 3481 Soldaten, die in der Heimat an den Folgen ihrer Verwundungen verstarben. Bestattet sind auch finnische Soldaten, die im Ausbildungslager der »Lockstedter Jäger« in Hohenlockstedt bei Itzehoe ums Leben kamen, und einige französische und russische Kriegsgefangene. Die Grundidee der Gestaltung stammt von Wilhelm ➢ *Cordes* und ebenso die Benennung der angrenzenden »Krieger-Ehrenallee«. 1925 erfolgten eine gärtnerische Umgestaltung durch Otto ➢ *Linne* und die Aufstellung der ➢ *Stelen* aus Obernkirchener Sandstein mit der Reihenabtrennung durch Hecken. Nach dem Krieg

leichte gärtnerische Veränderungen. An markanter Stelle steht eine »Kriegertanne« genannte Fichte. Ab 1954 wurden nach hierher umgebettet: 463 deutsche Soldaten des Zweiten Weltkrieges, die wegen Kriegsdienstverweigerung oder Fahnenflucht hingerichtet worden sind, 46 jüdische russische Kriegsgefangene, umgebracht im KZ Neuengamme, und weitere Opfer des NS-Regimes. An sie erinnert eine große runde Steinplatte mit der Aufschrift: »Fern der Heimat ruhen hier 6 Serben, 6 Polen, 2 Rumänen, 1 Franzose, 230 Russen«. Unter den Russen befanden sich auch Säuglinge und Kleinkinder von »Ostarbeiterinnen«. Die Skulptur »Trauernder Soldat« stammt von einer Privatgrabstätte und

wurde in den 1970er Jahren aufgestellt.
Die östl. angrenzenden Privatgrabstät-
ten waren nach dem Ersten Weltkrieg
Familien vorbehalten, die Kriegstote zu
beklagen hatten. † ❖ X–Y 35–36, Lit.
Diercks 1992

**Deutsche Soldatengräber (Zweiter
Weltkrieg, 1939–1945).** Die Anlage besteht aus zwei lang gestreckten,
durch Blutbuchenhecken umschlossenen Grabfeldern mit ➢ *Kissensteinen*
aus Keramik und zwei offenen Feldern
zu beiden Seiten der Straße mit symbolischen Kreuzgruppen aus Anröch-
ter Dolomit. Im Mittelpunkt der 1953
eingeweihten Soldatengräber steht die
➢ *Gedenkhalle*. Die Gestaltungsidee

stammt vom ➢ *Volksbund Deutsche
Kriegsgräberfürsorge e.V.* Insgesamt
wurden nach dem Krieg 2330 Soldaten hierher umgebettet. Ihre Namen
sind in einem Namensbuch unter der
Bodenplatte der ➢ *Gedenkhalle* genannt. Bestattet sind hier nicht nur
Soldaten von Kampftruppen, sondern
auch uniformierte Regimegegner und
SS-Angehörige. † ❖ Bm–Bn 52–56, Lit.
Diercks 1992

Diakonissenhaus. Einrichtung der
ev. Diakonie bzw. der Inneren Missi-
on. Das erste D. gründeten Theodor
und Friederike Fliedner 1836 in Kaisers-
werth bei Düsseldorf. Junge Mädchen
erhielten dort eine Ausbildung und

Blick über das
zur Straße hin
offene Grabfeld
der deutschen
Soldatengräber
(Zweiter Welt-
krieg) mit den ty-
pischen Kreuzen
des Volksbundes
Deutsche Kriegs-
gräberfürsorge

führten ein streng reglementiertes Leben im Dienst der Kranken. Das Zusammenleben der Diakonissen nach christlichen Grundsätzen reichte auch über den Tod hinaus. In Ohlsdorf erwarben folgende D.häuser eine oder mehrere ➤ *Genossenschaftsgrabstätten*:

1. Albertinen-Haus; benannt nach Albertine Assor (1863–1953), einer Baptistin, die 1902 aus Berlin nach Hamburg kam. Sie übernahm eine Führungsposition im D. Tabea und gründete 1907 mit sieben Schwestern eine neue Diakoniegemeinschaft unter dem Namen Siloah, deren Oberin sie wurde. Die Grabstätte wurde 1918 eingerichtet. Ⓔ
❖ M 21, großes Granitkreuz

2. Bethanien; gegründet 1878 in St. Georg von zwei Diakonissen der Methodistenkirche. 1893 konnten sie ein neues Krankenhaus mit 100 Betten und ein Schwesternheim in Eppendorf einweihen. 1910 kam eine eigene Krankenpflegeschule dazu. 1941 wurde eine Verbandsschwesternschaft gegründet, um auch Frauen aufnehmen zu können, die nicht Diakonissen werden wollten. Zur selben Zeit erwarb man die Grabstätte. Ⓔ ❖ X 17–18, helles Kreuz auf breitem Sockel; Bethlehem, 1881 gegründet, schlankes Kreuz von 1929, ❖ Y 13

3. Bethesda; ehem. Heilanstalt, 1860 von Elise ➤ *Averdieck* gegründet. ❖ AA 34, 182–191, schlichtes Steinkreuz von 1934

4. Ebenezer; 1884 gegründet, ❖ AC 35, hohes Steinkreuz auf gestuftem Sockel von 1926

5. Elim (ehem. Siechenhaus); ❖ B 15, polierte dunkle Stele von 1902, ❖ P 29, hohes Steinkreuz auf abgerundetem Sockel von 1923, ❖ U 32, großes Steinkreuz von 1964, ❖ R 27–28, hohes Metallkreuz von 1991

6. Jerusalem; 1845 von der Presbyterianischen (Reformierten) Kirche Nordirlands als Missionsstation für notleidende Juden, die auswandern wollten, in Hamburg gegründet. 1912 wurden die Jerusalem-Kirche und das gleichnamige Krankenhaus samt Diakonissenanstalt und dem angeschlossenen Mutterhaus für die Lebensgemeinschaft der Diakonissen an der Schäferkampsallee erbaut. ❖ M 21, Grabstätte von 1918 mit einer ➤ *Ädikula*

Dichterecke lautet die volkstl. Bez. für einen Friedhofsbereich mit Gräbern norddt. Schriftsteller und Schauspieler. Hier wurden u.a. Wolfgang ➤ *Borchert* und Richard ➤ *Ohnsorg* und auf dem Hügel Fritz ➤ *Stavenhagen* bestattet. Die D. liegt in einer reizvollen, künstlich modellierten Friedhofslandschaft mit heimischer Vegetation in der Bodensenke, in der das aus dem ➤ Nordteich abfließende Wasser versickert. ❖ AC–AD 5, am Beginn des ➤ *Stillen Weges*

Ebenezer ➤ *Diakonissenhaus*

Ehre, Ida (geb. 9.7.1900 Prerau, gest. 16.2.1989 Hamburg), Schauspielerin, Regisseurin, Intendantin. Aufgewachsen in Wien, begann E. ihre Karriere auf verschiedenen dt. Bühnen und trat ab 1931 auch in Filmen auf. Als Jüdin erhielt sie 1933 Berufsverbot und überlebte die NS-Zeit in »privilegierter Mischehe«. Dennoch wurde sie 1943 in der Haftanstalt Fuhlsbüttel inhaftiert. 1945 gründete sie die Hamburger Kammerspiele in der Hartungstraße. E. entwickelte ihr Theater zu einer der wichtigsten Bühnen der Nachkriegszeit und blieb über 40 Jahre die unumstrittene

Prinzipalin. 1985 wurde ihr das Ehrenbürgerrecht der Stadt Hamburg verliehen. 🛑 ❖ O 6, 6, lgd. Platte, neben Gustaf ➤ *Gründgens*

Ehrenanlagen sind ➤ *Gemeinschaftsgrabstätten* mit dem Zusatz »Ehren-« im
Namen, die jedoch nicht unbedingt im
Rang einer ➤ *Ehrengrabstätte* stehen, s.
➤ *Althamburgischer* Gedächtnisfriedhof, ➤ Feuerwehr, ➤ *Flutopfer*, ➤ *Geschwister-Scholl-Stiftung*, ➤ *Niederländische E.*, ➤ *Polizei*, ➤ *Widerstandskämpfer*.

Ehrenfriedhof ➤ *Althamburgischer
Gedächtnisfriedhof*

Ehrengrabstätten (🛡) werden gemäß ➤ *Bestattungsgesetz* § 21 (5) aus
besonderem Anlass auf Beschluss des
Senats auf Friedhofsdauer angelegt.
Nur zehn der ➤ *Prominentengräber*
stehen im Range von E. (z.B. 🛡 von
➤ *Bülow*, ➤ *Dalmann*, ➤ *Flutopfer*)

**Ehrenhain Hamburger Widerstands-
kämpfer** ➤ *Widerstandskämpfer*

Einäscherungsofen. Im E. eines Krematoriums erfolgt die Verbrennung Verstorbener nicht durch offene Flammen,
sondern unter Einsatz einer besonderen Technik durch hoch erhitzte Luft
(s. ➤ *Feuerbestattung*). Der erste E.
wurde 1873 auf der Weltausstellung in
Wien gezeigt, in Deutschland erstmals
1874 bei Siemens entwickelt und 1878
im Krematorium Gotha eingesetzt. Der
erste E. im Hamburger ➤ *Alten Krematorium* war bereits eine Weiterent-
wicklung nach dem System Richard
Schneider (s. ➤ *Neues Krematorium).*
Lit. *Fischer 2002*

Handgeschmie-
detes Modell
einer Eingangs-
pforte zum
Friedhof, um
1900

Einfriedung. Der Ohlsdorfer Friedhof wird von einem etwa elf Kilometer langen Eisengitter umgeben. Nach
der 1902 im »Projekt für den künstle-
rischen Schmuck des Einganges« vor-
gelegten Konzeption wurden 700 m E.
entlang der Fuhlsbüttler Straße von der
Kunstschlosserei Edmund Schmidt &
Sohn in besonders kunstvoller Form
gefertigt (➤ *Schlosserinnung*). Einige
Jahre zuvor hatte die Firma bereits die
Portale des Hamburger Rathauses gebaut und lieferte neben der E. auch
die Tore am ➤ *Haupteingang*, an den
geschlossenen Zufahrten Ilandkoppel
und Kleine Horst sowie das am ehem.
➤ *Nebeneingang*.

Einzelgrabmal, erhaltenswertes (E).
Ein e.E. ist ein nach denkmalpflegeri-
schen Kriterien schutzwürdiges Grab-

Einblick in die
Werkstatt der
Kunstschlosserei
Edmund Schmidt
& Sohn, um 1900

mal mit besonderer architektonischer, handwerklich-künstlerischer, plastischer oder repräsentativer Gestaltung (s.a. ➤ *Denkmalpflege*) und ist durch die ➤ *Grabmalinventarisation* erfasst. Seine Dokumentation und Übertragung auf Listen dient u.a. als Grundlage für einen Vermerk in der Grabakte, der bei Ablauf des ➤ *Grabnutzungsrechtes* eine ➤ *Grabräumung* verhindert oder die Auswahl für eine ➤ *Patenschaft* ermöglicht. Etwa 3600 e.E. sind dokumentiert. Lit. *Leisner u.a. 1990*

Einzelgrabstätte. ➤ *Wahlgrabstätte* für eine Sargbeisetzung. Zusätzlich können noch acht Urnen beigesetzt werden.

Eisen ist auf dem Friedhof Ohlsdorf als Schmuck vorwiegend in Form von Guss- oder Schmiedeeisen zu sehen. Reich verzierte Grabmale aus Schmiedeeisen sind nur vereinzelt anzutreffen. Dagegen gewann Gusseisen aufgrund technischer Neuerungen zu Beginn des 19. Jh. auch in Norddeutschland eine größere Bedeutung (s.a. ➤ *Grabgitter*). Viele Hüttenwerke boten gusseiserne Grabmale als standardisierte Katalogware an. Die ältesten Beispiele dafür stehen im ➤ *Heckengartenmuseum*, so auch das für den Maler Julius ➤ *Oldach* mit einem runden Relief seines ➤ *Porträts*. In der Regel sind gusseiserne Grabmale eher schlicht gestaltet. Lit. *Leisner u.a. 1990*

Eisenzeit, frühgeschichtliche Kulturstufe, etwa 8.–1. Jh. v. Chr. Die Kenntnis von der Gewinnung und der Verarbeitung von Eisen förderte u.a. die Entwicklung von landwirtschaftlichen Geräten, Werkzeugen und Waffen. Während der E. im Erdreich bestattete Urnen wurden mit Steinplatten umgeben.

Eisernes Kreuz. Das E.K. wurde vom preußischen König Friedrich Wilhelm III. 1813 als deutsche Kriegsauszeichnung gestiftet und in den folgenden Kriegen immer wieder erneuert. Die Form lehnt sich mit ihren verbreiterten Balkenenden an das Kreuz des Deutschen Ordens an. Auf dem Friedhof weist es meist auf den Soldatentod hin (s. Grabstätte Eckler, ❖ AA 6, 166–169). Es erscheint aber auch als Symbol nationaler Gesinnung, z.B. wenn es mit den Worten »Getreu bis in den Tod« verbunden ist (s. Grabstätte Kiehn, ❖ Bl 69, 1257–1259). Häufig wird das E.K. auch als Bekrönung aus ➢ *Eisen*, Bronze oder Stein oder als Schmuckform auf der Ansichtseite der Grabmale verwendet. Lit. *Leisner u.a. 1990*

Eitner, Ernst (geb. 30.8.1867 Hamburg, gest. 28.8.1955 ebd.), Maler. Zusammen mit Arthur ➢ *Illies* war E. der erste junge Hamburger, der auf Anraten von Alfred ➢ *Lichtwark* in der freien Natur malte und das Leben und Treiben in Hamburg sowie die norddt. Landschaft in eindrucksvoller Farbigkeit festhielt. E. gehörte dem Hamburgischen Künstlerclub von 1897 an und war als anerkannter Künstler auf unzähligen Ausstellungen im In- und Ausland vertreten. ⓞ ❖ K 17, 361–362, helles Grabmal

Elektrische Straßenbahn. Nach Ausbau der Fuhlsbüttler Straße 1895 wurde die ➢ *Pferdebahn* durch die Linie 6 der E.S. aus Richtung Barmbek ersetzt, ein Jahr später folgte die Linie 28 aus Richtung Eppendorf über die Alsterdorfer Straße. Ende der 1960er Jahre wurde der Straßenbahnbetrieb eingestellt und durch Busse des ➢ *öffentlichen Personennahverkehrs* ersetzt. An die Endstation erinnert noch das Wartehäuschen auf einem freien Platz der durch einen Wall abgeschirmten Wohnblocks am Ende der Fuhlsbüttler Straße.

Elektrische Vorortbahn (seit 1934: S-Bahn). Mit Eröffnung des Hauptbahnhofs 1906 wurde die Strecke der Vorortbahn nach Ohlsdorf in Betrieb genommen. Es bestand damit neben der ➢ *Elektrischen Straßenbahn* eine weitere Verbindung der Innenstadt mit Ohlsdorf. Die Verlängerung nach Poppenbüttel als »Alstertalbahn« wurde 1915 eröffnet.

Elim ➢ *Diakonissenhaus*

Ender, Emma (geb. 2.8.1875 Frankfurt/M., gest. 25.2.1954 Hamburg), Bürgerschaftsabgeordnete und Frauenrechtlerin. E. war Vorsitzende mehrerer Frauenvereine, bevor sie sich als Gegnerin des Nationalsozialismus ab 1933 aus dem politischen Leben zurückziehen musste. ❖ O-P 27, ➢ *Garten der Frauen*, Gedächtnisspirale

Engel ➢ *Grabengel*

Ensemblegrabmal, erhaltenswertes (**Ens**). Bezeichnet ein nach den Kriterien der ➢ *Denkmalpflege* schutzwürdiges Grabmal, das mit gleichartigen im selben Grabfeld für die ➤ *Grabmalkultur* eines bestimmten Zeitraums typisch ist. Ein e.E. ist durch die ➤ *Grabmalinventarisation* erfasst. Es wurde in einer Kartei dokumentiert und auf Listen übertragen, u.a. als Grundlage für einen Vermerk in der Grabakte, der bei Ablauf des Rechts der ➤ *Grabnutzung* eine ➤ *Grabmalräumung* verhindert oder die Auswahl für eine ➤ *Patenschaft* ermöglicht. Etwa 2000 e.E. sind dokumentiert. *Lit. Leisner u.a. 1990*

Erbbegräbnis. Bis 1948 gab es die Möglichkeit, die Nutzung einer Grabstätte für einen bestimmten Personenkreis im Voraus zu bestimmen. 1996 wurden diese Gräber in ➤ *Wahlgrabstätten* mit eingeschränktem Recht in der ➤ *Grabnutzung* umgewandelt. Grabstätten sind nicht vererbbar, da an ihnen kein Eigentum erworben werden kann.

Erdbestattung ➤ *Bestattungsarten*

Auch fast drei Jahrzehnte nach seinem Tod besuchen Friedhofsgänger die Grabstätte des populären Komikers und Schauspielers Heinz Erhardt

Erdmann, Eduard (geb. 5.3.1896 in Livland, gest. 21.6.1958 Hamburg), Pianist. Bekannt als Schubertinterpret, leitete E. von 1925 bis 1935 in Köln und von 1950 bis 1958 in Hamburg an den dortigen Musikhochschulen eine Meisterklasse für Klavier. Sein Grabmal wurde von einem seiner Verehrer in ➤ *Patenschaft* genommen. 🝔 ❖ Bm 67, 542, Grabstätte Decker

Erhardt, Heinz (geb. 20.2.1909 Riga, gest. 5.6.1979 Hamburg), Komiker und Schauspieler. Statt seinen Jugendtraum, Pianist zu werden, zu erfüllen, absolvierte E. eine kaufmännische Ausbildung. 1938 wurde er von Willy Schaeffers an das Kabarett der Komiker nach Berlin engagiert. Nach dem Krieg ließ sich E. mit seiner Familie in Hamburg nieder und begann seine Karriere zunächst als Radiomoderator beim NWDR, bevor er später durch zahlreiche Filme zu einem der am meisten beachteten deutschen Komiker der 1950er und -60er Jahre wurde. 1977 beendete ein Schlaganfall sein Schaffen. E. starb vier Tage nach der Verleihung des Großen Verdienstkreuzes. 🝔 ❖ BI 66, 605–606, modernes Grabmal

Erste Friedhofskapelle. Mit dem Ankauf der ersten Friedhofsflächen wurde auch das Bauernhaus von H. Heinrich Schwen erworben. 1876 erfolgten der Umbau zur provisorischen Kapelle und die Einrichtung eines Büros sowie einer Wohnung für den Friedhofsaufseher. Die Diele diente als Feierraum, die abseits gelegene Scheune zur Leichenaufbewahrung. 1896 wurde das »Schwen'sche Bauernhaus« für den Bau der heutigen Einfahrt abgebrochen. Ehem. ❖ O 4

Das »Schwen'sche Bauernhaus« nach seinem Umbau zur ersten Friedhofskapelle. Heute liegt hier der Haupteingang

Etter, Erika (geb. 22.9.1922, gest. 22.4.1945 KZ Neuengamme), Widerstandskämpferin. Die Widerstandsgruppe um ihren Mann Werner E. und seinen Freund Ernst Hampel wurde von der Gestapo enttarnt. In der Folge wurde auch E. wegen angeblicher »Beihilfe zur Desertion« verhaftet und ohne Prozess kurz vor Kriegsende ermordet. ❖ L 5, Ehrenhain Hamburger ➢ *Widerstandskämpfer*, Kissenstein

Ev. Stiftung Alsterdorfer Anstalten. Die Einrichtung geht zurück auf das Jahr 1863, als der junge Pastor Heinrich Matthias Sengelmann auf dem Gelände des Alten Brauhofes in Alsterdorf geistig behinderte Jungen bei sich aufnahm. Daraus entstand die größte und noch heute bestehende Einrichtung für Behinderte in der Bundesrepublik mit Schule und Werkstätten. Für die Bewohner wurde 1947 eine ➢ *Genossenschaftsgrabstätte* eingerichtet und 1973 vergrößert. ❖ Br–Bs 69, hohe kreuzförmige Stele

Exedragrabmal. Exedra bezeichnet die mit Sitzen versehene, halbrunde Erweiterung eines antiken Säulenganges. Auf Friedhöfen werden seit der zweiten Hälfte des 19. Jh. große Grabmalwände durch gebogene seitliche Steinbänke zum E. erweitert und bilden damit einen gemeinsamen Ruheplatz für die ganze Familie. Ein typisches E. ist die

Klassisches Beispiel eines Exedragrabmals mit ädikulaartigem Mittelaufbau für den Dirigenten Hans von Bülow (❖ Y 22, 1-8), von Adolf von Hildebrandt, 1896/99

Grabstätte Klein/Reichel/Howoldt/Wenk, ❖ Y 13, 9–16, an der die figürlichen Porträts dreier Familienangehöriger erhöht zwischen zwei Bänken angebracht sind. E. können auch die Form niedriger Steinbänke annehmen, wie auf der Grabstätte Rittscher, ❖ O 24,1–10, oder eine hohe halbrunde Rückwand bilden, die reich mit ➤ *Reliefs* geschmückt ist, Grabstätte ➤ *Lippert*, ❖ U 23, 21–35, V 23, 17–25.

Expressionismus. Die sich nach dem Ersten Weltkrieg voll entfaltete Kunstrichtung spiegelt sich mit ihren kantigen Elementen und scharfen Linienführungen an Friedhofsplastiken und Grabmalen (s. Grabstätte Stamm von

1921/22, ❖ Y 14, 232–240). Mit den neuen Gestaltungsformen des E. kamen neue Materialien wie glasierte Keramik und Backsteinwände auf den Friedhof (s. Grabstätte Weissleder, ❖ P 19, 378–387). Der E. zeigt sich auch in zackenförmigen ➤ *Stelen* und ausdruckstark gestalteten Symbolen (s. Grabstätte Petersen, ❖ C 13, 714).

Falke, Gustav (geb. 11.1.1853 Lübeck, gest. 8.2.1916 Hamburg), Schriftsteller. Nach einer Lehre als Buchhändler verließ F. Hamburg im Jahr 1870. Sein Vater hatte ihm den Wunsch abgeschlagen, Literatur oder Musik zu studieren. 1878 kehrte F. zurück und erhielt eine private Musikausbildung

bei Emil Krause. Erst in den 1890er Jahren veröffentlichte er eigene literarische Arbeiten. Seit 1903 ermöglichte ihm die Stadt Hamburg durch Gewährung eines regelmäßigen Gehalts eine unabhängige schriftstellerische Existenz. F.s Romane enthalten viel Hamburger Lokalkolorit. Daneben verfasste er Epen, Novellen und bemerkenswerte Kinderbücher in Gedicht- und Prosaform. **E** **ö** ❖ AC 7, 109–113, bronzene Platte

Familiengrabstätte. Bez. für eine mehrstellige ➢ Wahlgrabstätte. Das Recht der ➢ Grabnutzung an einer F. wird in der Regel nicht für einen einzigen Sterbefall erworben, sondern soll

als Ort der Erinnerung mehreren Generationen dienen. Entsprechend der Anzahl der ➢ *Grabstellen* können auf ihr mehrere Sarg- bzw. Urnenbeisetzungen erfolgen.

Faulwasser, Carl Julius (geb. 17.1.1855 Hamburg, gest. 8.12.1944 Breslau), Architekt und Bauhistoriker. F. errichtete in Hamburg zahlreiche Schul-, Stifts- und Kirchenbauten sowie Wohn- und Kontorhäuser. Er betätigte sich auch als Schriftsteller und Bauhistoriker, so als er eine Schilderung des Großen Brandes von 1842 verfasste und später die alten hamburgischen Kirchenbauten exakt vermaß und beschrieb. **Ens** **ö** ❖ W 5, 424–429, kleines helles Kreuz

Größere Familiengrabstätten aus dem Jahr 1896 mit aufwändig gestalteten Grabmalen am Rande des Rosengartens (in der Mitte die heutige Memento-Gemeinschaftsgrabstätte)

Der Felsen als leicht bearbeitete Form des Findlings durfte aus gestalterischen Gründen über 70 Jahre nicht verwendet werden. Seit Lockerung der Grabmalrichtlinien wird er hin und wieder in kleineren Formaten aufgestellt

Fehling, Jürgen (geb. 1.3.1885 Lübeck, gest. 14.6.1968 Hamburg) Regisseur und Schauspieler. F. studierte von 1903 bis 1908 Theologie und Rechtswissenschaften in Berlin und begann im Jahr darauf, Schauspielunterricht zu nehmen. Ab 1919 entwickelte er sich an den staatlichen Bühnen Berlins zu einem der großen Regisseure des Deutschen Theaters und blieb Ensemblemitglied bis zur Schließung 1944. Nach dem Krieg gründete F. die Jürgen-Fehling-Theater-Gesellschaft, konnte aber in keinem Theater mehr Fuß fassen. Letzte Versuche misslangen 1953 in Frankfurt und 1959 in München. 🔟 ❖ O 8, 225–226, kleine Figur auf ➤ *Stele*

Feierhallen. Im stillgelegten Krematorium stehen drei F. für Abschiedsfeiern zur Verfügung. Von der friedhofsseitigen Terrasse ist die Halle A mit 45, die Halle B mit 350 und die Halle C mit 100 Sitzplätzen zu erreichen. Halle A betont in ihrer Schlichtheit die von Fritz ➤ *Schumacher* angestrebte Sachlichkeit von »Einäscherungsmaschinen«. Die Halle B ist geprägt von hochschlanken, expressionistisch gestalteten Fenstern mit einer Farbkomposition von kalten hin zu warmen Tönen in Richtung Empore (Entwurf: Glasmaler Ervin Bossanyi). Das Fenster hinter dem Katafalk wird von goldglänzenden Mosaiksteinen flammengleich umzüngelt (Entwurf: Heinrich Jungebloedt). Halle C wurde erst 1952 zusammen mit der ➤ *Öffentlichen Leichenhalle* hinter die bereits bestehende Fassade von 1933 angefügt. 19 Fenster in weißen, roten und blauen Farbtönen entwarf der Zeichner und Gebrauchsgrafiker Alfred Mahlau. Die F. werden auch für öffentliche Veranstaltungen genutzt. ❖V 3, an der Talstraße

Felsen bezeichnen roh belassene, an den Rändern grob behauene Natursteinplatten. Die Ansichtsseiten sind häufig poliert und fast immer beschriftet. Es können auch Plastiken und ➤ *Reliefs*, sowohl direkt aus dem Stein gehauen sein oder in Form von ➤ *Glasplatten* oder Marmor- bzw. Bronzetafeln, angebracht werden. Beispiele dafür geben die Grabstätten Bretschneider (F. mit polierter Ansichtsseite besetzt mit einem Putto, ❖Y 25, 54–63) und

Grell (F. mit bronzener Schiffsdarstellung, ❖T 3, 173–176). F. wurden auch als Hintergrund für die Aufstellung von ➢ *Galvanoplastiken* viel genutzt. Das gestalterische Element einer künstlich hergestellten Naturform lässt viele Möglichkeiten zur Interpretation, wie z.B. die Idee vom »Felsen in der Brandung«, als Symbol für Widerstandskraft und »ewige« Natur. F. kamen am Ende des 19. Jahrhunderts zusammen mit den ➢ *Findlingen* in Mode und bilden eine typische ➢ *Grabmalform* des ➢ *Cordesteils*. Von der ➢ *Grabmalreformbewegung* wurden sie zur Negativerscheinung erklärt.

Feuerbestattung ist neben der ➢ *Sargbestattung* die häufigste Bestattungsart in Deutschland. Die moderne F. in Krematorien begann Mitte 1870er Jahre, eingeführt durch eine meist in Vereinen organisierte bürgerliche Reformbewegung, die den Bau von Krematorien initiierte (s. ➢ *Feuerbestattungsbewegung*, ➢ *Verein für Feuerbestattung in Hamburg*). Das erste Krematorium weltweit entstand 1876 in Mailand, das erste deutsche in Gotha 1878, und in Hamburg begannen F. 1892 im ➢ *Alten Krematorium*. Sie wurde von den christlichen Kirchen zunächst bekämpft. Während die protestantischen Landeskirchen bald zu einer toleranteren Haltung übergingen, gestattete die kath. Kirche F. erst 1964. Bei starken regionalen Unterschieden liegt der heutige Anteil der F. an den Gesamtbestattungen in Deutschland bei etwa 40 Prozent (s. ➢ *Anonyme Bestattung*, ➢ *Anonyme Urnenhaine*, ➢ *Aschengrabgarten*, ➢ *Baumgräber*, ➢ *Einäscherungofen*, ➢ *Kalzinierofen*, ➢ *Kolumbarium*, ➢ *Neues Krematori-*

um, ➢ *Urne*, ➢ *Urnenfriedhof*, ➢ *Urnengrabmal*). Lit. *Fischer 2002*

Feuerbestattungsbewegung. Im späten 19. Jh. aufkommende Sammlung bürgerlich-reformorientierter Anhänger der modernen ➢ *Feuerbestattung* in Vereinen (s. ➢ *Verein für Feuerbestattung in Hamburg*), um den Bau und Betrieb von Krematorien (s. ➢ *Altes Krematorium*) gegen Widerstand der Kirchen und konservativen Obrigkeiten durchzusetzen. Die F. rekrutierte sich zunächst vor allem aus dem ge-

Blick durch die Feierhalle B auf das schmale Fenster hinter dem Katafalk. Das umgebende flammengleich gestaltete Mosaik steht als Symbol für die Feuerbestattung

Die Ehrenanlage der Feuerwehr liegt in einer Mulde der ehemaligen Sandkuhle des Dorfes Ohlsdorf

bildeten Bürgertum. 1886 erfolgten die Organisation in einem Verband der deutschsprachigen F. und die Herausgabe von Zeitschriften wie »Phoenix« und »Die Flamme«. Innerhalb der sozialistischen und kommunistischen Arbeiterbewegung gewann die F. nach dem Ersten Weltkrieg große Bedeutung (➤ *Volks-Feuerbestattung*), bis sie nach 1933 durch Zerschlagung bzw. Vereinnahmung durch die NS-Diktatur endete. Lit. *Fischer 2002*

Feuerbestattungsverein ➤ *Feuerbestattungsbewegung*, ➤ *Verein für Feuerbestattung in Hamburg*

Feuerwehr, Ehrenanlage der. ➤ *Gemeinschaftsgrabstätte* für im Dienst verunglückte Feuerwehrleute. Kreisförmige muldenförmige Anlage am ➤ *Finkenstieg*. Eine lodernde Flamme symbolisierend, steht im Zentrum der E.d.F. ein 240 cm hoher Pfeiler mit Namensplatten aus Thüsterkalkstein. 1953

angelegt, erfolgten 1962 die ersten Umbettungen und 1966 die Einweihung durch Oberbranddirektor Hans Brunswig. Beigesetzt ist u.a. Ludwig Wagner, dessen erhaltenswertes ➤ *Einzelgrabmal* 1999 vor dem Friedhofsmuseum aufgestellt wurde. An Anton ➤ *Beurle* und Friedrich Wilhelm ➤ *Kipping* erinnern Grabplatten. ♛ ❖ Q 11, Hinweisschilder an der ➤ *Cordesallee* und Kapellenstraße

Findling. Aus einem Gesteinsverband, meist Granit, gelöster Felsbrocken, der während der Eiszeit von Gletschern verschoben und abgeschliffen wurde. F. galten im 19. Jh. als typisch deutsche ➤ *Grabmalform* und wurden während und nach dem Ersten Weltkrieg vor allem auf Soldatenfriedhöfen und -gedenkstätten aufgestellt. Auf dem Ohlsdorfer Friedhof fällt besonders der große, 1918 für Albert ➤ *Ballin* errichtete F. auf (❖ Q 10, 420–429). Der Bildhauer Caesar ➤ *Scharff* kritisierte die Tendenz, überdimensionale Steine nach Art der »alten Germanen« zu nutzen. Mit den Grabmalbestimmungen von 1934 wurde die Aufstellung von F. verboten. Heute gehören sie zusammen mit den ➤ *Felsen* zu den typischen Grabmalformen des ➤ *Cordesteils* und gelten als Inbegriff der Naturnähe. Lit. *Vom Reichsausschuss 2002*

Finkenstieg. Seit 1791 belegter, von Wilhelm ➤ *Cordes* benannter Feldweg, der früher den ehem. »Kuhteich« (Nähe Südteich) mit dem »Faulen Moor« (Nähe Nordteich) verband. Er führte an der ehem. Sandkuhle des Dorfes Ohlsdorf vorbei, wo heute die ➤ *Feuerwehr-Ehrenanlage* liegt. ❖ Q 11, naturnaher Bewuchs, im Frühjahr auffallend viele Buschwindröschen

Finnische Soldatengräber (Erster Weltkrieg) ➤ *Deutsche Soldatengräber (Erster Weltkrieg)*

Fledermäuse. Auf dem Ohlsdorfer Friedhof sind bislang sieben Arten dieser dämmerungsaktiven und flugfähigen Säugetiere beobachtet worden, darunter der Große Abendsegler, das Kleine Mausohr, die Breitflügel- und die Zwergfledermaus. Das zahlreiche F.vorkommen bestätigt das reiche Nahrungsangebot (s. ➤ *Insekten*, ➤ *Naturraum Friedhof*).

Flinte, Fritz (geb. 20.5.1876 Hamburg, gest. 30.8.1963 ebd.), Maler. Mit einem Stipendium verhalf Alfred ➤ *Lichtwark* F. zu einem Studium auf der Stuttgarter Kunstakademie. Drei klassische Motivgruppen tauchen immer wieder in seinen Werken auf: das Stillleben mit dem »Flintetisch«, das Selbstporträt und das Landschaftsbild, das in seinem Frühwerk viele Elb- und Strandszenen zeigt. Er gehörte der Hamburgischen Sezession an, erhielt 1961 den Edwin-Scharff-Preis und zählt zu den bedeutendsten deutschen Malern des 20. Jh. Ⓤ ❖ AF 39, 234–235, kein Grabmal

Flutopfer-Ehrenanlage. In der am 15.11.1972 eingeweihten ➤ *Ehrengrabstätte* sind gemäß Entscheidung des Senats, »hier jene Opfer beizusetzen, die nicht identifiziert werden können, deren Angehörige sich für eine private Bestattung nicht entschieden haben oder deren Hinterbliebene nicht aufzufinden sind«. Von 317 Hamburgern, die in der Sturmflutnacht zum 17.2.1962 vor allem im Stadtteil Wilhelmsburg ertranken, sind hier 96 bestattet. Die Ausstattung der Anlage erfolgte zunächst mit Holzkreuzen, 1969 wurden ➤ *Kissensteine*, 1972 zwei Monolithe gesetzt, für deren Formen sich die Kunstkommission nach einem Wettbewerb entschied. Bildhauer Egon Lissow äußerte dazu: »Das Mal soll den Durchbruch durch die Abdämmung darstellen, die an den Küsten immer wieder errichtet werden. Die beiden Monolithe vereinigen den Weg zu den Gräbern. Im Meditationsfeld des Durchlasses ist eine Granitplatte in den gepflasterten Weg eingelassen mit der Inschrift ›Flut 1972‹. Der Größe des Geschehens entsprechend, ist das Mal aus der Intimsphäre der Grabstellen heraus an den Anfang des Weges gestellt. So ist es auch der Öffentlichkeit zugänglich.« 🐝 ❖ Bq 62, Blickachse zur ➤ *Kapelle 12*

Förderkreis Ohlsdorfer Friedhof e.V. 1989 als gemeinnützig anerkannter Verein, zu dem Zweck gegründet,

Friedhofskultur zu bewahren sowie Erhaltung und Pflege historischer Friedhofsanlagen in Hamburg zu fördern. Schwergewicht ist das ➤ *Gesamtkunstwerk* Friedhof Ohlsdorf. Der Verein wendet sich in vielfältiger Weise an die Öffentlichkeit. Er veranstaltet reguläre und außerordentliche Führungen, führt Vorträge und Ausstellungen durch, organisiert Restaurierungen und erarbeitet Vorarbeiten für ➤ *Grabmalpatenschaften*. Ein ➤ *Archiv* und eine Präsenzbibliothek stehen Interessierten zur Verfügung. Als weiteres zentrales Betätigungsfeld gibt der F.O.F. eine Schriftenreihe heraus, und seit 1995 erscheint vierteljährlich ➤ *Ohlsdorf – Zeitschrift für Trauerkultur*. Die Geschäftsstelle ist im ➤ *Museum Friedhof Ohlsdorf* untergebracht, an dessen Aufbau der Verein maßgeblich beteiligt ist und das von ihm betreut wird. Alle Leistungen des Vereins werden von den Mitgliedern ehrenamtlich erbracht. Die dabei verwandten Geld- und Sachmittel sind nur dank großzügiger Spenden zustande gekommen. Feste Zuschüsse gibt es bislang nicht. Es besteht eine gute Zusammenarbeit mit der Friedhofsverwaltung und dem Denkmalschutzamt (s. Allgemeine Informationen).

Forschungsprojekt. Von 1981 bis 1986 wurde die Grabmalkultur auf dem Friedhof in einem von der Kulturbehörde Hamburg und der VW-Stiftung getragenen F. umfassend wissenschaftlich inventarisiert und bewertet. Eine umfangreiche Kartei der Grabmale und Grabfelder (heute teils im Denkmalschutzamt, teils im ➤ *Archiv*) wurde erstellt. Deren weitere Auswertung im Rahmen der ➤ *Prioritätensetzung 1988* bildete die Grundlage von Vorgaben für die Bestimmung *erhaltenswerter* ➤ *Einzel-* und ➤ *Ensemblegrabmale*. Die Ergebnisse des Projekts wurden 1990 publiziert. Lit. *Leisner u.a 1990*

Forsmann, Franz Gustav Joachim (geb. 19.4.1795 Hamburg, gest. 17.3.1879 ebd.), Stadtbaumeister. F. entwarf u.a. das Mausoleum für die Familie ➤ *Jenisch* auf dem alten St.-Katharinen-Begräbnisplatz vor dem Dammtor und das Jenisch-Haus im gleichnamigen Park. 🔯
❖ P 6, ➤ *Althamburgischer Gedächtnisfriedhof*, Grab 51

Frank, Hermann (geb. 31.8.1871 Hamburg, gest. 16.11.1941 Kiel), Volkswirt. In Zusammenarbeit mit seinem Bruder Paul A.R. ➤ *Frank* realisierte F. den Bau von gemeinnützig errichteten Wohnungen und Kleinhäusern, wie die Gartenstadt Wandsbek oder die Frank'sche Siedlung in Klein Borstel, die auf seinem Grabstein abgebildet ist. ❖ AF 18, 242, ➤ *Stele*

Frank, Paul A.R. (geb. 30.10.1878 Hamburg, gest. 19.5.1951 ebd.), Architekt. Nach dem Besuch der Landeskunstschule in Hamburg war F. anschließend in verschiedenen Baufirmen tätig. Ab 1924 in Hamburg selbstän-

Das Logo des Förderkreises Ohlsdorfer Friedhof e.V.

dig, wurde er als »Sozialarchitekt Hamburgs« zusammen mit seinem Bruder Hermann ➤ *Frank* zum Pionier des modernen Kleinwohnungsbaus. U.a. entwickelte F. den Typ des Laubenganghauses. Ⓔ Ⓞ̈ ❖ Q 6, 92, lgd. Platte

Französische Soldatengräber (Erster Weltkrieg) ➤ *Deutsche Soldatengräber (Erster Weltkrieg)*

Freilichtmuseen. Als F. werden Friedhofsareale bezeichnet, auf denen Grabmale unterschiedlicher Herkunft zu Schauzwecken neu aufgestellt wurden (➤ *Museale Bereiche*).

Freiwilliges ökologisches Jahr. Seit 1997 können Jugendliche auf dem Friedhof ein F.ö.J. leisten. Sie unterstützen damit die Ökologie des ➤ *Naturraums Friedhof*, z.B. durch Bau und Kontrolle von Nisthilfen, das Errichten von Benjes-Hecken, den Bau einer Eisvogelwand, eines »Insektenhotels« und ähnlicher Maßnahmen. Ferner gehören Führungen von Schulklassen und Öffentlichkeitsarbeit in Zusammenarbeit mit dem ➤ *Naturschutzbund Deutschland* zu den Tätigkeiten.

Friedhofsarchiv ➤ *Archiv*

Friedhofsbauten müssen architektonisch besonderen Anforderungen genügen, da sie über ihren Friedhofszweck hinaus eingebunden sind in die sie umgebende Parklandschaft und damit zum ➤ *Gesamtkunstwerk* Friedhof gehören. Durch sein langes Bestehen sind auf dem Friedhof viele unterschiedliche architektonische Stile und Strömungen zu entdecken, und viele Bauten stammen von bekannten Hamburger Architekten. Die Denkmalwürdigkeit der Gebäude wird durch blaue Erläuterungstafeln des Denkmalschutzamts aus den Jahren 1990/91 hervorgehoben. Zu den

»F.ö.J.ler« helfen bei der Instandsetzung von Kriegsgräbern

Dienstfahrrad eines Friedhofsbetreuers mit Spaten auf dem Gepäckträger, abgestellt vor Kapelle 13

Eine Erweite-
rungsfläche in der
Bramfelder Feld-
mark, um 1925.
In der Mitte die
1923 errichtete
Kapelle 12. Am
oberen Bildrand
ist das noch
kaum bebaute
Wellingsbüttel zu
erkennen

F. zählen auch ➢ *Mausoleen*, ➢ *Gruftbauten* und ➢ *Säulenhallen*, die in ihrer
Funktion Grabmale sind.

Friedhofsbetreuer sind zuständig für
einen bestimmten Kapellenbereich zur
Durchführung von Abschiedsfeiern in
den ➢ *Kapellen* und ➢ *Feierhallen*
sowie für Bestattungen auf dem Friedhof. Der F. bezeichnet den genauen
Platz für das Ausheben der ➢ *Gruft*,
gegebenenfalls mit Hilfe von Mitarbeitern der Abteilung CAD/Vermessung
(➢ *Friedhofskataster*, ➢ *Kuhlengräber*). Die ➢ *Gruft* für die Bestattung
einer ➢ *Urne* hebt er selbst aus. F. rek-
rutieren sich meist aus ungelernten Mitarbeitern des Friedhofs, die Ortskennt-

nisse und Neigung zu diesem Metier
nachweisen können.

Friedhofsdeputation. Bez. für die
ehem. Friedhofsbehörde, gegründet
1882 unter Leitung von Senator Friedrich ➢ *Stahmer*, 1928 mit der Baudeputation (Baubehörde) vereinigt.

Friedhofseröffnung. Die feierliche
F. erfolgte am 1.7.1877 durch Senator
➢ *Versmann* und in Verbindung mit
den ersten drei Beisetzungen (➢ *Zuerstbeerdigte*). »Es ist [...] der Zweck
des feierlichen Actes, zu welchem wir
heute hier versammelt sind, diesen
Theil des Friedhofs zu eröffnen und
zwar zunächst allen denen, die im ge-

meinsamen Grabe ruhen werden, im gleichmäßig zugänglichen Friedhof. [...] Wir haben geglaubt, den Act der Eröffnung des neuen Friedhofs nicht würdiger begehen zu können, als durch die Verbindung desselben mit dem ersten hier stattfindenden Begräbniß«, zitierte eine Zeitung die Eröffnungsrede des Senators. Die Grabstätte war mit einem laubumwundenen Holzgerüst geschmückt. ❖ U 9, nördl der Kapelle 1, rechts am Weg

Friedhofserweiterung. Seit seiner Einweihung im Jahre 1877 ist der Friedhof mehrmals erweitert worden. Die F. sind in etwa abzulesen an der Lage und Nummerierung der ➤ *Kapellen*. Die Urzelle des Friedhofs von sechs Hektar liegt nördl. der ➤ *Kapelle 1*. In den folgenden drei Jahrzehnten erfolgte die schrittweise Einbeziehung der Ohlsdorfer Feldmark mit dem ➤ *Waldteil* als Begrenzung im Norden und Osten. Ab 1901 gab es F. nach Norden auf die Klein Borsteler Feldmark. Als die Gesamtgröße 1914 auf 193 ha angewachsen war, erfolgte der Ankauf von weiteren 156 ha Land der Bramfelder Feldmark (ehem. preußisches Gebiet). Es folgten ab 1919 zügige F. Richtung Osten und später weitere Arrondierungen auf 400 ha Gesamtfläche in den darauf folgenden Jahrzehnten. Im Jahr 2006 wurden neun Hektar vom Gebiet ➤ *Gärtnerei Klein Borstel* zum Bau von Wohnhäusern ausgegliedert.

Friedhofsführer. Der erste F. erschien anlässlich der ➤ *Allgemeinen Gartenbauausstellung 1897* in knapper Form mit kurzen Beschreibungen der Anlagen und Hinweisen auf besondere Gräber. Wechselnde Autoren verfass-

ten aktualisierte Auflagen bis in die 1920er Jahre hinein mit ähnlichem Erscheinungsbild. Ausführlichere F. wurden 1953 (Alfred Aust) und 1973 (Hans-Günther Freitag) verfasst. 1990 wurde die umfassende wissenschaftliche Dokumentation des ➤ *Forschungsprojekts* von Leisner/Schulze/Thormann veröffentlicht, 1993 die Spaziergänge von Barbara Leisner und Helmut Schoenfeld, und 2000 erschien der bisher ausführlichste F. (Helmut Schoenfeld).

Friedhofsführungen. Seit Gründung des ➤ *Förderkreises Ohlsdorfer Friedhof* werden zu allen Jahreszeiten reguläre und Sonderführungen auf dem Friedhof angeboten. Sowohl als ➤ *Gesamtkunstwerk* wie auch als Ort der stillen Erholung findet der Friedhof zunehmendes Interesse bei Einzel- und Gruppenbesuchern. Mit der Erweiterung des Angebots von F. durch andere Organisationen, tlw. auch kommerziell betrieben, stieg die jährliche Gesamtzahl der Teilnehmer auf mehrere Tausend (s. Allgemeine Informationen).

Besuchergruppe in der Nähe des Rosengartens. Rechts im Bild die im Juni blühende und auf dem Friedhof seltene Japanische Magnolie

Bereiche der acht Friedhofsgärtnereien

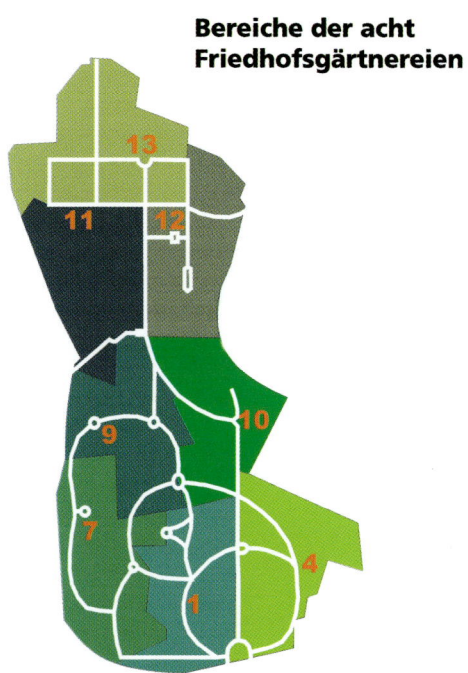

Übersicht der Zuständigkeitsbereiche der acht Friedhofsgärtnereien

Ausschnitt einer Bildschirmdarstellung des computergestützten Friedhofsinformationssystems

Friedhofsgärtnerei. F. sind Betriebe zur Pflege eines Friedhofs und seiner Grabstätten, teils auch eingerichtet, um die dazu benötigten Pflanzen zu kultivieren (s. ➤ *Gärtnerei Klein Borstel*). Die privatwirtschaftlich geführten F. sind außerhalb des Friedhofs ansässig. Die Bez. F. steht zugleich je für die acht Reviere (»Gärtnermeistereien«) auf dem Friedhof. Die hier Beschäftigten richten unter Leitung eines Gärtnermeisters die Anlagen und Grabstätten her, sind mit deren Pflege betraut, koordinieren die Bestattungen und erteilen außerdem Auskünfte (s. Allgemeine Informationen).

Friedhofsgebühren ➤ *Gebührenordnung*

Friedhofsgitter ➤ *Einfriedung*

Friedhofsinformationssystem. Abgekürzt FRITS. Seit 1995 werden alle Daten zu Verstorbenen, Grabstätten und Trauerfeiern elektronisch erfasst. U.a. ist es den Bestattern damit möglich, Termine für Trauerfeiern und Beisetzungen im Internet zu buchen sowie ➤ *Grabstätten* auszusuchen.

Friedhofskataster. Kartografisches Verzeichnis aller ➤ *Grabstellen* mit ihren ➤ *Grablagenbezeichnungen*, Baulichkeiten, Straßen, Hauptwegen und Teichen. Die heute sämtlich digital verarbeiteten Daten sind u.a. die Grundlage für Kartenausdrucke in unterschiedlichen Maßstäben als Service für den Besucher.

Friedhofskultur bezeichnet das Erscheinungsbild der Friedhöfe unter dem Aspekt ästhetischer Wahrnehmung. Die Verlegung der Begräbnisplätze vor die Tore der Städte und der damit einhergehende Verlust eines Gotteshauses auf dem Friedhof brachte neue Gestaltungsaufgaben. Frühneuzeitliche Lösungen

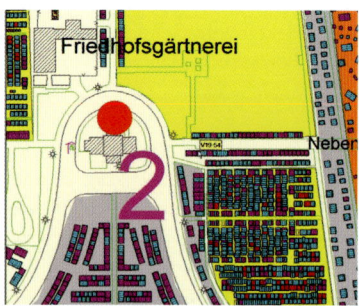

(z.B. der ➤ *Camposanto* mit umlaufenden Arkaden auf dem Stadtgottesacker Halle/Saale 1557/94) begründeten, vor allem im süddeutschen Raum, eine bis ins 19. Jh. anhaltende architektonische Tradition. Nach einzelnen rasenästhetisch gestalteten Begräbnisplätzen (Herrnhut 1730, Dessau 1787) entstanden andererseits im 19. Jh. zunehmend Anlagen, die sich am englischen Landschaftsgarten orientierten (Kiel, Südfriedhof, 1869; Hamburg, Ohlsdorf, 1877). Seit dem frühen 20. Jh. ist die F. in Deutschland von den streng reglementierenden und standardisierenden Leitbildern der ➤ *Friedhofs-* und ➤ *Grabmalreform* geprägt. Erst in jüngster Zeit werden diese von der Tendenz zur friedhofskulturellen Diversifikation und Stilvielfalt abgelöst, z.B. Aschestreuwiesen, ➤ *Aschengrabgaretn*, Baumbestattungen »Friedwald«, ➤ *Baumgräber*, ➤ *Ruhewald* u.a. Lit. *Fischer/Herzog (Hg.) 2005, Raum für Tote 2003* und *Fischer 1996*

Friedhofskulturdienst. Der F. ging 1934 durch Umbenennung aus der vormaligen ➤ *Grabmalgenehmigungs- und -beratungsstelle* des Friedhofs hervor, Leiter wurde der nationalsozialistisch linientreue Bildhauer Alfred Wittich. Zugleich erfolgte die Herausgabe der neuen »Bestimmungen für die Schmückung der Gräber und Aschenplätze«. Die damit verbundenen ➤ *Grabmalrichtlinien* engten den bisherigen Spielraum in der Grabmalgestaltung ein und der Einfluss der Reichskulturkammer machte sich bemerkbar. An die Stelle des Grabmalausschusses trat ein Beirat, dessen Mitglieder von der Behörde ernannt wurden. Der namentliche Fortbestand galt auch nach In-Kraft-Treten

des Friedhofsgesetzes von 1948. Neue Impulse für eine zeitgemäße Grabmalgestaltung der 1950 und 1960er Jahre gingen vom Bildhauer Egon Lissow als Leiter des F. aus (➤ *Mustergrabfelder*). Die Funktionen des F. und des Grabmalausschusses erloschen 1995 mit der Einrichtung der ➤ *Hamburger Friedhöfe AöR*.

Friedhofskunst-Ausstellung. Die F.-A. wurde 1912 vom Kunstgewerbeverein zu Hamburg und dem Verein für Heimatschutz außerhalb des Friedhofs ausgerichtet. Sie propagierte den architektonisch gestalteten Friedhof und »eine planvolle Ordnung von Grabmalen zur Steigerung ihrer Wirkung« und zeigte Beispiele, wie sie Jahre später mit der ➤ *Friedhofs-* und ➤ *Grabmalreform* unter Otto ➤ *Linne* verbindlich eingeführt wurden.

Friedhofsmuseum ➤ *Museum Friedhof Ohlsdorf*

Friedhofsmusiker ist der Name der Vereinigung der auf hamburgischen Friedhöfen zugelassenen Musiker. Die teils aus Orchestermusikern bestehende Gruppe spielt bei Trauerfeiern und wird in der Regel vom Bestatter beauftragt. Ihr Repertoire reicht von »Ave Maria« bis »Time To Say Goodbye« (s. Allgemeine Informationen).

Friedhofsordnung. Die F. wird vom Senat der Freien und Hansestadt Hamburg auf der Grundlage des ➤ *Bestattungsgesetzes* erlassen und gilt für alle staatlichen Friedhöfe. Sie regelt u.a. die Beisetzung, die Benutzung der Friedhöfe, das Verhalten auf den Friedhöfen, die Grabausstattung und die Art der Grabmale in Grabfeldern mit besonderen Gestaltungsvorschriften (s. Allgemeine *Informationen*).

Friedhofspfarramt. Aufgrund der weiten Entfernung der innerstädtisch gelegenen Kirchen zum Friedhof wurde um 1900 seitens der ev.-luth. Kirche ein Friedhofsdienst eingerichtet, 1905 ausgestattet mit zwei »Hülfspredigern«. Aus dieser Einrichtung entwickelte sich im Laufe der Zeit das F. (s. Allgemeine Informationen)

Friedhofsplan. Schon bald nach seiner Eröffnung 1877 hatte sich der Friedhof zu einer Sehenswürdigkeit entwickelt. Um den vielen interessierten Besuchern eine Orientierungshilfe zu geben, wurde 1892 ein erster F. mit Hinweisen auf besondere Grabstätten herausgegeben. Im Laufe der Zeit wurde er immer wieder aktualisiert und tlw. auf der Rückseite mit ausführlichen Texten versehen. Selbst ➣ *Ansichtspostkarten* erschienen nicht zu klein, um einen F. abzubilden. Die Übergröße des Friedhofs und die zunehmende Anzahl an besuchenswerten Anlagen, ➣ *Grabstätten* und ➣ *Denkmalen* machten es der Friedhofsverwaltung nicht leicht, einen F. herauszugeben, der umfassend informiert ohne dabei allzu unhandlich zu werden. Daran hat sich bis heute nichts geändert.

Friedhofsreform. Die F. war eine der vielen Reformbewegungen in der Gesellschaft um die Wende zum 20. Jh. Vornehmlich Künstler und Architekten setzten sich damals sowohl mit der Gestaltung von Grab und Grabmal als auch mit dem Friedhof in seiner Funktionalität auseinander (➣ *Reichs-*

ausschuss für Friedhof und Denkmal e.V.). Ihr Grundgedanke war, den Gemeinschaftsbezug des Friedhofs in seinem Gesamtbild sichtbar werden zu lassen und Kritik an der großbürgerlichen Grabmalkultur der vergangenen Jahrzehnte zu üben. Entsprechend der Entwicklung in der Gartenkunst kam es zu einer sachlichen, geometrischen und in den Grundrissen oftmals an barocke Ornamentik erinnernden Ästhetik von Friedhofsanlagen. Ein in Deutschland musterhaftes Beispiel wurde der ➣ *Linnteil* des Friedhofs. Lit. *AFD 2003*

Friedhofstunnel. Der nunmehr funktionslose F. ist ein Relikt aus der Zeit, als die Schnellbahnstrecken über die Haltestelle Ohlsdorf hinaus nach Norden verlängert wurden. Zum Bau des Bahndamms mussten die Friedhofsgärtnerei aufgegeben und der F. als direkte Fahrverbindung für den Friedhofsdirektor ➣ *Cordes* unter dem Bahndamm zwischen seinem Wohnhaus an der Fuhlsbüttler Straße 792 (noch vorhanden) und dem Friedhof geschaffen werden.

Friedhofsverwaltung. Im Verwaltungsgebäude am ➣ *Haupteingang* des Friedhofs befindet sich die zentral untergebrachte F. Im Erdgeschoss erhalten Besucher Informationen zu Fragen rund um das Thema Grab und Bestattung und können der F. ihre Auftragswünsche mitteilen. In den Obergeschossen sind interne Aufgabenbereiche untergebracht wie Personalabteilung, Vermessung, Rechnungswesen, Controlling, Marketing, Informationstechnik sowie die Stabsstellen und die Geschäftsführung der ➣ *Hamburger Friedhöfe AöR* als Träger der Friedhöfe Ohlsdorf und Öjendorf.

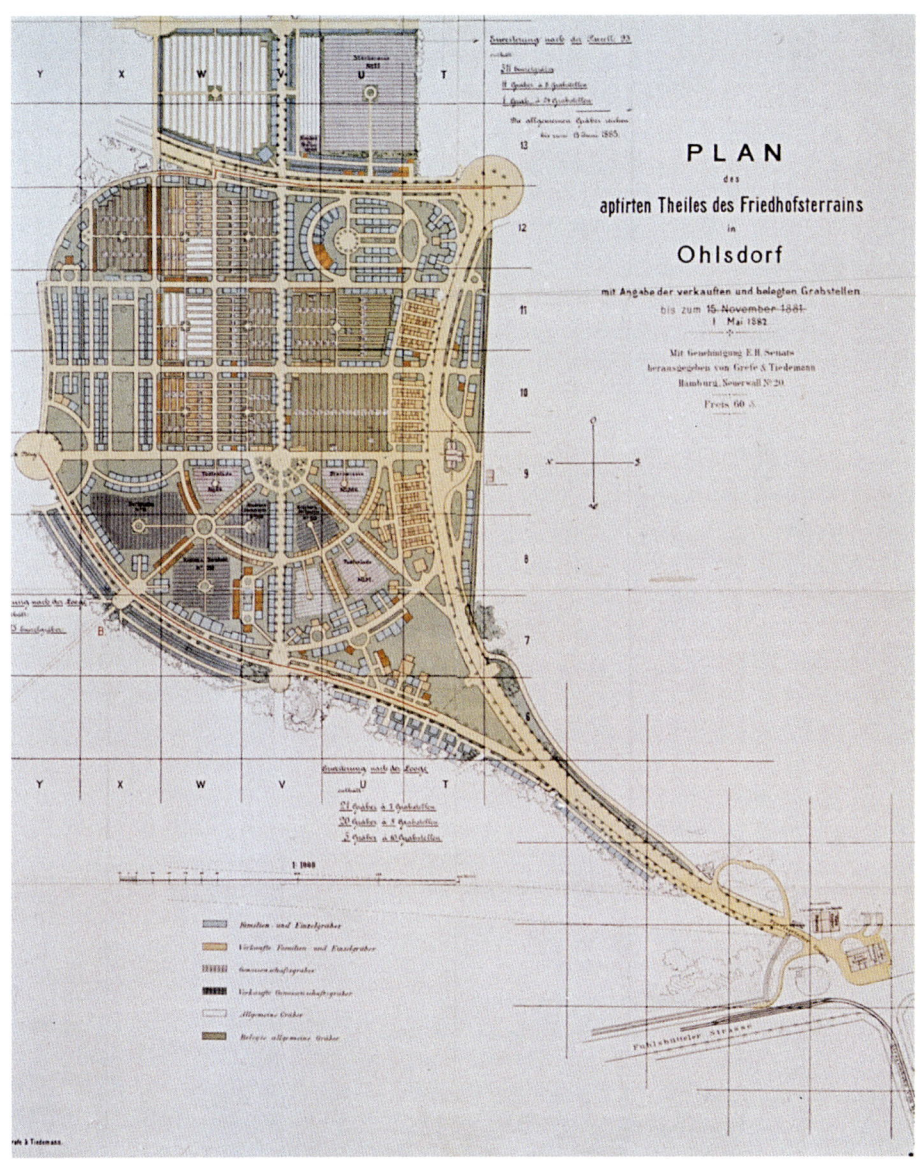

Friseurhandwerk, Kranken- und Sterbekasse. ➢ *Genossenschaftsgrab* von 1894. ❖L 14, umgelegter ➢ *Felsen*

FRITS ➢ Friedhofsinformationssystem

Bei den Steinkreisen stehen zwei Grabengel, der eine als hohle Bronzeplastik, der andere als Galvanoplastik. Der Unterschied ist durch Klopfen festzustellen

Der Grabengel Tiedemann (✧ AF 30, 414-416) wurde im WMF-Katalog 1903 unter der Nr. 727a geführt. 25 Exemplare davon sind bislang auf dem Friedhof gezählt worden

Galvanoplastik. Elektrochemisches Verfahren zur serienmäßigen Herstellung von Grabfiguren und -reliefs über die galvanische Abscheidung von millimeterdünnen Metallüberzügen. Als G. wird auch das Objekt bezeichnet, das industriell produziert wurde und damit wesentlich kostengünstiger als z.B. im Aussehen vergleichbare ➤ *Bronzeplastiken* war. Die Blütezeit der G. lag um 1900. Wichtigste Objekte auf Friedhöfen waren ➤ *Engel* und ➤ *Trauernde*, weniger häufiger auch Christusfiguren. Als Hauptfabrikant galt die ➤ *WMF*. Auf dem Friedhof sind 158 G. erhalten (Stand 1997), u.a. ✧ N 7, 1-10, Trauernde auf Grabstätte Cordua und ✧ L 7,

1-12, Engelsfigur auf Grabstätte Feindt. Lit. *Thormann u.a. 1997*

Gan, Peter eigtl. Möring, Richard (geb. 4.2.1894 Hamburg, gest. 6.3.1974 ebd.), Schriftsteller, Übersetzer. G.

musste 1938 über Paris nach Spanien emigrieren und kehrte erst 1958 nach Hamburg zurück. Seinen Lebensunterhalt verdiente er sich mit Übersetzungen literarischer Werke aus dem Englischen und Französischen. G. verfasste vorwiegend Lyrik, bekannt wurden seine unter dem Titel »Die Windrose« erschienenen Gedichte. **Ens** **ö** ❖ AA 11, 66–75, Grabstätte Möring

Garten der Frauen. 2001 eröffneter ➢ *musealer Bereich* und ➢ *Gemeinschaftsgrabstätte* für Frauen mit politischem, sozialem und frauenhistorischem Engagement, getragen vom gleichnamigen Verein. Er ist ein Ort der Erinnerung an bedeutende Frauen Hamburgs, deren Gräber nicht mehr bestehen. Wenn möglich, wurden die Grabmale hierher verlegt oder spiralförmige Erinnerungssteine aufgestellt. Die Lebensgeschichten der Frauen sind auf buchförmigen Aluminiumtafeln nachzulesen. Im G.d.F. können sich Frauen auch bestatten lassen. Der nahe liegende ➢ *Wasserturm* ist in den Sommermonaten sonntäglicher Treffpunkt für Informationen und Gespräche. ❖ O–P 27, Hinweis an der ➢ *Cordesallee* (s. Allgemeine Informationen). Lit. *Bake 1997*

Garten der Jahreszeiten. 2005 eingerichtete Sondergrabstätte für ➢ *Sarg-* und ➢ *Urnenbeisetzungen.* Die kreisförmige Anlage sowie die Pflanzen in den Umrahmungen und Eingangsbereichen spiegeln durch Blüten, Blattfarben und Früchte das Kommen und Gehen der Jahreszeiten wider. Diese alten Symbole sind Ausdruck einer Hoffnung auf Wiederkehr. Das Recht der ➢ *Grabnutzung* an den ➢ *Wahlgrabstätten* wird nur zusammen mit einem Grabpfle-

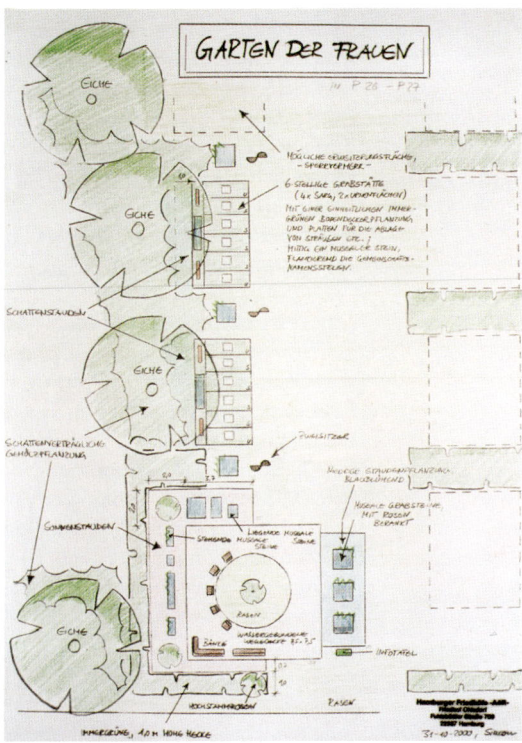

gevertrag überlassen. ❖ Bn 72, hinter ➢ *Kapelle* 13

Gartendenkmal. G. sind kunst- und kulturgeschichtlich bedeutsame Objekte der Freiflächengestaltung (➢ *Gartenkunst*)

Gartendenkmalpflegerische Leitbildkonzeption. 1992/93 erstellten die Gartenarchitekten Ruprecht Dröge und Horst G. Lange eine vorläufige G.L. als Vorstufe eines Parkpflegewerks für den Friedhof. Darin sind die vielfältigen bestehenden Strukturen des Friedhofs erfasst, beschrieben, dokumentiert und nach gartendenkmalpflegerischen

Planentwurf aus der Anfangsphase des Gartens der Frauen

Acht Säulen aus Schwarzwälder Granit tragen die Dachkonstruktion der Gedenkhalle für gefallene deutsche Soldaten des Zweiten Weltkriegs

Gesichtspunkten bewertet. Außerdem sind Vorschläge für die Erhaltung und wünschenswerte Rekonstruktionen enthalten. Aus finanziellen, aber auch aus Zuständigkeitsgründen liegt noch kein verbindliches Parkpflegewerk vor. Bei Pflege- und Umgestaltungsarbeiten auf dem Friedhof wird häufig auf die G.L. zurückgegriffen.

Gartendirektor Otto Linne. Sortenname einer Strauchrose zu Ehren von Otto ➤ *Linne*, im Jahr 1934 von Peter Lambert gezüchtet (80 cm hoch, mit gefüllten dunkelroten Blüten). Die G.O.L. steht im Rosarium Sangershausen. Mit Unterstützung des Vereins Deutsche Rosenfreunde plant der ➤ *Förderkreis Ohlsdorfer Friedhof*, im Rahmen der Erstellung eines ➤ *Linnedenkmals* diese Sorte auf dem Friedhof anzupflanzen.

Gartenkunst. Künstlerische Gestaltung von Freiflächen durch Pflanzen, Wege, Bodenmodellierungen, Architekturelemente, Bildwerke und Wasser. Der Friedhof dokumentiert im ➤ *Cordesteil* die zeittypische G. des englischen Landschaftsgarten im ausgehenden 19. Jh. und im ➤ *Linneteil* die jüngeren Strömungen zu Beginn des 20. Jh.

Gärtnerei Klein Borstel. Die Gärtnerei wurde 1928 als Ersatz für die ehem. Gärtnerei an der Fuhlsbüttler Straße in einer Größe von 11 ha mit Gewächshäusern und Frühbeeten für die Anzucht von Beet- und Zierpflanzen sowie Freiflächen für Stauden und Gehölze in Betrieb genommen. Der anerkannte Ausbildungsbetrieb belieferte nicht nur den Friedhof, sondern auch städtische Ein-

richtungen wie Altenheime, Gartenanlagen, Krankenhäuser und Standesämter. Die Pflanzenproduktion wurde aus wirtschaftlichen Gründen mit Bildung des ➤ *Landesbetriebs Friedhöfe* reduziert und 1995 mit Übernahme durch die ➤ *Hamburger Friedhofe AöR* eingestellt. Auf einer Teilfläche sind seit 1996 die gärtnerische Leitung und der Ausbildungsbetrieb des Friedhofs angesiedelt. Etwa 9 ha Fläche wurden 2006 vom Friedhofsgebiet ausgegliedert, um sie mit 220 Wohneinheiten zu bebauen. Gegen diese Bebauung kämpfte die Bürgerbewegung »Rettet den Ohlsdorfer Friedhof« jahrelang erfolglos. Eine politische Zusage wurde später nicht eingehalten.

Gebührenordnung. Vom Senat der Freien und Hansestadt Hamburg erlassenes Verzeichnis, in dem Gebühren festgesetzt sind, die für Leistungen wie Friedhofsunterhaltung, ➤ *Grabnutzung*, Mindestunterhaltung der Grabstätten und anfallende Leistungen im Rahmen von Bestattungen zu entrichten sind. Die G. gilt für alle staatlichen Friedhöfe in Hamburg.

Gedenkhalle für gefallene deutsche Soldaten des Zweiten Weltkriegs. Offener Rundbau mit mächtigem Gebälk aus Schwarzwälder Granit auf acht wuchtigen Säulen, eingeweiht am

27.9.1953. Im Innenraum stellen zwei umlaufende Figurenreliefs trauernde Kameraden sowie Frauen und Kinder dar, alle mit Blick auf die im Boden eingelassene rote Granitplatte mit der Aufschrift: »1939 – Sonne und Sterne seht Ihr nicht mehr, Ihr Geopferten, aber Ihr lebt in den Herzen derer, die glauben – 1945«. In einer Kassette darunter befindet sich das Namensbuch der 2330 auf den angrenzenden beiden ➢ *Deutschen Soldatenfriedhöfen* beigesetzten Soldaten. Es enthält eine Widmung des ➢ *Volksbundes Deutsche Kriegsgräberfürsorge* im Gedenken an die gefallenen deutschen Soldaten der Weltkriege, dass deren Opfer nicht in Vergessenheit geraten darf und

ihr Vermächtnis allen Völker zu Verständigung und Frieden mahnen soll. Die Gestaltungsidee der Gesamtanlage stammt vom Architekten des ➢ *Volksbundes Deutsche Kriegsgräberfürsorge* Robert Tischler, der Rundbau von J. Meinert, die Reliefs von Franz Mikorey. Gustav ➢ *Oelsner*, Baubehörde Hamburg, koordinierte die Planung im Zusammenhang mit der Anlage der benachbarten ➢ *Deutschen Soldatengräber (Zweiter Weltkrieg, 1939–1945)* von Die Gedenkschrift für die Ostgefallenen wurde 1958 angebracht. ❖ Bn 54, Straßenmitte

Gehölze sind die prägenden Elemente des ➢ *Naturraums Friedhof*. Seit

Die Gedenkhalle steht im Kreuzungspunkt von Straße und Weg in der Blickachse nach Süden zum Heckengartenmuseum. Im Zweiten Weltkrieg stand hier eine mobile Flak-Stellung

Der reiche Bestand alter Laubbäume auf dem Ohlsdorfer Friedhof bietet zu jeder Zeit einen schönen Anblick, und ihm ist das Prädikat »Parkfriedhof« zu verdanken

der Pflanzung von ➤ *Knicks* um 1840 und Bäumen im ➤ *Waldteil* 1875 sowie nach erfolgreichen Versuchen auf dem ➤ *Kähler'schen Pflanzbeet* bei ➤ *Kapelle 1* ist nach Vorgaben des ➤ *Generalplans* eine Vielzahl von G. in großer Artenauswahl gepflanzt worden (s. auch ➤ *Hecken* und ➤ *Rhododendron* im ➤ *Cordes-* und im ➤ *Linneteil*). Die Vielfalt der baumartigen, immergrünen und Blüten-G. umfasst nach einer dendrologischen Bestandsaufnahme aus den 1970er Jahren etwa 300 Laubgehölz- und etwa 150 Nadelgehölzarten. Weitere Erhebungen fanden nicht statt, jedoch gibt es im ➤ *Archiv* zahlreiche Bestandslisten. Der Gesamtbestand baumartiger G. wird auf 36.000 geschätzt. In den Heften 60–70 von ➤ *Ohlsdorf – Zeitschrift für Trauerkultur* sind dendrologische Spaziergänge beschrieben.

Geißler, Hermann (geb. 25.10.1859 Zittau, gest. 7.1.1939 Hamburg), Architekt. G. war von 1885 bis 1898 Büro- und Bauleiter der sieben Hamburger Rathausbaumeister, anschließend schuf er in Bürogemeinschaft mit Martin ➤ *Haller* eine Reihe monumentaler Gebäude der Hamburger Großbanken und viele Kontorhäuser, wie z.B. den Hauptsitz der HAPAG am Alsterdamm (heute Ballindamm). In Zusammenarbeit mit den Architekten Julius ➤ *Faulwasser* und Emil Meerwein baute er die 1906 abgebrannte Michaeliskirche wieder auf. 🅴 🟥❖ O 10, 6, dunkles Grabmal

Gemeinschaftsgrabstätte. G. wurden bis zum Ende des 20. Jh. vorwiegend für die Opfer von Unfällen, Katastrophen oder politischen Kämpfen angelegt.

Ein größeres Grabmal markiert die G., kleinere, meist lgd. Platten, nennen die Namen der hier beigesetzten Verstorbenen. Seit 1999 werden neue G. mit symbolischen Themen für Privatpersonen hergerichtet, die auch als Themengrabstätten bezeichnet werden (➤ *Garten der Jahreszeiten,* ➤ *Löwengrabstätte,* ➤ *Rosengrabstätte* und ➤ *Schmetterlingsgrabstätte*). Außerdem ist eine neue Form der G. entstanden, die den historischen ➤ *Genossenschaftsgrabstätten* ähnelt: Bestimmte Gruppen, in der Regel eingetragene Vereine, erwerben für sich eine Grabstätte und sorgen so für den eigenen Todesfall vor, u.a. ➤ *Memento e.V.,* ➤ *St. Michaelis e.V.* und ➤ *Quo Vadis e.V.*

Generalplan. Im ersten G. legte die ➤ *Commission für die Verlegung der Begräbnißplätze* die Grundzüge der Friedhofsplanung in Skizzen- und Textform fest. Erarbeitet vom Oberingenieur Franz Andreas ➤ *Meyer,* galt der erste G. 1875–80 und schrieb u.a. die parkartige und landschaftliche Ausgestaltung des Friedhofs vor. Den zweiten G. stellte Wilhelm ➤ *Cordes* 1881 als umfassende Gesamtplanung auf und berücksichtigte dabei die Erfahrungen der ersten Jahre des laufenden Friedhofsbetriebs. Dieser G. wurde Leitplanung für den heutigen ➤ *Cordesteil.* Lit. *Leisner u.a.* 1990

Genossenschaftsgrabstätte. Die G. ist eine historische Grabstättenart, die seit dem Mittelalter von Ämtern (Zünften), Brüderschaften (Gebetsvereinigungen) und anderen Gruppierungen eingerichtet wurde. Zur Finanzierung legten die Mitglieder Geld in die ➤ *Totenladen.* Historische Grabmale

früherer G. sind im ➤ *Ämtersteinmuseum* aufgestellt. Nach Räumung der ➤ *alten Hamburger Friedhöfe* sind G. nach Ohlsdorf übertragen bzw. von den Innungen, den Nachfolgern der Zünfte, neu eingerichtet worden. Vorhanden sind noch die G. der ➤ *Bürsten- und Pinselmacherinnung,* ➤ *Casse der Stücke von Achten,* ➤ *Corporation der Klempner,* ➤ *Friseurhandwerk,* ➤ *Schlosserinnung,* ➤ *Tapezierverein von 1810.* Gleichzeitig entstanden mit Schwesternschaften, Stiftungen, Vereinen, Anstalten und Glaubensgemeinschaften neue Gemeinschaften, denen eine gemeinsame Grabstätte wichtig war. Die historische Form des G. wurde später gesetzlich aufgehoben, doch entstehen auch heute noch neue ➤ *Gemeinschaftsgrabstätten*, die den ursprünglichen G. ähneln.

Gensler, Günther (geb. 28.2.1803 Hamburg, gest. 28.5.1884 ebd.), Maler**.** G. war ein bedeutender Porträtist und gemeinsam mit seinen Brüdern Jakob und Martin 1832 Mitbegründer des Hamburger Künstlervereins. Sein Grabmal steht im ➤ *Heckengartenmuseum.* **E ö** ❖ P 6, ➤ *Althamburgischer Gedächtnisfriedhof*, Grab 22

Geometer. Interne Bez. für die Vermessungstechniker der Abteilung CAD/ Vermessung in der Friedhofsverwaltung, die u.a. die genaue Lage einer ➤ *Grabstelle* einmessen und kartieren (➤ *Friedhofskataster*).

Gesamtkunstwerk. Das G. umfasst alle in einer Anlage vereinigten Kunstarten, beim Friedhof demnach die Kombination der Architektur (➤ *Friedhofsbauten*), Bildhauerei und ➤ *Gartenkunst.* Auf den Friedhof wurde dieser Begriff erstmals 1978 anlässlich einer Tagung von Denkmalpflegern zur Vorbereitung des ➤ *Forschungsprojekts* angewandt.

Geschwister-Scholl-Stiftung, Ehrenfeld der. ➤ *Gemeinschaftsgrabstätte* für Widerstandskämpfer und deren Ehefrauen, eingerichtet 1961 von der gleichnamigen Stiftung, um umfassende Fürsorge für diesen Personenkreis auf Friedhofsdauer zu gewährleisten. Die Benennung nach den Geschwistern Scholl unterstreicht den überparteilichen Charakter dieser Anlage. Der von Henning Hammond-Norden entworfene ➤ *Obelisk* wurde 1987 als »Zeichen des Friedens und der Versöhnung« errichtet. Seit 1996 erinnert eine Gedenkplatte an zehn Frauen, die als Opfer der Euthanasie aus den Alsterdorfer Anstalten nach Wien deportiert und dort 1943/44 ermordet wurden. ❖ Bn–Bo 73, in östl. Ecke des Friedhofs

Gewässer ➤ *Teiche*

Gewölbegrab ist eine frühere Bez. für Gräber, die als unterirdisches Gewölbe oder ➤ *Gruft* im Fußboden der Kirchen ausgemauert waren. Diese Familiengräber waren mit ➤ *Gruftplatten* verschlossen, die an eisernen Ringen abgehoben werden konnten. Nach dem Verbot der Kirchenbestattungen im Jahr 1812 wurden auf den ➤ *alten Hamburger Friedhöfen* neue Reihen von G. ausgemauert. Einige der historischen Abdeckplatten sind im ➤ *Heckengartenmuseum* erhalten geblieben.

Ginkgo-Baum. Ginkgopflanzen wachsen bereits seit 300 Millionen

Zwei Beispiele für Glasplatten. Links ist die Schrift auf dem eingefügten Glas durch Sandstrahlen herausgearbeitet worden. Rechts eine Glasplatte auf einem Lehnsockel, bei der die Inschrift durch Bearbeitung des Untergrundes hervortritt

Jahren auf der Erde. Der 1730 von Japan nach Europa eingeführte G.-B. ist botanisch verwandt mit den Nadelgehölzen. Er besitzt unermessliche Regenerationskraft und verfügt über medizinische Heilkräfte gegen das Vergessen. Dies nahm der ➢ *Volksbund Deutsche Kriegsgräberfürsorge* 1995 zum Anlass, unter dem Motto »Gegen das Vergessen – Für ein Wachsen in Frieden« in der »Aktion Ginkgo« diesen symbolisch auf Kriegsgräberanlagen des Friedhofs zu pflanzen, u.a. bei den ➢ *Kriegergedenksteinen*. ❖ Bm 52, zwei ältere Exemplare auf anderer Straßenseite

Glasplatte. Schwarze G. auf ➢ *Lehnsockeln* und ➢ *Pultsteinen* kamen gegen Ende des 19. Jh. auf. Sie waren preiswert, da Schrift, Ornamente und auch bildliche Szenen in Sandstrahltechnik aufgebracht werden konnten. Mit der ➢ *Grabmalreform* verlor die G. an Bedeutung. Für Beispiele von G. auf Grabmalen siehe die Grabstätten Dietrich

(❖ H 10, 143-144, mit Inschrift, Efeuranken und Händen), Gülck (❖ M 22, 298-299), Roosen (❖ AG 17, 122-123, mit Engel und Inschrift) und Landgrebe (❖ AG 12, 147-150, mit doppelter Inschrift).

Glinzer, Hanna Emilie (geb. 23.2.1874 Hamburg, gest. 1.4.1961 ebd.), Schuldirektorin. G. wurde im Alter von 37 Jahren Leiterin der Schule des Paulsenstifts und setzte sich dafür ein, nur Frauen zu beschäftigen. Unter den Nationalsozialisten weigerte sie sich, Hitler die Treue zu schwören, und musste zurücktreten. ❖ O-P 27, ➢ *Garten der Frauen*, ➢ *Kissenstein*

Goethe-Stein. Maßgerechte Nachbildung des »Steins des guten Glücks« (oder »Altar der Agathe Tyche«), den Johann Wolfgang von Goethe im Garten seines Landhauses am Stern in Weimar 1777 hat setzen lassen. Kugel und Würfel spiegeln symbolisch die Gegensätz-

Der Goethestein ist nicht immer einfach aufzufinden. Von Zeit zu Zeit müssen die wuchernden Rhododendron zurück geschnitten werden

Rechts: Das Grabmal von Götzen ist auf dem Friedhof ein seltenes Beispiel einer sitzend und vollplastisch dargestellten Person. Der Graf hat einen freien Blick auf die Waldstraße

lichkeit rastlosen Begehrens und unerschütterlicher Tugend, von Wandel und Beständigkeit wider. Der G.-S. wurde zum Gedächtnis an Marie Pfannenstiel von ihren Schülerinnen errichtet. Die Goetheverehrerin war Lehrerin an einer Privatschule und ist auf der angrenzenden Grabstätte Rogge beigesetzt. **E** ❖ AA 18, nördl. der Straße

Götzen, Gustav Adolf Graf von (geb. 12.5.1866 Schloss Scharfeneck, gest. 1.12.1910 Hamburg), Ostafrikaforscher, Gouverneur von Deutsch-Ostafrika. Als kaiserlicher Offizier war G. im Ausland mit unterschiedlichen Aufgaben betraut. Er organisierte und begleitete 1893/94 eine Expedition durch Zentralafrika von Ost nach West bis zur Kongomündung und gab anschließend die Dokumentation als Buch heraus. Als Gouverneur von Deutsch-Ostafrika (1901–06) unterdrückte er 1905 gewaltsam den Maji-Maji-Aufstand. 1908 bis zu seiner töd-

lichen Krankheit war G. preußischer Gesandter in Hamburg. **E** **ö** ❖ AA 12, 96–99, an der Straße

Grabbrief ➤ *Grabnachweis*

Grabbriefnummer ➤ *Grabnachweis*

Grabengel. Engel gehören neben trauernden Frauen zu dem am häufigsten dargestellten Motiv auf ➤ *Grabstätten* aus der Wende zum 20. Jh. Inhaltlich lassen sie sich als Begleiter und Führer der Toten auf ihrem Weg in den Himmel interpretieren, treten aber auch, z.B. bei Kindern, als Schutzengel auf. Sie erscheinen auf ➤ *Reliefs* und als ➤ *Bronze-* oder ➤ *Galvanoplastiken* oder aus weißem Marmor gehauene Figuren. Als Typ wird der weibliche erwachsene Engel bevorzugt, der auch ohne Flügel als ➤ *Trauernde* erscheint, z.B. die Gestalt mit Flügeln auf der Grabstätte Weidle-Wulf, ❖ AE 17, 194–203, und die gleiche Gestalt ohne Flügel, auf der ➤ *Kin-*

Links: Psyche mit Schmetterlingsflügeln – in den Händen einen Falter als Symbol der unsterblichen Seele. Den Engel auf der Grabstätte Emde (❖ Z 25, 245-248/Z 26, 298-300) schuf Arthur Bock 1927 zu einer Zeit, als kaum noch Grabengel aufgestellt wurden

Überlebensgroßer trauernder Genius 1899/1900, Fritz Behn, Grabstätte Schutte (❖ Z 17, 73–75)

dergrabstätte, ❖ T 5, ehem. Grabstätte Fröbel. Auf Kindergräbern waren zur gleichen Zeit kleine ➤ *Porzellanengel* verbreitet.

Gräber der Opfer von Krieg und Gewaltherrschaft (†). Kurz »Kriegsgräber« genannt, bezeichnen sie nicht nur ➤ *Soldatengräber* beider Weltkriege, sondern auch Gräber von Zivilpersonen, die durch Kriegseinwirkung zu Tode gekommen sind, z.B. ➤ *Bombenopfer* und Opfer nationalsozialistischer und anderer politischer Gewaltmaßnahmen sowie durch Vertreibung und Verschleppung umgekommene Menschen. Näheres regelt das ➤ *Gräbergesetz*. Die G. bleiben dauerhaft bestehen. Anlage, Pflege und Instandhaltung obliegen den Bundesländern, die Kosten trägt der Bund. Auf etwa zwölf Hektar Friedhofsfläche sind überwiegend im Bereich der ➤ *Kapelle 13* insgesamt 52.135 Opfer von Krieg und Gewaltherrschaft in Einzel- und Sammelgräbern bestattet,

davon 4103 Soldaten aus dem Ersten Weltkrieg. Die ➤ *Friedhofsverwaltung* besitzt eine Kartei mit Namen aller auf dem Friedhof beigesetzten Kriegsopfer, und ergänzend dazu führt die für Kriegsgräberangelegenheiten zuständige Behörde für Stadtentwicklung und Umwelt Listen mit Anzahl, Lage und Namen aller auf hamburgischen Friedhöfen Beigesetzter. Ab Herbst 2006 werden in einer bundesweiten Aktion des ➤ *Volksbundes Deutsche Kriegsgräberfürsorge e.V.* alle Anlagen mit G. mit einer Informationstafel versehen.

Gräber im öffentlichen Interesse (ö̲) sind Gräber von Personen, deren Wirken für Hamburg bedeutsam war und an deren Erhaltung somit ein öffentliches Interesse besteht. Die Festlegung, welchen Verstorbenen diese Ehre zuteil kommen soll, geschieht durch Mitarbeiter des ➤ *Staatsarchivs*. Eine abschließende Regelung zur Erhaltung von G. steht bereits seit vielen Jahren aus.

Ein Blick durch die Gittertür der verschlossene Grabkapelle Schütt lohnt sich: der Fußboden ist mit einem schönen Kachelmuster ausgelegt

Gräbergesetz. Bundesgesetz zur Anlage, Pflege und Instandhaltung der ➤ *Gräber der Opfer von Krieg und Gewaltherrschaft* im Bundesgebiet vom 1.7.1965, ergänzt 1.1.1993 (zugehörige Verwaltungsvorschriften erlassen am 25.7.1979).

Grabfeld. Bereich, der mehrere Grabstätten gleicher oder ähnlicher Gestalt umfasst und meist durch eine ➤ *Hecke* oder durch Rahmenpflanzung von umliegenden G. optisch getrennt ist. In einem G. gelten festgelegte ➤ *Bepflanzungs-* und ➤ *Grabmalrichtlinien*, die für ein einheitliches und ästhetisch ansprechendes Erscheinungsbild sorgen.

Grabgitter. In den ersten Jahrzehnten des Friedhofs waren eiserne G. oder durch Ketten verbundene Pfosten noch übliche Kennzeichen der Abgrenzung einzelner ➤ *Grabstätten* als privates Eigentum. Als maximale Höhe galten für sie 60 cm. Zum Schutz des landschaftlichen Charakters wurden seit 1896 auf den im Wald liegenden Grabstätten keine G. mehr genehmigt. Die ➤ *Friedhofsreformer* des 20. Jh. waren gegen

Die Grabkapelle Philipp ist klein bemessen und stellt sich dem Betrachter in seiner Ansicht als ädikulaartiger Bau mit toskanischen Säulen dar

jegliche Einzäunung. Heute sind nur noch wenige eiserne G. erhalten, Beispiele: Grabstätte Dahnert, ❖S 5, 110–112, 122–123; Grabstätte Breuer, ❖T 22, 1–9/U 22, 1–7; Grabstätte Störzel, ❖U 12, 20, 2215/V 12, 228–236. Lit. *Leisner u.a. 1990*

Grabkapelle Friedrich. Kleiner vergitterter Andachtsraum mit reich verzierter Vorderfont im Stil der ➤ *Neogotik*. Auf der im Inneren umlaufenden Konsole stehen vier Urnen. Die G.F. wurde 1908 von Louis Christfried Friedrich anlässlich des Todes seiner schwer erkrankten Ehefrau nach Plänen der Architekten Wünsche und Würdemann errichtet. Die letzte Beisetzung fand im Jahr 1989 statt. 🅴 ❖V 25–26, am Ende der ➤ *Nebenallee*

Grabkapelle Philipp (seit 2000 Patenschaft Dantzer). Die G.P. entstand 1887 als das erste ➤ *Mausoleum* auf dem Friedhof. Architekt des mit einem kleinen umfriedeten Grabbezirk und auf drei Seiten von hohen Mauern umgebenen Baues war Martin ➤ *Haller*. Er gab der G.P. klassizistische Formen und entwarf ein architektonisches Raumkonzept, das er zwölf Jahre später am ➤ *Mausoleum Heinrich Freiherr von Ohlendorff* in größeren Dimensionen erneut nutzte. Die G.P. ist baulich in keinem guten Zustand, die letzte Beisetzung geschah 1970. 🅴 ❖Y 13, direkt am Weg

Grabkapelle Schütt (seit 2002 Patenschaft Rohlfs). Die kleine, im ➤ *klassizistischen* Stil erbaute Kapelle stammt aus dem Jahr 1892. Ihre Frontseite ist mit Sandstein verkleidet und im Dreiecksgiebel besonders reich geschmückt.

Grablagen

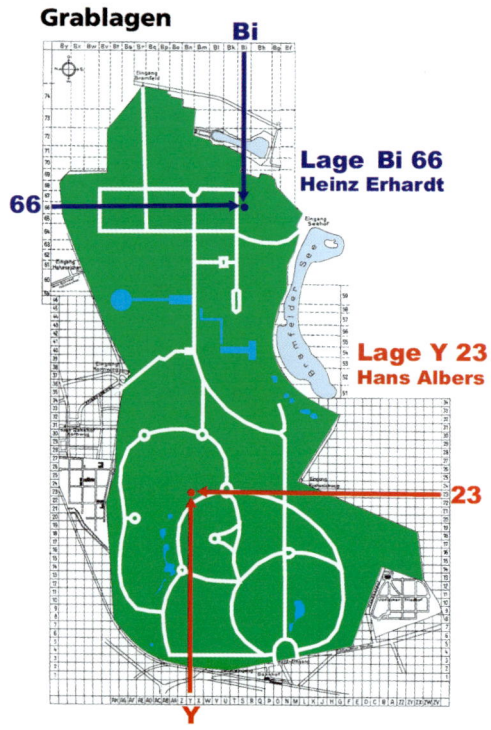

Lage Bi 66
Heinz Erhardt

66

Lage Y 23
Hans Albers

23

Zum ungefähren
Auffinden der
Grablagen bedarf
es eines Fried-
hofsplanes, der
Gitternetzlinien
der Planquadrate
aufweist

am Beginn der ➤ *Cordes-Allee* (❖ P 9, 171–180) sowie in der 1906 am Nordrand des Friedhofs angelegten Fläche für ➤ *Mausoleen*, ❖ AG–AH 19, das ➤ *Mausoleum Schröder*. Lit.: *Schoenfeld 2000, Fischer 1996* und *2001*

Grablagenbezeichnung. Die G. setzt sich zusammen aus einer Buchstaben- und Zahlenkombination, die das ➤ *Grabfeld* im ➤ *Planquadrat* bezeichnet und einer Nummer für die einzelne ➤ *Grabstelle*. Beispiel für ➤ *Cordesteil*: AB 11, 1–2, für ➤ *Linneteil*: Bm 66, 1–2. Sie ist bei kleineren Grabsteinen meist links unten eingeschlagen. Besonders im ➤ *Cordesteil* wurde im Laufe der Zeit die urspr. in laufender Reihe der Nachbargräber vergebene Nummernfolge durch Einfügen und Veränderungen von ➤ *Grabstätten* unterbrochen. Bis zur Einführung des ➤ *Grabnachweises* galt die ➤ *Grabbriefnummer* als weitere Ordnungsziffer.

Grablegung Jesu. Die rostfarbene Metallplastik entwarf Gloria J. Umlauft-Thielicke und beschrieb sie mit den Worten: »Aus der kreuzförmigen Eisenfläche erheben sich drei Figuren, senken ihre ausgestreckten Arme über die Köpfe nach vorn, um eine liegende Figur sanft zu halten und in ihr Grab zu legen.« Gebaut in der Ausbildungswerkstatt von Blohm + Voss, 2001 aufgestellt und von der Künstlerin dem Friedhof geschenkt. ❖ Bn 53, an der Straße

Offener Innenraum mit seitlichen Holzbänken, rosettengeschmückter Decke und gemustertem Kachelfußboden. Beisetzungen finden im Erdreich davor statt. 𝕰 ❖ Z–AA 18, an der Straße

Grabkult. Im bürgerlichen Zeitalter entwickelte sich auf städtischen Friedhöfen ein regelrechter G. Seine Blütezeit stand im Kontext zeitgenössischer Denkmalbegeisterung in der Kaiserreich-Epoche zwischen 1871 und 1914 mit ihren monumentalen, im Stil des ➤ *Historismus* gestalteten Grabdenkmälern. Auf dem Friedhof finden sich zahlreiche Beispiele, u.a. Grabstätte Fera

Grabmalarchitektur bezeichnet größere Grabbauten wie die ➤ *Grabkapelle*, die ➤ *Gruft*, das ➤ *Mausoleum* und die ➤ *Säulenhalle*. Mit der ➤ *Grabmalreform* wurden diese großen Architekturen nur noch in Ausnahmefällen errichtet. Stattdessen kamen Grabmalwände als Großgrabstätten auf, die durch seitliche Mauern zum Kreis und damit zu einer Art »heiliger Haine« geschlossen wurden, z.B. die Grabstätte ➤ *Burchard*, ❖ AA 16, 1–24, 28–54. Eine zweite große Gruppe innerhalb der jüngeren G. bilden die steinernen Aufbauten, die Formen aus der Baukunst freistehend wiederholen. Dazu gehörten als feststehende Formen neben der Grabmalwand das ➤ *Ädikula-*, das ➤ *Exedra-* und das ➤ *Portalgrabmal* sowie der ➤ *Obelisk* in je unterschiedlichen Größen. Anfang des 20. Jh. kamen sie, mit Ausnahme der Grabmalwand, die sich in Größe und Dekoration dem jeweiligen Zeitgeschmack anpasste, aus der Mode.

Grabmalformen. Die ältesten G. finden sich im ➤ *Ämterstein-* und ➤ *Heckengartenmuseum*. Es sind schlichte klassizistische ➤ *Stelen* und ➤ *Obelisken* sowie ➤ *Säulen*, Pyramiden und ➤ *Kreuze*. Im Laufe des 19. Jh. entwi-

ckelte sich aufgrund der fortschreitenden Technisierung und der Verbesserung der Verkehrswege eine größere Typen- und Materialvielfalt. Dabei ist die Stele bis zur Gegenwart die vorherrschende G. geblieben, da sie jeder Stilrichtung angepasst werden kann. Bis zur ➤ *Grabmalreform* beherrschten außerdem Obelisken, vorwiegend aus schwarzem schwedischen ➤ *Granit* gefertigt, und Kreuze das Friedhofsbild, während die Aufstellung abgebrochener Säulen, ➤ *Urnen* oder ➤ *Sarkophage* zurückging. In der Nachfolge der Ausgestaltung der Landschaftsgärten kamen Grabmale hinzu, die sich aus Naturformen herleiten, wie ➤ *Grotten*, ➤ *Pultsteine*, ➤ *Felsen* und ➤ *Findlinge*, sowie alle Grabmale mit felsartigen Formen. Sie waren besonders im ➤ *Waldteil* beliebt. Dort finden sich auch die großen ➤ *Grabmalarchitekturen* und Grabmalwände. Auf mehrstelligen ➤ *Familiengrabstätten* wurde zusammen mit einem Hauptgrabmal

Links: Beispiel für eine Stele aus den 1930er Jahren mit christlichem Motiv, eine für die damalige Zeit nicht übliche Darstellung, typisch dagegen die handwerkliche Bearbeitung

Pfeilerpostament mit Urne, baldachinartig überbaut, 1928, Grabstätte Albrecht (❖ H 33, 1, am Rand der Perlenteiche)

Grabmal mit erhabener Inschrift aus den 1930er Jahren. Die halbplastische Abbildung weist auf die maritime Verbundenheit des Verstorbenen hin, vielleicht war er Barkassenführer

meist eine Reihe kleiner G. errichtet, zu denen besonders ➢ *Kissensteine* und ➢ *Lehnsockel* zählen. Mit der ➢ *Grabmalreform* nahm die Zahl der G. deutlich ab. Die Stele wurde fortan als Hauptform propagiert und erschien jetzt auch als Breitstele. Außerdem kam die Neuentwicklung neuer ➢ *Pfeilergrabmale* für ➢ *Urnengrabstätten* hinzu. Dabei wurden die Liegeplatte ebenso wie der Kissenstein zu eigenständigen G. erhoben. Lit. *Großes Lexikon 2002*

Grabmalgenehmigungs- und -beratungsstelle. Ihre Einrichtung erfolgte 1926 zur Umsetzung der Zielsetzungen der ➢ *Grabmalreform*. Baupflegekommission, Grabmalgewerbeverband und Hamburgische Künstlerschaft hatten dazu verbindliche ➢ *Grabmalrichtlinien* erarbeitet. Die G. wurde ab 1934 abgelöst vom ➢ *Friedhofskulturdienst*, dabei wurde die urspr. Idee nicht weiterverfolgt.

Grabmalinschriften. Grabmale erhalten ihre individuelle Aussagekraft

in erster Linie durch ihre Beschriftung. Dazu gehören mindestens der Name und meistens auch die Lebensdaten des Bestatteten. Die soziale Stellung wird mit der Nennung des Berufs oder besonderer Auszeichnungen gewürdigt. Bis zum Anfang des 20. Jh. sind häufig zusätzliche Texte zu finden, die Glaubenshoffnungen oder Jenseitsvorstellungen thematisieren, wie »Ruhe sanft«, »Unvergessen« oder Sprüche wie: »Dort, wo keine Trennung ist, finden wir uns wieder«, s. Grabstätte Töpke, ❖ AG 17, 135–136. Außerdem wurden gern Bibelstellen und Liedverse zitiert, die einen christlichen oder weltlichen Kontext herstellen. Nicht nur auf dem Ohlsdorfer Friedhof verkürzten sich die G. im Laufe der Zeit immer mehr auf Namen und Daten, zu denen Symbole hinzutraten.

Grabmalinventarisation   ➢ *Forschungsprojekt*

Grabmalpatenschaft ➢ *Patenschaft*

Grabmalplastik   ➢ *Bronzeplastik,* ➢ *Steinskulptur,* ➢ *Relief*

Grabmalräumung. Bei ➢ *Reihengrabstätten* erfolgt nach 25 Jahren die oberirdische Räumung von Grabmalen, bei ➢ *Wahlgrabstätten* nach Ablauf des Rechts der ➢ *Grabnutzung.* Das anfallende Steinmaterial wird zerkleinert und auf dem Friedhof zum Wegebau verwendet. Ausgenommen von der Räumung sind ➢ *Prominentengräber* sowie erhaltenswerte ➢ *Einzel- und* ➢ *Ensemblegrabmale.*

Grabmalreform. Die G. war Teil der ➢ *Friedhofsreform.* Zu Beginn des

20 Jh. begann die Kritik am Vorherr-
schen gleichförmiger Massenware
und uneinheitlicher Gestaltung in
der vom ➤ *Historismus* vergangener
Jahrzehnte geprägten Grabmalästhetik
(s.a. ➤ *Friedhofskunst-Ausstellung,*
➤ *Reichsausschuss für Friedhof und
Denkmal e.V.*). Erste Initiative war die
1903 in München gegründete »Künst-
lervereinigung für neue Grabmäler«.
Zunächst standen künstlerisches Uni-
kat sowie handwerkliche Arbeit im
Vordergrund. Es folgten die Typisierung der Grabmale und, unter Rückgriff auf die ➤ *klassizistische* Formensprache, die Bevorzugung der ➤ *Stele*
als ➤ *Grabmalform* sowie Möglichkeiten ihrer industriellen Herstellung.
Zur Umsetzung der Ziele wurden eine
➤ *Grabmalgenehmigungs- und -bera-
tungsstelle* sowie unbedingt einzuhal-
tende ➤ *Grabmalrichtlinien* eingeführt. Die Ergebnisse der G. wirkten
bis zum Ende des 20. Jh. hinein. Erhaltenswerte ➤ *Einzelgrabmale* und
➤ *Ensemblegrabmale* aus jener Zeit
sind zahlreich im ➤ *Linneteil* vertreten. Lit. *AFD 2003*

Um 1925 im Zuge
der Durchsetzung
der Grabmalre-
form aufgestellte
Mustergrabmale

Grabmalrelief ➤ *Relief*

Grabmalrichtlinie. Regelung gemäß
➤ *Friedhofsordnung* über Material des
Grabmals, seine Größenverhältnisse zur
➤ *Grabstätte*, seine Oberflächenbear-
beitung und die Beschriftung. Es be-
steht keine Verpflichtung, auf einer
Grabstätte ein Grabmal zu errichten.

Grabmaltypisierung. Während vor
dem Ersten Weltkrieg gewöhnliche
Grabmale z.T. aus industriell vorgefertigten Teilen in Form von Giebeln,
➤ *Säulen*, Rückwänden und Sockeln
wie im Baukastensystem zusammenge-
stellt wurden, entwickelte sich mit der
➤ *Grabmalreform* die Typisierung der
➤ *Grabmalformen*. Nach dem Zweiten
Weltkrieg entwickelte der ➤ *Friedhofskulturdienst* verschiedene Grabmalty-
pen, die in ➤ *Grabmalrichtlinien*
festgeschrieben wurden. Sie variierten
hauptsächlich die Form der ➤ *Stele*.
Leitlinie war, auf Grabfeldern ein homo-
genes Erscheinungsbild anstelle des ver-
achteten individuellen »Wildwuchses«
der Jahrhundertwende herzustellen (s.a.
➤ *Mustergrabfelder*). Dahinter stand
der Gedanke des Friedhofs als eines
»Systems funktionaler Einzelelemen-
te«. Lit. *Fischer 1996*

Grabmalwand ➤ *Grabmalarchitektur*

Grabnachweis. Der G. ist das Dokument zur Überlassung einer ➤ *Grabstätte*. Er enthält nähere Angaben über
die ➤ *Grabnutzung*, Lage, Größe und
Eigenschaften der Grabstätte sowie
eine Identifikationsnummer (früher
Grabbriefnummer). Der Nutzungsbe-
rechtigte kann mit diesem Dokument

Handschrift-
lich ausgefüllter
Grabbrief aus
dem Jahr 1883.
Aus der Nummer
ist abzuleiten,
dass mit ihm die
4986. Wahlgrab-
stätte seit Fried-
hofseröffnung
überlassen wurde

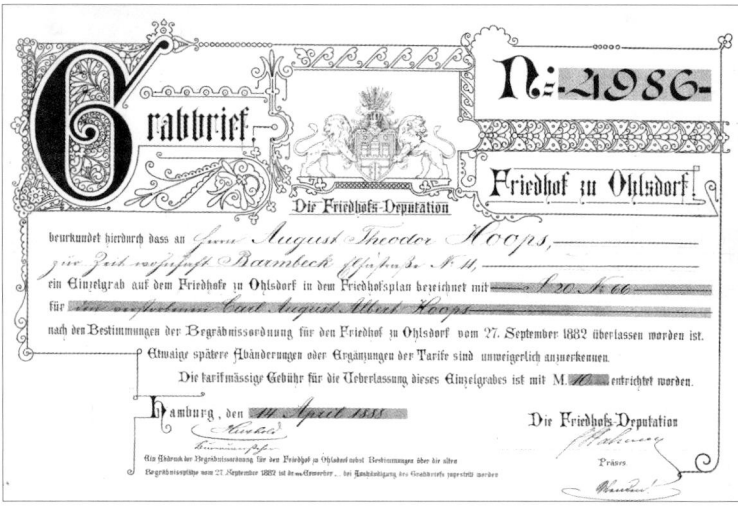

gegenüber der ➤ *Friedhofsverwaltung* seine Ansprüche geltend machen. Als G. gilt heute der Gebührenbescheid. Der früher ausgegebene Grabbrief enthielt zusätzlich ein Verzeichnis der auf der Grabstätte zur Beisetzung berechtigten Personen.

Grabnutzung. An einer ➤ *Grabstätte* kann kein Eigentum erworben werden. Sie wird dem Nutzungsberechtigten nur für eine bestimmte Zeit überlassen. Die G. beginnt bei allen Gräbern mit der im Gebührenbescheid dokumentierten Überlassung des Nutzungsrechts und bei der ➤ *Vorsorge* mit der ersten Beisetzung. Die G. endet, wenn das Recht der Nutzung abgelaufen ist, frühestens nach 25 Jahren ➤ *Ruhezeit*. Die Nutzung von ➤ *Wahlgrabstätten* kann verlängert werden, die von ➤ *Reihengräbern* nicht.

Grabnutzungsgebühr. Ähnlich einer Miete oder Pacht erfolgt die Nutzung

einer ➤ *Grabstätte* gegen die Zahlung einer Gebühr. Sie wird mit der Überlassung der Grabstätte und der ersten Beisetzung für die Dauer von 25 Jahren ➤ *Ruhezeit* erhoben. Bei weiteren Beisetzungen innerhalb dieser Zeit kommt es zu parallel laufenden Ruhezeiten, für die keine G. fällig wird. Nur der Differenzbetrag zur Einhaltung der Ruhezeiten des zuletzt Beigesetzten ist zu zahlen. Maßgebend für die zu entrichtende G. sind die Anzahl der ➤ *Grabstellen* sowie der Abstand zum Nachbargrab. Eine ➤ *Wahlgrabstätte* kann gegen Zahlung einer G. für die Dauer der Verlängerung auch ohne Beisetzung erhalten werden.

Grabstätte. Bez. für eine räumlich umgrenzte Fläche von einer oder mehreren ➤ *Grabstellen* oder eine Nische im ➤ *Kolumbarium* für die Beisetzung von Särgen oder ➤ *Urnen*. Särge werden in einer Tiefe von 1,70 m, Urnen in 80 cm Tiefe beigesetzt.

Links: Foto einer von Gerhard Marcks für seinen Galeristen Rudolf Hoffmann geschaffenen »Mehrstelligen Erdwahlgrabstätte in ❖ AD 16 77–80, Zustand 1982« aus dem Friedhofsarchiv

Der Grabengel in der Säulenhalle Nugent, aufgenommen im Spiegelbild der polierten schwarzen Granitplatte im Grabmal (Foto Lutz Rehkopf)

Grabstelle. Die G. ist der genau bestimmte Ort auf einer ➢ *Grabstätte*, an dessen Position ein Sarg oder eine ➢ *Urne* beigesetzt werden oder wurden. Auf jeder G. einer ➢ *Wahlgrabstätte* für Sargbeisetzungen können zusätzlich acht Urnen beigesetzt werden.

Grabüberlassung ➢ *Grabnachweis*, ➢ *Reihengräber*, ➢ *Wahlgrabstätten*

Granit (lat. »granum« = Korn) bezeichnet ein grobkristallines Tiefengestein, das reich an Quarz und Feldspäten und mit Mineralien wie z.B. Glimmer verbunden ist. Das Farbspektrum reicht von hellem Grau bis bläulich, rot und gelblich. Bis zur ➢ *Friedhofsreformbewegung* wurde G. wegen seiner langen Haltbarkeit und besonderen Härte mit Vorliebe für Grabmale verwandt. Er sollte so zugleich als Symbol für die ewige Dauer des Andenkens stehen. Bevorzugt war dabei vor allem schwedischer G., dessen Oberfläche

durch Polieren tiefschwarz und glänzend wird.

Grasbrookopfer. ➢ *Gemeinschaftsgrabstätte* für 16 der 30 Toten, die am 7.12.1909 bei der Explosion des damals größten Gasometers Europas zu beklagen waren. Die Gasanstalt stand auf dem Grasbrook, südl. der Speicherstadt auf dem heutigen Überseequartier der HafenCity. ❖ AF 19, 1-16, Feldsteine am Zaun der ➢ *Friedhofsgärtnerei*

Großgrabstätten ➢ *Grabmalarchitektur*

Grotte. Mit dem Begriff G. (ital. Grotta = Höhle) werden künstlich geschaffene Hohlräume bezeichnet, wie sie besonders in Schlössern und in Parks des 18./19. Jh. beliebt waren. Als Grabmale kamen Ende des 19. Jh. schematisierte G.nachbildungen auf, meist in Form eines pultartigen Steins, in dessen felsartig behauenen Rahmen eine Schriftplatte eingelassen wurde. Die älteste auf dem Friedhof gefundene G. wurde für den 1872 gestorbenen Vater von Johannes ➤ *Brahms* aufgestellt, ❖ K 31, 267–270. Lit. *Kändler*

Gruft. Doppelbezeichnung für die ausgehobene Erdvertiefung zur Bestattung eines Sarges und für vertieft ausgemauerte und an der Oberfläche abgedeckte Räume in Kirchenfußböden, Kreuzgängen oder auf Friedhöfen, in welche Särge bestattet werden (s.a. ➤ *Gewölbegräber*, ➤ *Gruftplatten*). Die Gruftbestattung gehörte jahrhundertelang zur Tradition der Hamburger Oberschicht und wurde auf dem Friedhof durch die Einrichtung großer landschaftlich gelegener Familiengrabanlagen abgelöst.

Gruftbagger ➤ *Kuhlengräber*

Gruftbau Cazalli. Gemauerte ➤ *Gruft* für das Einstellen von vier Särgen aus dem Jahr 1921, abgewandelte Form ei-

Auf fast quadratischem Grundriss ist der Grabstein des Gruftbaus Cazalli ädikulaartig aufgebaut und mit einer Vase bekrönt

nes ➤ *Mausoleums*. Sichtbar ist eine steinerne ➤ *Grabstätte*, markiert mit einem hohlen Grabstein am Kopfende und einer sarkophagähnlichen ➤ *Gruftplatte* davor. Die Kugel als tragendes Element findet sich mehrfach im strengen architektonischen Aufbau wieder. Namenstafeln zwischen den Balken des griechischen Kreuzes, Inschrift des Namens (Katzalli) in griechischer Schrift. ⒠ ❖ Z 12, am Weg

Gruftplatte. Da eine ➤ *Gruft* als Bestattungsort einer Familie immer wieder für weitere Verstorbene geöffnet werden musste, war sie mit einer großen Steinplatte verschlossen, die an eisernen Ringen abgehoben werden konnte. Einige dieser Platten finden sich im ➤ *Heckengartenmuseum*. Sie stammen vorwiegend aus dem beginnenden 18. Jh., bestehen zumeist aus Sandstein und sind mit schlichten Namensinschriften versehen. Wappen und figürliche ➤ *Reliefs* sind selten. Eine der ältesten G. auf dem Friedhof liegt auf der ➤ *Grabstätte* ➤ *Juliane Louise, Prinzessin von Ostfriesland*.

Gründgens, Gustaf (geb. 22.12.1899 Düsseldorf, gest. 7.10.1963 Manila), Schauspieler, Regisseur und Intendant. Das Deutsche Schauspielhaus in Hamburg gelangte unter G.s Leitung von 1955 bis zu seinem Tode zu Weltruhm. Sein Hamburger »Faust« gehört zu den Höhepunkten dt. Theatergeschichte. Erste Erfolge feierte G. an Erich ➤ *Ziegels* Kammerspielen. 1928 ging G. zu Max Reinhardt ans Deutsche Theater in Berlin. Es folgten Berufungen als Generalintendant von 1937 bis 1945 am Preußischen Staatstheater in Berlin, von 1947 bis 1955 an den Städ-

Das Hafenkonzert zu Gast auf dem Ohlsdorfer Friedhof im Oktober 2003. In der Feierhalle B liest Dietmar Mues, Rainer Brüggemann moderiert

tischen Bühnen und am Schauspielhaus in Düsseldorf und ab 1955 am Deutschen Schauspielhaus in Hamburg. 1963 beendete er überraschend seine Intendanz und begab sich auf eine Weltreise. Er starb in Manila an einer Überdosis Schlaftabletten. Die genauen Umstände seines Todes konnten nicht geklärt werden. ö ❖ O 6, 5, lgd. Platte, rechts vom ➢ *Althamburgischen Gedächtnisfriedhof*, neben Ida ➢ *Ehre*

Gusseisen ➢ *Eisen*

Guttempler-Gedenkstein. Gedenkstein für den Großtempler Hermann Blume (1861–1935). Der deutsche Guttempler-Orden ließ den G. zu seinen Ehren einst auf seiner Grabstätte errichten. Blume gehörte zu den Guttempler-Persönlichkeiten, deren Schaffen und Wirken eng mit der geschichtlichen Entwicklung des Ordens verbunden und bedeutungsvoll für die heutige Suchtgefährdetenhilfe geworden ist. Er setzte sich mit Erfolg dafür ein, Alkoholismus als Krankheit zu sehen und den Betroffenen unter Einbeziehung ihrer Familien zu helfen. Der halbrunde Schriftzug »Der Orden lebt, die Arbeit geht weiter« war ein Aufruf, mit dem er am Vortage seines Todes eine Rede enden ließ. Nach Auflösung seiner Grabstätte 1973 würdigte Hamburg Hermann Blume, indem sein Grabstein einen neuen, musealen Platz erhielt. E ö ❖ Bl 52, direkt an der Straße

Hafenkonzert. Jedes Jahr findet im Oktober das »Hamburger Hafenkonzert« in der ➢ *Feierhalle B* statt. Die Veranstaltung erinnert an verstorbene und auf dem Friedhof beigesetzte Hamburger Komponisten und Künstler wie Hein ➢ *Köllisch*, Hans ➢ *Albers*, Michael ➢ *Jary* u.a. Das vom NDR »90,3« produzierte und seit 1929 ausgestrahlte H. ist die älteste noch bestehende Radiosendung der Welt und pflegt auf dem Friedhof eine besondere Art des ➢ *maritimen Gedenkens*.

»Triest«, der Lieblingslöwe von Carl Hagenbeck, schlafend vor dem Grabmal des legändären Hamburger Tierparkgründers

Hagenbeck, Carl (geb. 10.6.1844 Hamburg, gest. 14.4.1913 ebd.), Tierhändler und Tierparkgründer. H. übernahm den von seinem Vater begründeten Tierhandel und richtete 1874 am Neuen Pferdemarkt »Carl Hagenbecks Thierpark« ein. Im Jahr 1875 veranstaltete er seine ersten »Völkerschauen« und betrieb seit 1887 einen eigenen Zirkus. 1907 wurde der naturnah als Landschaftspark gestaltete Tierpark im heutigen Hamburger Stadtteil Stellingen eröffnet. **E** **ö** ❖ AE 15, 43–58, ➤ *Findling* mit Bronzelöwen

Haller, Martin (geb. 1.12.1835 Hamburg, gest. 25.20.1925 ebd.), Architekt. H. zählte zu den führenden Architekten Hamburgs und leitete 1886–97 den Rathausneubau. Der von ihm entworfene Dovenhof (1885/86) wurde zum Prototyp des funktionalen Kontorhauses. Aus dem mit Hermann ➤ *Geißler* betriebenen Architekturbüro gingen Großprojekte wie das HAPAG-Gebäude (1900–03) und die Musikhalle (1904, mit Wilhelm Emil Meerwein) hervor. Auf dem Friedhof errichtete er die ➤ *Grabkapelle Philipp* und das ➤ *Mausoleum Ohlendorff*. H. war von 1890 bis 1902 Mitglied der Hamburgischen Bürgerschaft. **E** **ö** ❖ W 22, 19–28, kubisches Grabmal

Hallier, Eduard (geb. 23.3.1866 Hamburg, gest. 4.10.1959 ebd.), Jurist. Auf einer Weltreise lernte H. in den USA und Großbritannien allgemein öffentlich zugängige Bibliotheken kennen. Mit Hilfe finanzkräftiger Firmen und der Patriotischen Gesellschaft engagierte er sich für die Errichtung einer »Öffentlichen Bücherhalle« in Hamburg. Nach der Zusicherung staatlicher Zuschüsse konnte die erste Bücherhalle im Jahr 1901 eröffnen. **E** **ö** ❖ T 20, 21–31/T 21, an der Straße

Hamburger Friedhöfe AöR. Unternehmensbezeichnung für die Verwaltung der Friedhöfe Ohlsdorf und Öjendorf und ihrer Krematorien seit 1995. Als Anstalt des öffentlichen Rechts können die H.F. eigenverantwortlich handeln und werden vom Senat über einen Aufsichtsrat kontrolliert. Das Unternehmen hatte bis dahin den Rechtsstatus eines ➤ *Landesbetriebes*.

Hamburger Friedhofsstreit. Bez. für den zwischen liberalen und orthodoxen Juden im Jahr 1897 ausgetragenen Disput über die Sicherstellung der ewigen Ruhe Verstorbener auf dem ➤ *jüdischen Friedhof Ohlsdorf*, dessen Gelände nur gepachtet war. Er endete damit, dass die jüdische Gemeinde 1919 südl. des Friedhofs Erweiterungsflächen kaufte, um dort auf gemeindeeigenem Gelände die ewige Ruhe zu sichern und damit Beisetzungen nach orthodoxem Ritus zu ermöglichen.

Hamburger Hafen ➤ *maritimes Gedenken*

Hamburger Waisenhaus. ➤ *Genossenschaftsgrabstätte* der privaten Stiftung zum Beistand für hilflose Waisenkinder, 1604 gegründet von zwei holländischen Emigranten. Sie entwickelte sich durch die Jahrhunderte zur heutigen Kinder- und Jugendhilfe, die seit 1865 ausschließlich durch öffentliche Mittel finanziert wird. Die ➤ *Grabstätte* wurde 1902 angekauft und mit einer

Das Denkmal der »Hanseatischen Kampfgenossen« entstand im Jahr 1832

roten Sandsteinstele mit Dreiecksgiebel und Goldschrift ausgeschmückt. E ❖ D 15–16

Hamburger Widerstandskämpfer ➢ *Widerstandskämpfer, Ehrenhain der Hamburger*

Hannoversche Schule. Mitte des 19. Jh. auf dem Polytechnikum in Hannover unter Wilhelm Hase (1818–1902) entwickelter Architekturstil, der die gotische Formensprache unter Verwendung zeitgemäßer norddt. Baumaterialien wieder belebte (s.a. ➢ *Neogotik*). Wilhelm ➢ *Cordes* war Schüler von Hase und entwarf die ➢ *Kapelle 2* im Stil der H.

Hanseatische Kampfgenossen. Das ehem. Grabmal wurde 1832 auf dem ➢ *alten Hamburger Friedhof* St. Magdalenen vor dem Dammtor aufgestellt und 1924 als ➢ *Denkmal* zur Erinnerung an das Wirken der H.K. nach Ohlsdorf um-

gesetzt. 1811–13/14 war Hamburg von Frankreich annektiert und Ende 1813 zu einer Festung ausgebaut worden. Emigrierte Hamburger gründeten unter der Führung David ➢ *Mettlerkamps* die »Hansatische Bürgergarde« und unterstützten russische Truppen bei der Belagerung Hamburgs, aus dem die Franzosen am 31.5.1814 abzogen. E ❖ G 12, gegenüber ➢ *Kapelle 4*

Hauptallee ➢ *Cordesallee*

Haupteingang. Der Standort des H. wurde bereits im zweiten ➢ *Generalplan* von 1881 festgelegt, aber seine Fertigstellung erst 1910 verwirklicht. Das repräsentative Gesamterscheinungsbild mit den ➢ *Verwaltungs-* und den Nebengebäuden sowie der kunstvoll gearbeiteten ➢ *Einfriedung* wurde später auch als »Titelblatt der Anlage« apostrophiert. Die Trennung in Ein- und Ausfahrt geschah wohl in Reaktion auf den zunehmenden Kraftfahrzeugverkehr.

»Zone 30 km/h« bestimmt das letzte Verkehrsschild außerhalb des Friedhofs. Foto vom Einfahrtstor beim Haupteingang an der Fuhlsbüttler Straße

Hauptfriedhof ist die frühere Bez. für die staatlichen Friedhöfe Altona, Ohlsdorf und Öjendorf, die nicht den Bezirksverwaltungen, sondern der Baubehörde unterstanden. Ohlsdorf und Öjendorf gehören seit 1991 zum ➢ *Landesbetrieb Friedhöfe* bzw. seit 1995 zur ➢ *Hamburger Friedhöfe AöR*. Der Friedhof Altona wird seitdem vom gleichnamigen Bezirk verwaltet.

Hauswedell, Ernst L. (geb. 3.9.1901 Hamburg, gest. 2.11.1983 ebd.), Verleger, Kunst- und Buchhändler. Nach dem Studium der Literaturwissenschaften arbeitete H. kurzzeitig in einem Bankhaus, bis er im Jahr 1927 einen Buch-Club mitbegründete und diesen ab 1935 in seinem eigenen Verlag (»Dr. Ernst Hauswedell«) weiterführte. H. betätigte sich zugleich als Antiquar und entwickelte bis kurz vor seinem Tod sehr erfolgreiche Auktionstätigkeiten auf dem Buch- und Kunstsektor mit z.T. weltweiter Beachtung. H. hatte

großen Einfluss auf das kulturelle Leben Hamburgs im 20. Jh. 🄴 ❖ AC 10, 33–42, Grabmalwand

Hecken bezeichnen in Reihen gepflanzte Sträucher nur einer Gehölzart für die Hinterpflanzung von Gräberreihen, meist in Form geschnitten, und dienen häufig zur Platz sparenden Reihentrennung. Im ➢ *Cordesteil* überwiegen immergrüne Nadelgehölzarten, vorzugsweise Thuja, im ➢ *Linneteil* laubabwerfende Arten, meist Rot- oder Weißbuchen. Hier stehen auch einst zur Raumbildung und Orientierung gepflanzte frei wachsende H. unterschiedlicher Höhe.

Heckengartenmuseum. Das H. ist ein ➢ *musealer* Bereich für Grabmale mit der am »Tag für Denkmalpflege und Heimatschutz« 1938 eingeweihten ➢ *Paulinenvase* im Zentrum. Von ➢ *Hecken* umsäumt, befinden sich hier 159 Grabsteine und 39 ➢ *Gruft-*

Blick in das Heckengartenmuseum. Der Putto auf dem Grabmal Köpcke trocknet sich mit dem auf der Urne liegenden Bahrtuch die Tränen

platten. Sie stammen überwiegend aus der 1. Hälfte des 19. Jh., mit Ausnahmen auch aus dem 18. Jh. Diese sind damit die ältesten Grabmale auf dem Friedhof. Nach Räumung der Gräber auf den ➤ *alten Hamburger Friedhöfen* wurden bemerkenswerte Grabmale im H. neu aufgestellt, die Gebeine bekannter Persönlichkeiten aber zum ➤ *Althamburgischen Gedächtnisfried-*

hof überführt. E ❖ Bh 54–55, südl. des Teiches

Heckenquartier Bl–Bm 56. Typisches Grabfeld mit zentralem Brunnen und museal aufgestellten Grabmalen aus der ➤ *Linnezeit*, gegliedert mit ➤ *Hecken* aus Rotbuchen.

Heilige Rose. »Rosa richardii, synonym R. sancta« lautet die Bez. der ältesten Rosensorte im ➤ *Rosengarten*. Sie wurde im 4. Jh. in Abessinien (Äthiopien) im Garten eines christlichen Klosters gefunden. Der schottische Botaniker Richardson entdeckte sie 1848 in europäischen Klöstern wieder und beschrieb sie als Naturhybride zwischen »Rosa gallica und R. phoenicia«.

Heimatstil. Der Architekturstil der »Heimatschutzbewegung« entstand zu Anfang des 20. Jh. mit starken regionalen Unterschieden. In Hamburg war er geprägt durch die Anlehnung baro-

Links: Grabmal für den Maler Erwin Speckter (1806-1835) im Heckengartenmuseum

Grabmal für den Pianoforte-Fabrikanten Matthias Ferdinand Rachels (1801–1866) im Heckengartenmuseum. Abgebildet sind typische Werkzeuge seines Berufes

ERWIN SPECKTER

cker Bürgerhausarchitektur unter Wiederverwendung des sichtbaren Backsteins und das Aufgreifen ländlicher Baugestaltung.

Heinrich-Schmilinsky-Stiftung. 1889 vermachte der Hamburger Kaufmann Heinrich Schmilinsky sein in Mexiko erworbenes Vermögen der Stadt Hamburg, um damit das unglückliche Los unverheirateter Mädchen zu lindern. In dem ehem. Stiftsgebäude in der heutigen Schmilinskystraße gab es auch Freiwohnungen für ältere Frauen. Ein neues Stiftsgebäude steht in Hamburg-Blankenese. Die ➤ *Genossenschaftsgrabstätte* schmückt ein großer ➤ *Findling* von 1896. ❖ M–N 21

Herme. Pfeilerschaft mit aufgesetztem Kopfbildnis, in der antiken Kunst zunächst Kultbild von Hermes, dem Gott der Wege und Kaufleute. Ein Beispiel ist das heute im Außenbereich des ➤ *Museums Friedhof Ohlsdorf* aufgestellte Jugendstilgrabmal Schaeffer von Engelbert ➤ *Peiffer*.

Herntrich, Volkmar (geb. 8.12.1908 Flensburg, gest. 14.9.1958 bei Nauen), Hauptpastor. H. wurde 1943 Hauptpastor an der Katharinenkirche, 1956 Landesbischof und hatte verschiedene kirchliche Ämter und Lehrbefugnisse inne, zuletzt an der Universität Hamburg. Er verstarb 1958 bei einem Autounfall. ⬛ ❖ AA 7, 322–324, lgd. Platte, ➤ *Bischofskuhle*

Hertz, Gustav (geb. 22.7.1887 Hamburg, gest. 30.10.1955 Ost-Berlin), Physiker. Der Neffe von Heinrich ➤ *Hertz* untersuchte u.a. die Anregung von Atomen durch Elektrostöße, wofür er 1925 zusammen mit James Franck den Nobelpreis für Physik erhielt. ⬛ ⬛ ❖ Q 24, 53–58/Q 25, lgd. Platte

Hertz, Hans Wilhelm (geb. 1903 Hamburg, gest. 16.8.1993 ebd.), Notar und

Die »Heilige Rose« ist im Rosengarten auf dem ersten Radialbeet rechts zu finden (Hinweisschild). Sie blüht Ende Juni nur etwa eine Woche lang

Weibliche Herme mit Berufssymbolen (Zeichendreieck, Winkel und Zirkel) des verstorbenen Architekten Schaeffer

Ein nicht ausge-
führter Entwurf
von Wilhelm Cor-
des für das Ver-
waltungsgebäude
zeigt den Stil des
Historismus

Archivar. Der Mitarbeiter des ➢ *Staatsarchivs* wirkte in Hamburg beharrlich
für den Denkmalschutz und die Be-
wahrung des Erbes der hamburgischen
Geschichte. Hervorzuheben sind die
Sicherung und die Wiederaufstellung
einer Vielzahl von wertvollen Grabmalen aufgehobener jüdischer Friedhöfe auf dem ➢ *Jüdischen Friedhof*
in Ohlsdorf und die Auswahl von auf
den ➢ *alten Hamburger Friedhöfen*
zur Umbettung auf den ➢ *Althamburgischen Gedächtnisfriedhof* bestatteten »verdienten Hamburgern« sowie
die Erarbeitung der Vorschlagsliste für
➢ *Gräber im öffentlichen Interesse.* 🅴
❖ Y 10, 78–98

Hertz, Heinrich Rudolf (geb. 22.2.1857
Hamburg, gest. 1.1.1894 Bonn), Physiker. Seine Forschungen auf dem Gebiet der Elektrodynamik bildeten eine
der Grundlagen zur Entwicklung der
drahtlosen Funktechnik. Nach ihm benannt ist die Einheit der elektromagneti-

schen Schwingungen je Sekunde. H. war
Onkel von Gustav ➢ *Hertz.* 🅴 ö̲ ❖ Q
24, 53–58/Q 25, roter ➢ *Findling*

Himmlische Kindergärten ➢ *Kindergrabstätten*

Himmelslinie ➢ *Jüdischer Friedhof*

Hirsch, Marie (alias Adalbert Meinhardt, geb.12.2.1848 Hamburg, gest.
17.11.1911 ebd.), Schriftstellerin und
Übersetzerin. Unter männlichem Pseu-
donym veröffentlichte H. Novellen,
Reisebeschreibungen und Romane.
Ens ❖ O-P 27, ➢ *Garten der Frauen,*
niedrige halbrunde ➢ *Stele*

Historismus. Stilepoche in der Kunst
des 19. Jh., in der historische Kunstfor-
men zunächst kopiert, dann kombiniert
und schließlich variiert und mit neu-
en Inhalten gefüllt wurden. Auf dem
Friedhof findet man besonders die Wie-
deraufnahme gotischer, barocker und

klassischer Formen, ➤ *Neobarock,* ➤ *Neogotik,* ➤ *Neoklassizismus.* Lit. *Fischer 1996*

Holz. Grabmale aus H. sind durch ihre Witterungsanfälligkeit sehr pflegeintensiv und daher nur selten lange erhalten geblieben. Hin und wieder wurden hölzerne Grabmale, meist als ➤ *Kreuz* und zur Erinnerung an Kriegsgefallene aufgestellt wurden, z.b. ➤ *Grabstätte* Reiche und Schläger. Ⓔ ❖ P 19, 388–397. Ein großes H.kreuz steht auf der ➤ *Gemeinschaftsgrabstätte* ➤ *Seemannsfriedhof,* Ⓔ ❖ Bi 58, 1–88, 183–192

Hopp, Bernhard (geb. 28.10.1893 Hamburg, gest. 18.9.1962 ebd.), Architekt, Maler und Denkmalpfleger. Neben zahlreichen Profanbauten entwarf H. auch Kirchen im Backsteinstil (u.a. Lutherkirche in Wellingsbüttel, 1937, und Maria-Magdalenen-Kirche in Klein-Borstel, 1938). Nach dem Zweiten Weltkrieg engagierte er sich für die Sicherung und den Wiederaufbau von beschädigten Baudenkmalen in Hamburg (u.a. der Hauptkirchen St. Jacobi und St. Katharinen). Ⓔ ⓞ ❖ AA 5, 525–528, schmale ➤ *Stele* mit Kugel

Hoppstock-Huth, Magda (geb. 9.3. 1881 Hamburg, gest. 24.4.1959 ebd.), Frauenrechtlerin und Lehrerin. H. gründete die Internationale Frauenliga für Frieden und Freiheit (IFFF), emigrierte 1933 nach England, nach dem Krieg Neuorganisation des IFFF und Mitglied der Hamburgischen Bürgerschaft; ❖ L 32, 419–421, helle ➤ *Stele*

Horn, Clara (geb. 6.11.1852 Berlin, gest. 3.7.1884 Hamburg), Schauspielerin. H.

war der Publikumsliebling im Ensemble des Thalia Theaters. Im 32. Lebensjahr verstarb sie kurz vor ihrer Hochzeit. Ihr Bräutigam errichtete auf dem ehem. St. Jakobifriedhof ein großes Grabmal mit dem ➤ *Relief* eines schwebenden Engels (in der Grünanlage an der Wandsbeker Chaussee noch heute vorhanden). ⓞ ❖ P 6, ➤ *Althamburgischer Gedächtnisfriedhof,* Grab 43

Horwitz, Mirjam (geb. 15.6.1882 Berlin, gest. 26.9.1967 Lütjensee), Schauspielerin und Regisseurin. Gemeinsam mit ihrem Mann Erich ➤ *Ziegel* gründete H. im Jahr 1918 die Hamburger Kammerspiele am Besenbinderhof. ⓞ ❖ P 7, 13, lgd. Platte

Howaldtswerke. ➤ *Gemeinschaftsgrabstätte* der ehem. Howaldtswerke Hamburg AG für die zehn Mitarbeiter, die am 6.7.1949 im Hamburger Hafen am »Sägekai« der zwischen Rosshafen und Vulkanhafen gelegenen Howaldtswerft von einem umstürzenden Ausrüstungskran erschlagen wurden. ❖ G 8, Breitstele unter Buche, nahe der Straße

Hudtwalcker, Elisabeth (geb. 6.7. 1752 Hamburg, gest.22.11.1804 ebd.), Künstlerin, Ehefrau und Mutter. Heiratete 1775 den späteren Senator Johann Michael Hudtwalcker, brachte acht Kinder zur Welt und widmete sich nebenbei dem Zeichnen und Aquarellieren. Nach ihrem frühen Tod ließ ihr Mann auf den ➤ *alten Hamburger Friedhöfen* eine Grabsäule aufstellen (➤ *Hudtwalckersäule*) nunmehr, ❖ W 21, 64–84. Lit. *Kändler*

Hudtwalckersäule. Das heute museal aufgestellte säulenförmige Grabmal der

Die unter der Deckplatte der Hudtwalckersäule umlaufende Inschrift lautet: »Formen werden und verwehen/ Leben muß Verwesung sehen/ und der Strahl zum Urquell gehen«

Familie Hudtwalcker mit ovalen leicht erhabenen Schriftplatten und vertieften Namensinschriften stand einst auf »St. Catharinen«, einem der ➤ *alten Hamburger Friedhöfe.* **E** ❖ W 21, 257

Hügelgräber. Orte von Körperbestattungen der Mittleren Bronzezeit, etwa 16. bis 13. Jh. v. Chr., mit Erd- oder Steinaufschüttungen und oft kunstvollen Grabbeigaben (➤ *prähistorische Anlagen*). Sechs H. sind bekannt oder werden vermutet, sie stehen unter ➤ *Denkmalschutz*:
1. Bei Ausgrabung eines zweikammerigen »Heidenhügels bei Ohlsdorf« 1870 fand Ferdinand Wibel Grabbeigaben für ein etwa fünfjähriges Kind und einen Mann. In der Nähe gab es durch die »Abfuhr von 32 Fuder Steinen« und die ehem. Flurbezeichnung »Bei den zwei Bergen« sichere Hinweise auf weitere H. ❖ T–U 16, an der Straße
2./3. beiderseits des ➤ *Althamburgischen Gedächtnisfriedhofs*, westl. ❖ P

4, kaum erkennbar, östlich ❖ P 7, abgeflachte Kuppe mit Kastanienbaum
4. Am ➤ *Finkenstieg* gegenüber Ehrenanlage der ➤ *Feuerwehr* auffällige Ansammlung von Findlingen, Vermutung eines Großsteingrabes. ❖ Q 11
5. Am Rand des Teiches bei ➤ *Kapelle 4* leichte Bodenerhebung eines H. ❖ J 18
6. Anhäufung von kleinen Findlingen als Rest eines flachen, sechs Meter langen H. ❖ A 15, an der Straße kurz vor dem Tor

Illies, Arthur (geb. 9.2.1870 Hamburg, gest. 27.5.1952 Lüneburg), Maler. Wie auch Ernst ➤ *Eitner* wurde I. von Alfred ➤ *Lichtwark* gefördert. Er war unter den im Hamburgischen Künstlerclub von 1897 vereinten Malern der wohl experimentierfreudigste und stets auf Neuerungen bedachte Kopf. I. wirkte auch als Grafiker und Kunstgewerbler, so entstand seine Wohnungseinrichtung nach eigenen Entwürfen. Er hinterließ ein umfangreiches Werk. **ö** ❖ AE 20, 1–11/AD 20, Grabstätte Rabeler

Informationshaus. Das I. wurde beim Neubau des ➤ *Nebeneingangs* 1997 in einem ehem. ➤ *Retiradengebäude* eingerichtet, um Friedhofsbesuchern direkt am Eingang und nahe der Bushaltestellen Auskünfte erteilen zu können (s. Allgemeine Informationen).

Innung Tapezierverein von 1810. ➤ *Genossenschaftsgrabstätte* mit einer ➤ *Stele* von 1889. Das kleine Medaillon zeigt einen Händedruck als Zeichen der Verbundenheit, die einst bekrönende ➤ *Säule* liegt am Boden. **E** ❖ X 15, 483–636, X 16, 468–621

Inschriften ➤ *Grabmalinschriften*

Insekten. Der ➤ *Naturraum Friedhof* bietet Lebensraum für viele seltene Insektenarten. Allein zwölf Arten Tagfalter sind bislang nachgewiesen. Von ihnen führt die Internationale Tierschutzunion den Aurorafalter, den Eichenzipfelfalter und den Faulbaumfalter auf ihrer »Roten Liste« gefährdeter Arten. Von den entdeckten 284 Arten der Nacht- und Kleinschmetterlinge kommen in Hamburg 89 ausschließlich auf dem Ohlsdorfer Friedhof vor. Unter den 91 dokumentierten Arten von Stechimmen, wie Bienen, Grabwespen und Faltenwespen, bevorzugen die Pelzbiene und die Rote Mauerbiene die verwitterten Wände der ➤ *Mausoleen* zum Nisten (s.a. ➤ *Naturlehrpfad*).

Inselteich. Benannt nach der rechteckigen Form seiner Insel stellt der I. zusammen mit dem Inselkanal die Verbindung des ➤ *Prökelmoorteiches* zu den Teichen südl. der ➤ *Mittelallee* her. Optisch wird er gerahmt von einer Kastanienallee und der bastionsartigen Mauer an der Mittelallee. ❖ Bn–Br 59

Internationale Hygiene-Ausstellung ➤ *Weltausstellung*

Iranisch-islamische Gemeinde ➤ *Iranisch-mohammedanische Gemeinde*, ➤ *Islamische Gräberfelder*

Iranisch-mohammedanische Gemeinde. Die erste ➤ *Gemeinschaftsgrabstätte* für die I.-m.G. (heute Iranisch-islamische Gemeinde) wurde 1941 eingerichtet. Ihr Initiator war der iranische Kaufmann Hassan Vladi, der hier 1969 beigesetzt wurde. Er hatte sich

1953 mit einem Förderverein für den Bau einer Hamburger Moschee an der Schönen Aussicht auf der Uhlenhorst eingesetzt. Auf den nach Nordosten ausgerichteten Grabmalen sind mit persischen und deutschen Inschriften die Namen von etwa 100 hier bestatteten Gemeindemitgliedern verzeichnet. ❖ X 19, nahe der Kapelle 2 (s.a. ➤ *Islamisches Gräberfeld*, ➤ *Islamische Bestattungen*)

Islamische Bestattungen. Die Beisetzung von Muslimen nach islamischem Ritus ist genau reglementiert.

Oben: Ein samtschwarzer Schmetterling mit weißen Flecken und roter Binde, »Admiral« genannt, sonnt sich auf einem Grabstein

Das »Tag-Pfauenauge« ist ein Fleckenfalter, dessen Vorder- und Hinterflügel mit je einem Auge geschmückt sind

Für die Gestaltung der Gräber auf islamischen Grabfeldern gelten keine besonderen Gestaltungsvorschriften

Der Kopf des Toten muss, auf der rechten Seite liegend, in Richtung Mekka zeigen. In Norddeutschland ist daher das Grab in der Längsachse von Südwest nach Nordost ausgerichtet. Das Grab sollte auf jungfräulichem Boden und auf ewig angelegt sein. Der Beisetzung gehen eine rituelle Waschung des Leichnams und das Einwickeln in Tücher voraus (seit 1997 in der ➤ *Kapelle 11* möglich). Begleitet wird das Ritual von Gebeten eines Geistlichen, des Imans. Männliche Hinterbliebene tragen dann den Toten zu Grabe und setzen ihn bei. Die islamische Theologie kennt verschiedene Auslegungen der überlieferten Beisetzungsriten, und manche Richtungen tolerieren die An-

näherung an die Gepflogenheiten nichtislamischer Gesellschaften, was an der Gestaltung islamischer Grabfelder auf dem Friedhof deutlich erkennbar ist. Um allen Bedürfnissen der Muslime entgegenzukommen, wurde 1998 die Hamburger Bestattungsverordnung so geändert, dass Tote in Ausnahmefällen auch ohne Sarg beigesetzt werden können. Bestattungen nach islamischem Ritus sind in Hamburg schon seit 1978 auf dem Friedhof Öjendorf möglich.

Islamische Gräberfelder. Über das Grabfeld der ehem. ➤ *Iranisch-mohammedanischen Gemeinde* hinaus gibt es zwei weitere ➤ *Gemeinschaftsgrabstätten* sowohl für die Iranisch-islamische Gemeinde als auch für Muslime anderer Nationen, vor allem für Türken. (❖Bn 72, mit Hinweisen an der Eichen- und ➢ *Sorbusallee*). Zehn Einzelgräber aus den Jahren 1967 bis 1994 liegen in ❖Y 28 inmitten benachbarter Grabstätten mit christlichen Symbolen und nur nach Osten ausgerichtet (s.a. ➢ *Islamische Bestattungen*).

Italiaander, Rolf (geb. 20.2.1913 Leipzig, gest. 3.9.1991 Hamburg), Ethnologe und Publizist. Seine vielen Veröffentlichungen stehen meist im engen Zusammenhang mit seinen Reisen nach Afrika, Asien und Lateinamerika. I. lehrte als Gastprofessor an außereuropäischen Universitäten und beschäftigte sich mit vielen Religionen. 1970 begründete er mit seiner Sammlung zeitgenössischer afrikanischer Kunst das »Museum Rade«, nunmehr in Reinbek bei Hamburg. ❖O 8, 237–238, ➢ *Findling*

Jagd ➢ *Schadwild*, ➢ *Stadtjäger*

Japanische Kolonie in Hamburg. Das kaiserlich japanische Generalkonsulat erwarb die ➢ *Gemeinschaftsgrabstätte* mit 13 Urnenstellen im Jahr 1944. Seit vielen Jahren finden hier keine Beisetzungen mehr statt. Architektonisch gestaltete Breitwandstele mit Inschrift. Ⓔ ❖AA 4, an der Straßenecke und von ➢ *Rhododendron* überwuchert

Jary, Michael eigtl. Maximilian Michael Jarczyk (geb. 24.9.1906 Laurahütte/Simianowitz, gest. 12.7.1988 München), Schlagerkomponist. 1931 erhielt der begabte Nachwuchskomponist J. den Berliner Beethoven-Preis, doch konnte er seine Karriere während der NS-Zeit erst nach der Eindeutschung

seines Namens fortsetzen. Zunächst produzierte er sinfonische Untermalungs- und dann auch Filmmusiken. Der Durchbruch als Schlagerkomponist begann 1938 mit »Roter Mohn« und Filmhits, von denen einige bis heute Evergreens geblieben sind. Ⓞ̈ ❖M 17, 305–306

Jenisch d.Ä., Martin Johann (geb. 5.8.1760 Hamburg, gest. 29.1.1827 ebd.) Kaufmann und Senator. Dem Spross einer aus alten Patrizierfamilie gelangen in der Zeit der Französischen Revolution erfolgreiche Spekulationsgeschäfte, die ihm ein großes Vermögen bescherten. Er galt als einer der einflussreichsten Kaufleute Hamburgs und wurde 1796 in den Senat gewählt. Ⓔ Ⓞ̈ ❖AH 17, ➢ *Mausoleum Jenisch*

Jenisch d.J., Martin Johann (geb. 12.4.1793 Hamburg, gest. 7.3.1857 Vevey/Schweiz) Kaufmann und Senator. J. übernahm das väterliche Bankhaus und wurde 1827 in den Hamburger Senat gewählt. Als Präses der Baudeputation war er verantwortlich für den Wiederaufbau Hamburgs

Das Mausoleum Jenisch an der Norderstraße, eine Kopie des einst von Gustav Forsmann auf dem alten St.-Katharinen-Friedhof errichteten Gebäudes, das nach Schließung des Friedhofs abgebrochen werden musste

nach dem Großen Brand von 1842. Im Jahr 1828 erwarb er das Voghtsche Mustergut in Klein Flottbek, ließ dort ein Herrenhaus errichten (heute Jenisch-Haus) und den Park umgestalten (Restflächen heute Jenisch-Park). **E** **ö** ❖ AH 17, ➤ *Mausoleum Jenisch.*

Jerusalem ➤ *Diakonissenhaus*

Johannes-Brahms-Gesellschaft ➤ *Brahmsgräber*

Johannisloge »Phönix zur Wahrheit«. Das ➤ *Genossenschaftsgrab* der Hamburger Freimaurerloge wurde 1925 gegründet. Das Hauptgrabmal bildet eine Muschelkalkskulptur von Alphons Ely aus dem Jahr 1931. Sie zeigt einen nackten Mann, der sich einem quadratischen Felsen zu entwinden versucht. Ein ❖ Bh 59 169–196, 822–893

Jüdische Opfer. Quadratischer Gedenkstein am Ende eines mit schmalen Eiben eingefassten Feldes für eine unbekannte Anzahl jüdischer Mitbürger, die nach Schließung des ➤ *jüdischen Friedhofs Ohlsdorf* in Hamburg eines natürlichen Todes starben, den Freitod wählten oder nach ihrer Ermordung ab 1941 in unmittelbarer Nähe verscharrt worden waren. Links des Feldes sind im Rasen helle ➤ *Kissensteine* mit Namensinschriften zu erkennen, die den Zusatz Sarah oder David tragen. † ❖ Bi 68

Jüdischer Friedhof. Mit eigenem Zugang am Ende der Straße Ilandkoppel grenzt der J.F. südl. an den Ohlsdorfer Friedhof. Geplant von Wilhelm ➤ *Cordes*, erfolgte die Eröffnung im Jahr 1883. Die 1883/84 errichtete Trauerhalle ent-

warf der Architekt August Piper im historisierenden romanischen Stil. Die Grabfeldbezeichnungen mit ➤ *Planquadraten* sind identisch mit denen des Ohlsdorfer Friedhofs. Im Zuge der Judendeportationen wurde der Friedhof 1942 durch die Nationalsozialisten beschlagnahmt und auf freien Flächen Notunterkünfte für ausgebombte Hamburger gebaut.

Traditionsgemäß ist auf einem jüdischen Friedhof der Bereich des Lebens deutlich von dem des Todes getrennt. So wird der Tote, sichtbar für die Versammelten, in einem kleinen Raum auf der westl. Seite des Trauerhalle aufgebahrt, aber von ihnen getrennt und unter »freiem Himmel«. Zu diesem Zweck befinden sich im Dach Klappen, die während der Abschiedsfeier geöffnet werden. Diese für eine Bestattung erforderliche »Himmelslinie« setzt sich auf dem Friedhof unter dem oben geöffneten Blätterdach der geschnittenen Lindenallee fort, um dann zu den baumlosen Grabreihen zu führen. Erst nach voller Belegung der Fläche nehmen ➤ *Gehölze* von ihr Besitz und geben dem Grabfeld den bekannten typischen Charakter alter jüdischer Friedhöfe. Alle Grabreihen sind nach Osten, in Richtung des Gelobten Landes, ausgerichtet.

Besondere Anlagen: In Erinnerung an die in der Fremde ermordeten Juden, die nie ein eigenes Grab erhielten, wurde 1951 eine Urne mit Asche von im Vernichtungslager Auschwitz ermordeten Juden vor dem schlichten Gedenkstein gegenüber der Trauerhalle aufgestellt (❖ A–B 14). Rechts des Eingangs befinden sich 88 Einzelgräber jüdischer Hamburger, die im Ersten Weltkrieg als Soldaten für ein Land starben, das auch ihr Vaterland war, einheitliche Grabmale

und ein ➤ *Obelisk* im Stil der ➤ *Grab-malreform*. Auf seitlichen ➤ *Stelen* sind die Namen von etwa 1000 weiteren jüdischen Gefallenen aus Hamburg verzeichnet († ❖B 12–13). Auf einer 1919 von der Gemeinde im Süden des Friedhofs auf eigene Kosten erworbenen Fläche finden die Orthodoxen der Gemeinde ihre ewige Ruhe mit Bestattungen ausschließlich nach orthodoxem Ritus (❖XZ 8–7), Urnenbestattungen sind hier verboten (s.a. ➤ *Hamburger Friedhofsstreit*). Schadhafte und deshalb unbrauchbar gewordene Thorarollen werden nicht entsorgt oder verbrannt, sondern auf zwei Begräbnisplätzen ehrenvoll bestattet (❖A 9 und A 11) oder einem verstorbenen Rabbiner mit ins Grab gegeben. Auffallend mit ihrem sarkophagähnlichen Aufbau der Gräber ist der Friedhof der portugiesisch-jüdischen Gemeinde. Die liegenden Grabsteine zeigen bemerkenswerte bildliche Darstellungen. Die ➤ *Stele* mit dem Totenkopf, gekreuzten Knochen sowie einem Segensspruch in Portugiesisch und Hebräisch markiert die Nähe des Portugiesenfriedhofs (❖YZ–ZZ 12–13). Alte Grabsteine von ehem. jüdischen Friedhöfen Hamburgs werden in ➤ *musealen Bereichen* aufbewahrt. Bei ihrer Sicherstellung wirkte maßgeblich der Notar H.W. ➤ *Hertz* mit. Die eiserne Pforte und Gedenktafel stammen vom ehem. provisorischen Friedhof von 1813/14 am Neuen Steinweg (❖YZ 13). Als der Grindelfriedhof 1937 geräumt werden

Blick in ein Grabfeld des Jüdischen Friedhofs an der Ilandkoppel, auf dem nicht mehr bestattet, aber die ewige Ruhe gewahrt wird

Portalartige Grabwand Diedrichsen (❖ AC 17, 31-50) im Jugendstil von Caesar Scharff 1903 geschaffen. Der Fährmann Charon zieht die junge Verstorbene zu sich in seinen Nachen

musste, wurden zahlreiche Grabsteine aus dem 18. und 19. Jahrhundert hier wieder aufgestellt und über 8000 Tote in Sammelsärgen unter einer Rasenfläche wieder beigesetzt. Das Feld ist umgeben von einheitlichen Stelen für die Ehrengräber von Rabbinern sowie für Bürger und Bürgerinnen, die sich um das Wohl Hamburgs und der jüdischen Gemeinde verdient gemacht haben. Die ehrenvolle Wiederbeisetzung der Gebeine fand unter der Leitung des letzten Hamburger Oberrabbiners Dr. Josef Carlebach statt (❖ YZ–XZ 12–13). Von dem 1939–41 in Ottensen geräumten Friedhof wurden zunächst 175 im Barock- und Rokokostil gestaltete Grabsteine hier aufgestellt. Nachdem die Gemeinde das Gelände verkauft hatte, folgte 1953 die Überführung von weiteren 100 Grabmalen aus der Zeit des ➤ *Klassizismus* und des Biedermeier. Sie lagerten in Kasematten im Bereich des ehem. Friedhofs. ❖YZ 12–13 (s. Allgemeine Informationen), Lit. *Kolfhaus-Beyer 1995*

Reliefplatte des Wiener Bildhauers Richard Tautenhayn am Grabmal für Anni Kalmar

Jugendstil. Kunststil, der sich um die Wende zum 20. Jh. in Abkehr von den zunehmend erstarrten Formen des vorherrschenden ➤ *Historismus* entwickelte. Besonders typisch sind die dekorativ geschwungenen Linien, das Verfließen der Formen in florale und naturähnliche Elemente. Auf dem Friedhof haben besonders die beiden Künstler Caesar ➤ *Scharff* und Arthur Bock den J. propagiert. Auch ein Frühwerk von Ernst Barlach ist noch vom J. geprägt, s. *Grabstätte Moeller-Jarke*. Ⓔ ❖ U 25, 1–8, V 25, 27–34

Juliane Louise, Prinzessin von Ostfriesland (geb. 16.11.1657 Aurich, gest. 30.10.1715 Hamburg), älteste Tochter des Fürsten Enno Ludwig von Ostfriesland. Nach dem frühen Tod der Eltern zog sie zu Verwandten nach Wolfenbüttel, später nach Plön. Erst 1686 endeten die Erbstreitigkeiten durch Vergleich. 1698 zog J. nach Hamburg und heiratete hier zwei Jahre später heimlich einen Prediger am Waisenhaus. Als sie 1715 starb, hinterließ sie der Maria-Magdalenen-Kirche einen hohen Betrag für die Pflege ihrer Grabstätte in der Kirche, »so lange der Wind wehet und der Hahn krähet«. Das Testament wurde angefochten, so dass der Sarg erst 18 Monate später in der Kirche beigesetzt werden konnte. 1807 erfolgte die Umbettung auf einen der ➤ *alten* Hamburger *Friedhöfe* und nach dessen Schließung 1929 eine weitere zum Friedhof Ohlsdorf. Ⓔ ö̃ ❖ Bi 56, 577, am Teich

Jungsteinzeit. Die vorgeschichtliche Kulturstufe umfasst die Zeit von 5000 bis 1800 v. Chr. und damit den Übergang vom Nomadenleben zur Sess-

An das Gebäude des Kalzinierofens erinnert diese Ansichtspostkarte von 1908 (Poststempel)

haftigkeit des Menschen. Funde auf dem Friedhof waren meist Waffen und Handwerkszeuge aus verschiedenen Gesteinsarten, u.a. 1893 eine Kragenflasche und 1909 ein schnurverzierter Becher (s.a. ➢ *Prähistorische Anlagen*).

Kähler'sches Pflanzbeet. Das K.P. entstand in den 1880er Jahren als Versuchspflanzung von exotischen ➢ *Gehölzen* im Bereich der ➢ *Kapelle 1*. Alexander Kähler d.Ä. war zuvor die Anpflanzung exotischer Gewächse in seinem Gutspark Hohenbuchen/ Hamburg-Poppenbüttel gelungen. In Zusammenarbeit mit ihm führte Wilhelm ➢ *Cordes* einen erfolgversprechenden Versuch auch auf dem Friedhof durch, von dem vermutlich eine noch heute dort seit mehr als 100 Jahren wachsende Japanische Lärche mit einer Veredlungsstelle zeugt (❖ S 8).

Kalmar, Anni (Anna Kaldwasser, geb. 14.9.1877 Frankfurt/M., gest. 2.5.1901

Hamburg), Schauspielerin. K. kam aus Wien nach Hamburg an das Deutsche Schauspielhaus, verstarb jedoch jung an Schwindsucht. Der Wiener Schriftsteller Karl Kraus hatte sie sehr verehrt und sorgte für die Aufstellung eines aufwändigen Grabmals, in das ihr ➢ *Porträtrelief* eingesetzt ist. ⒠ ❖ O-P 27, ➢ *Garten der Frauen*, hohe polierte Granitstele

Kalzinierofen. Ausgehend von der Technik des ➢ *Einäscherungsofens* im Krematorium (➢ *Altes Krematorium*) ließ Wilhelm ➢ *Cordes* auf dem Friedhof in einem besonderen Gebäude (heute Lagerplatz) an der Nebeneinfahrt Ilandkoppel einen K. errichten. Er diente von 1896 an für die hygienische Beseitigung von Leichen- und Sargresten, die beim Bau des Hauptbahnhofs und der Räumung der Friedhöfe vor dem Steintor geborgen wurden. Ab 1909 kam der K. für kurze Zeit zur Verbrennung von Leichenresten aus ➢ *Grab-*

stätten des Friedhofs, die wiederbelegt werden sollten, zum Einsatz. Lit. *Leisner u.a. 1990*

Kapellen. Die zwölf K. dienen für Trauerfeiern. Da auf dem Friedhof Ohlsdorf die Benennung der K.neubauten nach laufenden Nummern geschah, verdeutlichen diese bis heute, in welcher annähernden Reihenfolge die bereitstehenden Flächen im Laufe der Jahre und Jahrzehnte als Bestattungsbereiche erschlossen wurden. Neben den räumlichen Entwicklungsstufen des Friedhofausbaus ist an der K.gestaltung der zeitliche Wechsel der Architekturstile ablesbar. Die K. im alten Teil des Friedhofs verstand der Architekt Wilhelm ➤ *Cordes* als öffentliche Zweckbauten mit sakraler Würde und überkonfessionellem Charakter. Als malerisch-architektonische Ergänzung seiner von ihm geschaffenen Parklandschaft (➤ *Parkfriedhof*) wirkend, dienten sie mit ihren weithin sichtbaren Türmen und Dachreitern zugleich der Orientierung. Die Fassaden wurden neutral verputzt: »Sowohl der rote als auch der gelbe Backstein bieten in ihrer alleinigen Anwendung zuviel Farbe und lassen eine feinere Wirkung nicht aufkommen.« Bei Dachsanierungen in den letzten Jahrzehnten sind typische Schmuckelemente wie Gauben, Dachreiter und Türme entfernt worden, dies betrifft auch die Ausschmückung der Innenräume. Als bemerkenswerte Bauten Hamburgs wurden die K. vom Denkmalschutzamt mit blauen Erläuterungstafeln versehen (s.a. ➤ *Friedhofsbauten*). Freie Flächen in und an Straßeneinmündungen im ➤ *Cordesteil* weisen auf weitere ehem. geplante K. hin. Lit. *Leisner u.a. 1990*

Die zwölf Kapellen und drei Feierhallen

Die Nummerierung der Kapellen spiegelt die zeitlichen Schritte des Friedhofsausbaus

Kapelle 1 wurde im Jahr 1880 als provisorisches Holzgebäude errichtet, 1965 durch einen verklinkerten Steinbau ersetzt (Entwurf: Ursula Suhr) und 1995 saniert und technisch auf neuesten Stand gebracht. Ein hoher spitzer Turm steht über dem Feierraum, seitlich belichtet über einen Innhof, an dessen Wand vier quadratische ➤ *Reliefs* von Nanette Lehmann hängen (»Die einfachsten Tatsachen dieses Lebens: Mann, Weib, Geburt und Tod«). Die Gesamtarchitektur wird stark durch benachbarte Gebäude der ➤ *Friedhofsgärtnerei* beeinträchtigt. ❖T 9, an der Kapellenstraße

Kapelle 2 liegt in der Sichtachse der Nebenallee und ist, wie fast alle Kapellen, von einer Straße umgeben

Kapelle 2. Das älteste bestehende Gebäude des Friedhofs wurde nach Plänen von Wilhelm ➤ *Cordes* als gelber Ziegelbau mit gegliederter Fassade aus rotem Mainsandstein im ➤ *neugotischen* Stil der ➤ *Hannoverschen* Schule 1886 errichtet. Ihr Grundriss entspricht der Bauform der Kapellen auf den ➤ *alten Hamburger Friedhöfen*. In einer Achse mit dem südl. Zugang zur Aussegnungshalle lag nördl. der Ausgang zum Begräbnisplatz auf dem Friedhof. Er wurde vor einigen Jahrzehnten durch ein hohes Fenster ersetzt. ❖ V 18

Kapelle 3 ist mit 53 Sitzplätzen der kleinste Kapellenbau des Friedhofs. Das Dach des von Wilhelm ➤ *Cordes* entworfenen und 1894 eingeweihten Fachwerkbaus bekrönt ein Reiter, der ehem. als Glockenturm diente. Die farbig abgesetzten Felder im Gewölbe über dem Versammlungsraum sind

Eine nicht ausgeführte Entwurfsskizze für Kapelle 3 von Norden aus gesehen

mit Engelsköpfen und Säulen an der Basis geschmückt. In den vier Ecken des Kuppelraums waren einst die vier Jahreszeiten mit den Schlussworten des Vaterunsers in Beziehung gebracht. Auf den Seitenwänden der beiden Eingänge sind die vier Menschenalter farblich dargestellt. Seit der 1999 erfolgten Sanierung hat die K. im Norden wieder einen Ausgang in Anlehnung an die Bauform der ➤ *alten Hamburger Friedhöfe, s.* ➤ *Kapelle 2.* ❖ H-J 19–20

Kapelle 4. Nach dreijähriger Planungszeit 1898 eingeweiht, mehrfach von Wilhelm ➤ *Cordes* überarbeitet, um entsprechend den Vorgaben von Senat und Bürgerschaft »eine Mischung verschiedener Bauteile thunlichst zu vermeiden«. Eingang von Osten. Als erste Kapelle erhielt sie eine Sängerbühne und eine Orgelempore. Die Orgel wurde in den 1970er Jahren durch ein Harmonium ersetzt. Gleichzeit erfolgten erhebliche Eingriffe in die

Ausschmückung des Innenraums, u.a. durch Übermalung des sternenbesetzten Gewölbes mit Bildnissen bekannter Komponisten, 1996 Entfernung des Turmes. ❖ F 12

Kapelle 5 wurde 1902 errichtet und 1940 durch einen von einem überhitzten Ofen ausgelösten Brand vollständig zerstört. Ehem. Standort ❖ W–X 30, Straßeninsel

Kapelle 6. Raumprogramm und Grundriss der 1905 eingeweihten K. fertigte Wilhelm ➢ *Cordes*, die Detailplanung übernahm Albert Erbe, Architekt der Baudeputation und maßgeblicher Vertreter des sich herausbildenden ➢ Heimatstils. Einziger Schmuck im Innenraum ist die an die Form des Gewölbes angepasste und in Grün gehaltene Kassettendecke. ❖ AD–AE 30

Kapelle 7. 1907/08 im typischen Stil der Bauplanung von Wilhelm ➢ *Cordes* errichtet, heute durch Entfernung der Turmaufbauten und Gauben äußerlich stark verändert. Auch die farbliche Ausgestaltung der Holzbalkendecke im Innenraum mit ihrer stützenden Mittelsäule im Warteraum ist jüngeren Datums, ebenfalls die zwei Eckpfeiler mit Engelsköpfen in der Leichenkammer. Aus der Entstehungszeit befindet sich im Tympanon des Nebeneingangs ein verwittertes christliches Symbol: Ein Engel hält ein Spruchband mit der Aufschrift »Leben und Tot – Beides von Gott«. ❖ AE–AF 20

Kapelle 8. Letztes von Wilhelm ➢ *Cordes* geplantes Gebäude und größte seiner sechs ➢ Kapellen im ähnlichen Baustil, eingeweiht 1912.

Wie bei ➢ *Kapelle 7* ist über dem Nebeneingang ein Engel mit Spruchband als Halbrelief zu entdecken. Am oberen Ende fast aller säulenförmigen Bauteile aus Sandstein erscheinen Engelsköpfe. 1998 erfolgten die grundlegende Sanierung des Innenraums und der Umbau zu einem ➢ *Kolumbarium*. Die K. ist seitdem auch ein Ort der stillen Andacht und täglich geöffnet. ❖ AE 8–9 (s. Allgemeine Informationen)

Kapelle 9. 1918 als »Notkapelle« im Rahmen einer ➢ *Friedhofserweiterung* provisorisch errichtet und 1997 grundlegend saniert. Die unmittelbar daneben liegende Fläche zeigt den Standort des eigentlich geplanten Massivbaus und wird weiterhin dafür freigehalten. ❖ AB–AC 40

Kapelle 10 entstand wie ➢ *Kapelle 9* einst als eine »Notkapelle«, brannte 1980 ab und wurde 1983 auf der anderen Straßenseite nach Plänen von Iseler und Ziboll in zeitgemäßer Bauweise neu errichtet. Das Prinzip des Zentralbaus setzt sich bis in die angrenzenden Nebenräume fort. ❖ M–N 30–31

Mit dem Bau der Kapelle 10 wurden auch drei Tulpenbäume gepflanzt, die sich als Einzelbäume vor dem Gebäude sehr gut entwickeln

Nordansicht der
Kapelle 12 auf
den überdachten
Eingang

Kapelle 11. 1950/51 vom Hochbauamt geplant und nach Süden auf das ➤ *Bombenopfer-Mahnmal* ausgerichtet. Die halbrunde Dachform gab ihr die volkstl. Bez. »Bahnhofskapelle«. Die farbliche Innenraumgestaltung beherrscht der Wechsel der roten ➤ *Klinker* der tragenden Elemente mit dem hellbraunen Stein der aufgemauerten Wände. Die Belichtung erfolgt durch einen Innenhof, in dem auf einem Sockel eine Halbrundsäule aus rotem Mainsandstein steht: Gestalt zweier Menschen in fließenden Formen auf nur wenige Linien reduziert. 2004 erfolgte der Umbau des östl. Innenhofs zu einem ➤ *Kolumbarium*. Im Nebengebäude gibt es seit 1997 Möglichkeiten für rituelle Waschungen beizusetzender Muslime (s.a ➤ *Islamische Bestattungen*). ❖ Bw 66–67

Kapelle 12 ist ein mit Ziermauerwerk ausgefachter Holzständerbau, im ➤ *Heimatstil* und im Rahmen eines

Wettbewerbs entworfen von den Architekten Zauleck und Hormann, 1923 eingeweiht. Die K. steht im Schnittpunkt von ehem. in Form eines Andreaskreuzes geführten ➤ *Reddern*, und einer quer durch den Friedhof laufenden Straßenachse. 1985/86 wurde der Bau grundlegend saniert und die Holzdecke des Innenraums wieder in den Originalzustand versetzt: goldene, von Otto Fischer-Trachau gemalte Sterne auf blauem Grund. Die Patriotische Gesellschaft würdigte 1990 die gelungene Restaurierung mit einem Preis für vorbildliche ➤ *Denkmalpflege*. ❖ Bk 62–63

Kapelle 13. Entworfen von Fritz ➤ *Schumacher* und 1929 fertig gestellt, bildet die K. optisch den östl. Abschluss der ➤ *Mittelallee*. Die strenge Form des Gebäudekomplexes korrespondiert mit dem architektonischen Prinzip der Friedhofsanlage im ➤ *Linneteil*. Die K. ist außen verblendet mit dekorativ eingesetzten Oldenburger

Kapelle 13 mit seitlich symetrisch angegliederten Funktionsräumen. Ursprünglich war das Vorfeld der Kapelle streng architektonisch bepflanzt

➤ *Klinkern*. Innen gliedern sternförmig zusammenlaufende Stahlbetonrippen vertikal den kreisrunden Feierraum. Beachtenswert sind die hohen kleinteiligen Buntglasfenster in je nach Himmelsrichtung wechselnden Farbtönen (Entwurf: Fritz Hussmann). 1996 erfolgte die umfassende Sanierung der K. ❖ Bm 69

Kapellenwärter ➤ *Friedhofsbetreuer*

Katholische Bruderschaft. ➤ *Gemeinschaftsgrabstätte* der Sterbekasse der K.B. »Die christliche Liebe und Treue gestiftet 1673« mit 20 ➤ *Grabstellen*, erworben 1998 mit dem ehem. Grabmal Scharlach als ➤ *Patenschaft:* überlebensgroße Figurengruppe von Arthur Bock vor einem ➤ *Findling*. Ein weiblicher Engel küsst einen alten Mann und weist mit dem Arm den Weg. Die frühere Inschrift rechts oben lautete: »Arbeit ein Kampf/Friede ein Sieg«. Ⓔ ❖ X 20, Nordseite des breiten Weges

Katholische Grabfelder. Nachdem die ehem. Grabfelder bei ➤ *Kapelle 2* und *6* im ➤ *Cordesteil* nicht mehr ausreichten und geräumt wurden, sicherte sich 1930 die Sterbekasse der ➤ *Katholischen Bruderschaft* einen zwei Hektar großen Bereich südl. der Kapelle 13 ausschließlich für die Beisetzungen ihrer Mitglieder. Am südl. und östl. Rand verläuft der ➤ *Kreuzweg*. In der südöstl. Ecke befinden sich Gräber von Angehörigen des Dominikaner- und des Jesuitenordens, benachbart von Geistlichen, die aus Hamburg stammen, aber nicht hier wirkten (❖ Bk–Bm 69–71). Zwei zentrale Orte prägen die K.G.: ein monumentales Hochkreuz mit stilisiertem Kruzifix (1930), davor Gräber von Geistlichen und rechts die ➤ *Genossenschaftsgrabstätten* von Schwestern des Marienkrankenhauses, die dem Orden des heiligen Borromäus und der heiligen Elisabeth angehören (❖ Bl 69, von der Eichenallee aus sichtbar). Am Ende des ➤ *Kreuzweges* Kruzifix von

1886 vom ➤ *alten Hamburger Friedhof* an der Karolinenstraße. Großformatige Grabplatten decken hier die Gräber von Geistlichen, die in Hamburg einer Pfarrei vorstanden. ❖ Bm 70

Kerr, Alfred (geb. 25.12.1867 Breslau, gest. 12.10.1948 Hamburg), Theaterkritiker. Seit 1900 in Berlin wirkend, war K. als geistvoller und strenger Kritiker unter den Ausführenden der Schauspielkunst gleichermaßen geschätzt und gefürchtet. K. emigrierte 1933 in die USA und kehrte kurz nach Kriegsende nach Deutschland zurück. E ö ❖ Z 21, 217, kleine ➤ *Stele*

Keyser, Bertha (geb. 24.6.1868 Maroldsweisach, gest. 21.12.1964 Hamburg), Schwester der Straßenmission. B. kam 1913 nach Hamburg und kümmerte sich selbstlos um Obdachlose und sozial Schwache, was ihr den Beinamen »Engel von St. Pauli« einbrachte. Nachdem ihr Werk im Zweiten Weltkrieg zer-

Am Fuß der Skulptur der Kindergedenkstätte liegen viele mit Kindernamen beschriftete Kieselsteine

stört worden war, begann sie in hohem Alter ihre Arbeit von vorn. ö ❖ O-P 27, ➤ *Garten der Frauen*, kleine ➤ *Stele* am Weg

Kindergedenkplatz für nicht beerdigte Kinder. Er ist gedacht für Frauen und Männer, die Eltern geworden sind ohne sichtbares Zeugnis des Lebens; für werdende Mütter und Väter, die nach einer Fehlgeburt von ihrem Kind Abschied »ohne Begrüßung« nehmen mussten, aber auch für Frauen nach eigenem Abbruch einer Schwangerschaft. Im September 1999 in Privatinitiative von Susanne Schniering nach der Totgeburt ihrer Tochter eingerichtet, unterstützt von der kath. Frauen- und Familienbildungsstätte und der »Von Mensch zu Mensch«-Initiative des »Hamburger Abendblatts«. Die Marmorskulptur schuf die Schweizer Bildhauerin Beatrice Charen. Die Form lässt Raum für vielfältige Assoziationen. ❖ AC 4, am Beginn des ➤ *Stillen Wegs*

Kindergrabmal. Die meisten K. standen bis in die 1960er Jahre innerhalb gesonderter Kindergrabfelder, die seit 1904 auf dem Friedhof eingerichtet wurden. Die kleinen Grabmale waren bis in die 1920er Jahre mit einer Vielzahl von ➤ *Porzellanengeln* besetzt. Auch auf einzelnen ➤ *Familiengrabstätten* wurden Denkmäler für verstorbene Kinder errichtet. Einfache ➤ *Stelen* zeigen z.T. ergreifende Darstellungen, die an verstorbene Kinder erinnern, so die Tiere und Märchenfiguren, die der Bildhauer Alphons Ely 1938 für seinen achtjährigen Sohn schuf (Grabstätte Ely, E ❖ W 15, 159). Daneben gibt es kostbare Plastiken wie den sitzenden Kna-

Die erste neuzeitliche Kindergrabstätte (❖ T 5) mit dem ehemaligem Grabmal von Froebel. In die Treppenstufe wurde nachträglich der Satz eingemeißelt: »Ein Kind stirbt nicht wirklich«

ben von Fritz Behn, Grabstätte Cohen (➤ *Schicksal, Das,* Ⓔ ❖ O–P 12).

Kindergrabstätten. Damit trauernde Eltern in angemessener Art ihrer Kinder gedenken können, bietet der Friedhof seit 1998 ➤ *Gemeinschaftsgrabstätten* für Kinder an. Sie sind klein dimensioniert und werden auch »himmlische Kindergärten« genannt. Die besonders liebevoll gestalteten und mit einem erhaltenswerten ➤ *Einzelgrabmal* geschmückten K. liegen in: ❖ T 5, direkt am Weg; ❖ M–L 25–26, schräg gegenüber dem ➤ *Wasserturm*; ❖ AG 39, nahe Eingang Kornweg; ❖ Bn 72, hinter ➤ *Kapelle 13* nahe des Zauns; ❖ AD 15–16, beim ➤ *Millionenhügel* (s.a. ➤ *Kindergedenkplatz,* ➤ *Kindergrabmale*).

Kipping, Friedrich Wilhelm (geb. 12.6.1838 Breslau, gest. 22.10.1892 Hamburg), Branddirektor. K. war seit 1862 in Berlin und Danzig als Feuerwehrmann tätig und sehr erfolgreich in der Bekämpfung von Bränden unter schwierigen Bedingungen. K. übernahm 1872 die Leitung und Organisation der neu geschaffenen Berufsfeuerwehr in Hamburg. Beim Brand eines Speichers im Hafen wurde er von einer einstürzenden Wand erschlagen. ⓞ❖ P 6, ➤ *Althamburgischer Gedächtnisfriedhof,* Grab 36; Gedenkplatte ❖ Q 11, ➤ *Feuerwehrgräber*

Kirschenallee. 800 m lange Straße im ➤ *Linneteil,* 1996/97 erneut alleeartige bepflanzt mit hochstämmigen Zierkirschen als Ergänzung des sortenreichen strauchartigen Zierkirschenbestands seitlich des Fußweges.

Kissenstein. Kleines Grabmal, meist in Form eines flachen Quaders, das ohne Fundamentierung auf eine ➤ *Grabstelle* gelegt wird. K. enthalten aufgrund ihrer geringen Größe kaum mehr als Namen und Daten der Verstorbenen, manchmal findet noch ein Symbol auf der Schau-

erste Gerichtspräsidentin der Bundesrepublik Deutschland. ❖ Z 11, 169, an der Wegkreuzung

Klagemauer. Volkstl. Bez. für eine 300 m lange Mauer, die den Höhenunterschied von der ➤ *Mittelallee* zur östl. angrenzenden Grabreihe auffängt. Als Trockenmauer um 1930 aus abgeräumten Grabsteinen der ➤ *alten Hamburger Friedhöfe* vor dem Dammtor aufgeschichtet. ❖ T 34–Bm 53, parallel zur Mittelallee, beginnend am Fuß des ➤ *Linnehügels*

Klassizismus. Seit Ende des 18. Jh. sich allgemein entfaltete Stilepoche, deren Formensprache an der Klarheit und Strenge der griechischen und römischen Antike orientiert war. In dieser Zeit bevorzugte man als Grabmal die schlichte ➤ *Stele*, teils mit antikisierendem oberen Abschluss, sowie den ➤ *Zippus*. Beispiele sind heute noch auf einzelnen ➤ *Familiengräbern*, im ➤ *Ämterstein-* und im ➤ *Heckengartenmuseum* zu sehen. Der Rückgriff auf klassische Formen der Antike setzte sich im 19. Jh. weiter fort (s.a. ➤ *Grabmalformen*, ➤ *Historismus*). Wie das neue Mausoleum der Familie Rittersbusch zeigt, sind neoklassizistische Formen bis in die Gegenwart aktuell geblieben.

Klinker bez. bei hoher Temperatur hart gebrannten rötlichen Backstein, mit durch Sinterung wasserabweisender Oberfläche. K. waren das bevorzugte Baumaterial bei Bauten in der ersten Hälfte des 20. Jh. (s.a. ➤ *Kapelle 13*, ➤ *Krematorium*, ➤ *Expressionismus*).

Kloster St. Johannis. ➤ *Genossenschaftsgrabstätte* der Konventualin-

Besonders auf mehrstelligen Grabstätten werden zusätzlich Kissensteine gelegt, um die belegten Grabstellen einzeln zu bezeichnen

seite Platz. Repräsentative K. tragen künstlerisch gestaltete Bronzeplatten (➤ *Primuskatastrophe*). Die ➤ *Grabmalreform* versuchte, K. als Grabmale für ➤ *Urnen*grabstätten aufzuwerten, indem sie höhere Steine mit mehrfach gekehlten Seiten entwickelte.

Klabunde, Clara (geb. 30.12.1906 Hamburg, gest. 7.7.1994 ebd.), Richterin. Nach Jurastudium und ersten Berufsjahren im Staatsdienst heiratete sie den Journalisten Erich K. 1933 schied sie aus der Justizverwaltung aus, arbeitete als Rechtsanwältin und versuchte, politisch Verfolgten zu helfen. Nach 1945 setzte sie ihre Anwaltskarriere fort und wurde 1966 Präsidentin des Landesarbeitsgerichts und damit zugleich die

![Knicks - bepflanzte Erdwälle / Mauer]

Als Bausteine der Klagemauer entgingen diese alten Grabsteine dem Schredder: Eine funktionelle Art, Vergangenheit zu bewahren

nen des ehem. Damenstifts, das 1236 zum ersten Mal als Zisterzienserinnen-Kloster in Harvestehude erwähnt ist. Nach der Reformation zogen die Bewohnerinnen in das Johannis-Kloster auf dem Gelände des heutigen Hamburger Rathausmarktes. Dieses Gebäude wurde 1842 für ein neues Gebäude am Klosterwall aufgegeben. 1898 kauften die Stiftsdamen eine gemeinsame Grabstätte an und schmückten sie mit einer Granitstele (E ❖ AC 10). Seit 1914 befindet sich das Stift am Alsterufer in Eppendorf.

Kluth, Karl (geb. 12.1.1898 Halle/ Saale, gest. 15.12.1972 Hamburg), Maler. Nach einer Ausbildung als Maler ließ sich K. 1922 in Hamburg nieder. Im Rahmen einer Ausstellung des Kunstvereins fand er 1930 erstmals Beachtung. Ein Jahr später trat er der Hamburgischen Sezession bei, konnte sich aber während der NS-Zeit nicht weiter entfalten. K. gilt als Neuentdecker der Werke von Edvard Munch und lehrte 1952–63 an der Hochschule für bildende Künste in Hamburg. Er gehörte zu den Begründern der Freien Akademie der Künste in Hamburg und erhielt 1957 den Edwin-Scharff-Preis. ❖ G 11, 282, Urnengrab

Knicks. Norddt. Bez. für bepflanzte Erdwälle, deren Aufwuchs etwa alle zehn Jahre zurückgeschnitten (= geknickt) wird. K. dienten dazu, landwirtschaftliche Ländereien nach Neuord-

Die Bereihe ehemaliger Knicks der Ohlsdorfer und Bramfelder Feldmark tragen heute viel zur ökologischen Bedeutung des Friedhofs bei

nung (= Verkoppelung) zu begrenzen. Sie wurden in der Ohlsdorfer Feldmark ab etwa 1840 auf einer Länge von ca. 80 km angelegt und später größtenteils in die Friedhofsplanung einbezogen, im 20. Jh. aber zunehmend weniger gepflegt. Heute sind sie daher durchgewachsen, im ➤ *Cordesteil* aber dennoch an den Grabfeldstrukturen und aufgereihten Eichenbeständen gut erkennbar (s.a. ➤ *Redder*).

Knolle, Theodor (geb. 18.6.1885 Hildesheim, gest. 2.12.1955 Hamburg), Hauptpastor. K. wurde 1924 Haupt-

pastor an der Petrikirche, 1954 Landesbischof. Mitbegründer der Luthergesellschaft in Wittenberg und Gründungsdirektor der Kirchenmusikschule Hamburg sowie umfangreiche Lehrtätigkeit, u.a. Honorarprofessor an der Universität Hamburg. Ö ❖ AA 8, 40–41, ➤ *Findling* an der ➤ *Bischofskuhle*

Köllisch, Hein (Heinrich, geb. 19.9.1857 Hamburg, gest. 18.4.1901 Rom), Humorist und Liedtexter. K. wuchs am späteren Hein-Köllisch-Platz in Hamburg-St. Pauli auf. Seine Karriere begann, indem er am Stammtisch seiner Eckkneipe anfing, einfache plattdt. Lieder und schräge Couplets zum Besten zu geben. 1894 eröffnete er dann sein eigenes Theater am Spielbudenplatz. Im »Hein Köllischs Universum«, später auch »Köllischs Lachbühne« genannt, stand er stets mit Frack und Zylinder auf der Bühne. Die Texte zu seinen Liedern schrieb er selbst und vertonte sie mit populären Wiener Melodien. Des Weiteren schrieb er plattdt. Parodien und Theaterstücke. Am bekanntesten seiner 150 Couplets sind »De Orgel kummt«, »De Reis no Helgoland« und vor allem: »De Pingsttour«. Auf einer Erholungsreise erkrankte er an einer Lungenentzündung und verstarb. Bei seiner Überführung nach Hamburg sollen tausende Hamburger die Straßen gesäumt haben, durch die der Leichenzug zum Friedhof zog. E Ö ❖ Q 6, 40–46/R 6, 17, ➤ *Stele* mit seinem Relief

Kolumbarium. In antiker Tradition stehend, bezeichnet K. (lat. = Taubenhaus) sowohl ein entsprechendes Gebäude, die Urnenhalle, als auch eine zumeist nischenartig untergliederte Wand zur Aufstellung von ➤ *Urnen*. Das K. war der bevorzugte Grabbau im Alten

Rom seit augustischer Zeit. Auch in der Frühzeit der modernen ➤ *Feuerbestattung* zunächst üblicher Beisetzungsort (z.B. in Gotha 1878). In Hamburg gab es ab 1892 zeitweilig ein K. im ➤ *Alten Krematorium.* K. wurden später, vor allem im norddt. Raum, von der Urnenbeisetzung auf dem freien Friedhofsgelände abgelöst. Auf dem Friedhof wird seit 1997 die renovierte ➤ *Kapelle 8* und seit 2004 ein Innenhof der ➤ *Kapelle 11* als K. zur repräsentativen Aufstellung von Urnen genutzt. Lit. *Großes Lexikon 2005, Fischer 2002*

Kommunalisierung. Die Anlage eines »Centralfriedhofs« gemäß der Zielvorgabe der ➤ *Commission für die Verlegung der Begräbnißplätze* und die Aufhebung der ➤ *alten Hamburger Friedhöfe* leiteten mit einigen Ausnahmen und der Gründung der speziellen Verwaltungseinheit ➤ *Friedhofsdeputation* die staatliche Verwaltung der Friedhöfe in Hamburg ein. Diese Ausschließlichkeit währte bis zur territorialen Neugliederung Hamburgs und seines Umlandes durch das Groß-Hamburg-Gesetz von 1937/38.

Kramm, Charlotte (geb. 15.3.1900 Berlin, gest. 21.11.1971 Hamburg), Schauspielerin. K. kam 1928 an das Altonaer Stadttheater, während ihr Mann Willy Maertens am Thalia Theater engagiert war. Als Jüdin erhielt sie Auftrittsverbot und konnte ihre Karriere erst nach 1945 fortsetzen. ❖ O–P 27, ➤ *Garten der Frauen*

Krankenpflegerinnen Deutschlands sowie Säuglings- und Wohlfahrtspflegerinnen, Berufsorganisation der (Agnes Karll Verband). Die Orga-

Innenansicht des Kolumbariums Kapelle 8. Die aufgestellten Urnen stammen aus dem Alten Krematorium

nisation vermittelte ihren Mitgliedern Arbeitsplätze, bot Versicherungsschutz und Rechtsberatung, setzte sich für die Anerkennung des Berufsstandes, die Bezeichnung »Krankenschwester« und eine fundierte dreijährige Ausbildung ein. Die Krankenpflegerin Agnes Karll arbeitete dafür die Satzung aus und wurde 1903 erste Vorsitzende. Die ➤ *Gemeinschaftsgrabstätte* der Hamburger Mitglieder von 1929 trägt ein hohes Kreuz auf gestuftem Sockel. **E** ❖ Bi 58

Krause, Emil (geb. 8.7.1870 Goslar, gest. 17.10.1943 Hamburg), Schulsena-

Station 4 des Kreuzwegs: »Jesus begegnet seiner Mutter«

tor. Als Schulsenator von 1919 bis 1933 baute er das Schulwesen in Hamburg zu einem der modernsten und fortschrittlichsten in Deutschland aus. Zu seinen besonderen Leistungen gehörten dabei die Öffnung der Oberschulen für Kinder aller sozialen Schichten, die Schaffung von Berufsschulen für Ungelernte und sein Einsatz für die Einbeziehung der Eltern in das Schulleben. ⚆ ❖ AA 29, 232, schmale ➤ *Stele*

Krematorium ➤ *Altes Krematorium,* ➤ *Einäscherungsofen,* ➤ *Feuerbestattung,* ➤ *Kalzinierofen,* ➤ *Neues Krematorium*

Kreuz. K. erscheinen sowohl als eigenständige ➤ *Grabmalformen* wie als Aufsätze oder Schmuckform. Sie können aus unterschiedlichen Materialien gearbeitet sein und stellen stets ein Symbol des christlichen Glaubens dar. Ihre Gestaltung ist äußerst vielfältig: Sie erscheinen z.B. als große steinerne K. eigenständig auf hohen Sockeln (➤ *St.-Michaelis-Gemeinschaftsgrabstätte*) und als Hintergrund für trauernde Frauenfiguren (➤ *Grabstätte Sprecher,* E ❖ J 7, 240–253; Grabstätte Westendarp, E ❖ Z 12, 1–19). Kleinere K. können u.a. in Form von Ästen aus Kunststein auf ➤ *Grotten* aufgesetzt sein (Grabstätte Müller, E ❖ M 13, 354–356). Sehr kleine Bronzek. bildeten oft den oberen Abschluss ➤ *expressionistischer* ➤ *Stelen*. Als eigenständiges Grabmal tritt das K. nicht häufiger auf als andere Grabmalformen. Die Zahl der kreuzförmigen Aufsätze, ➤ *Reliefs* und Zeichnungen ist dagegen sehr groß und kann als beredtes Zeichen christlicher Prägung interpretiert werden (s.a. ➤ *Kruzifix*).

Die Kreuzform des 1908 von Georg Wrba geschaffen Grabmals Gottschalk wird durch das Kruzifix unterstrichen. Die Grabstätte ist heute zur Patenschaft freigegeben (❖ Z 33, 209–215/AA 23, 256–258)

Kreuzweg. Der K. als Leidensweg Jesu vom Haus des Pilatus nach Golgatha, von kath. Christen an 14 Stationen betend nachgegangen, wurde auf Initiative von Joachim von Stockhausen, Pfarrer an St. Wilhelm in Hamburg-Bramfeld, 1984 auf dem Friedhof eingerichtet. Eine Besonderheit ist die 15. Station »Jesus ist auferstanden«. Sie ersetzt das Gotteshaus, das selbst Zeichen der Auferstehung ist. Der K. durchzieht auf 300 m Länge die weitläufigen ➤ *katholischen Grabfelder* und endet an Stockhausens Grab. Gestaltung der Stationen von Egino Weinert, einhändig arbeitender Bildhauer, Maler und Goldschmiedemeister. In der Fastenzeit und im November öffentliche Andachten. ❖ Bk 69–Bm 70, Hinweis an der Eichenallee, Lit. *Marheinecke 1998*

Kriegerehrenallee ➤ *Deutsche Soldatengräber Erster Weltkrieg*

Kriegergedenksteine. Museal aufgestellte Grabmale von abgeräumten privaten ➤ *Grabstätten*, überwiegend an gefallene Soldaten des Ersten Weltkrie-

Teilrekonstruierter Gedenkstein für Walter Roy, gefallen 1915, von Arthur Bock. Die Inschrift »Seid stolz, ich trage die Fahne« ist dem »Cornet« von Rainer Maria Rilke entnommen

ges erinnernd. Die K. als Beispiele für das Totengedenken vergangener Zeiten sollen zugleich anregen, über den Begriff »Heldentod« und die Sinnlosigkeit des Krieges nachzudenken. Der älteste Stein stammt von einem der ➤ *alten Hamburger Friedhöfe* an der Karolinenstraße und wurde zehn beigesetzten Soldaten des Krieges 1870/71 gewidmet: »Den Braven« von den »Comités für

Herosierender Gedenkstein für den Leutnant Julius Krause. Der 20jährige fiel 1915. Inschrift: »Für das Vaterland sterben heißt im Andenken der Menschen ewig leben«

die Verwundeten zu Hamburg«. Die Inschrift des Grabmals Roy ist dem »Cornet« von Rainer Maria Rilke entnommen. Die Liegeplatte mit dem gereimten Gedenkspruch auf dem Bronzemedaillon lag einst auf der Grabstätte Bove-Rode, nunmehr ➤ *Löwengrabstätte.* Ⓔ ❖X–Y 37, Zugang zu den Soldatengräbern Zweiter Weltkrieg

Kriegertanne ➤ *Deutsche Soldatengräber Erster Weltkrieg*

Kriegsgräber ➤ *Gräber der Opfer von Krieg und Gewaltherrschaft*

Kruzifix. K. (lat. *cruci fixus* = ans Kreuz geheftet) zeigen die Darstellung des Gekreuzigten und sind nach dem ➤ *Kreuz* das wichtigste und deutlichste Symbol des christlichen Glaubens. Es ist häufig im Zusammenhang mit christlich geprägten ➤ *Gemeinschaftsgrabstätten* aufgestellt, z.B. bei den ➤ *Katholischen Grabfeldern.* Während K. aus der Zeit vor dem Ersten Weltkrieg meist aus einem steinernen Kreuz mit bronzenem Körper in klassischer Form bestehen, gibt es aus späterer Zeit einzelne avantgardistische Gestaltungen, z.B. ➤ *Grabstätte* Weissleder (Ⓔ ❖P 19, 378–387 von Richard ➤ *Kuöhl*), Grabstätte Gottschalk (Ⓔ ❖Z23, 209–215, AA 23, 256–258 von Georg Wrba) und die beiden Grabplatten Scharff (Ⓔ ❖Bv 60, 189–190 von Edwin ➤ *Scharff).*

Kuhlengräber. Norddt. Bez. für einen Totengräber. Für die ➤ *Erdbeisetzung* ist das Ausheben einer ➤ *Gruft* von 170 cm Tiefe erforderlich. Bis 2006 verrichteten von Fremdfirmen beschäftigte K. auf dem Friedhof Ohlsdorf diese Arbeit zum großen Teil noch von Hand, heute übernehmen dies Mitarbeiter der Friedhofsverwaltung mit mithilfe eines speziell ausgestatteten Gruftbaggers.

Kunstgewerbeverein zu Hamburg
➤ *Friedhofskunstausstellung*

Künstler. Auf dem Friedhof befinden sich besonders aus der Zeit des beginnenden 20. Jh. viele Objekte, die von Bildhauern und Architekten entworfen und/oder geschaffen wurden (s.a. ➤ *Künstlerkartei*). Insgesamt wurden bei der Inventarisation (*s.* ➤ *Forschungsprojekt*) an Grabmalen die Signaturen von etwa 200 K. gefunden. Neben fast vergessenen finden sich dabei auch berühmte Namen, allen voran die von Ernst Barlach, Fritz Behn, Hugo Lederer und Hans Dammann, aber auch Hamburger Künstler wie Xaver ➤ *Arnold*, Arthur Bock, Johann Michael Bossard, Richard ➤ *Kuöhl*, Engelbert Peiffer und Caesar ➤ *Scharff*.

Künstlerkartei. Nachweislich wirkten auf dem Friedhof etwa 390 bildende Künstler und Architekten, vorwiegend zur Schaffung von größeren Grabmalen. Ihr Wirken ist in der K. dokumentiert, die im ➤ *Archiv* des ➤ *Förderkreises Ohlsdorfer Friedhof* geführt wird.

Kunststein. Künstlich hergestellter Baustoff durch die Mischung von Sand oder unterschiedlichen, zerstoßenen ➤ *Natursteinen*, wie z.B. ➤ *Granit* oder Kalkstein, mit einem Bindemittel. Nach Erfindung des K. wurden ab 1870 im Zuge der industriellen Revolution immer mehr Bauelemente, aber auch Grabmale aus Beton produziert,

Trauernde auf dem blockartigen Postament der Grabstätte Tchilinghiryan (✣ O 21, 190-191, Namensgeber der Firma Tchibo), von Richard Kuöhl, 1927

besonders für die massenhaft aufgestellten kleinen und mittelgroßen ➤ *Ädikulagrabmale*. Gegen seine Verwendung wandte sich die ➤ *Grabmalreform*, die eine Rückkehr zum handwerklich bearbeiteten Naturstein forderte.

Kuöhl, Richard Emil (geb. 31.5.1880 Meißen, gest. 19.5.1961 Bad Oldesloe), Bildhauer. K. wurde durch zahlreiche (Bau-)Plastiken, Brunnen, Grab- und Ehrenmäler im norddt. Raum bekannt (z.B. der »Oldesloer Marktbrunnen« und das später als zu stark militaristisch kritisierte »Ehrenmal für die Veteranen des 76. Hamburger Infanterieregiments« am Dammtor). Unter seinen zahlreichen, für den Friedhof geschaffenen Grabmalen ragen die weiblichen Trauerfiguren heraus, z.B. auf den ➤ *Grabstätten* Köser und Tchilinghiryan (beide 1927) sowie die Baukeramiken am ➤ *Neuen Krematorium*. **E** 🖻 ✣ Y 10, 162–165, Säule mit Marienfigur

KZ Brandenburg ➤ *KZ-Opfer-Mahnmal*, ➤ *Widerstandskämpfer, Ehrenhain der Hamburger*

KZ Buchenwald ➤ *KZ-Opfer-Mahnmal*

KZ Fuhlsbüttel ➤ *Geschwister-Scholl-Stiftung,* ➤ *Krematorium,* ➤ *KZ-Opfer-Mahnmal*

KZ Neuengamme ➤ Deutsche Soldatengräber Erster Weltkrieg, ➤ KZ-Opfer-Mahnmal, ➤ Neues Krematorium, ➤ Niederländische Ehrenanlage, ➤ Opfer verschiedener Nationen

KZ-Opfer-Mahnmal. Das gegenüber dem ➤ *Neuen Krematorium* aufgestellte, von Heinz Jürgen Ruscheweyh geschaffene Mahnmal wurde 1949 zum Andenken an die Opfer nationalsozialistischer Verfolgung und Vernichtung eingeweiht. Es enthält in 15 vergitterten Stockwerken 105 Urnen mit Asche und Erde aus allen deutschen Konzentrations- und Vernichtungslagern. Der Architekt bezog sich in seiner Entwurfsidee u.a. auf den Schwur von überlebenden

In einer Gruft vor dem KZ-Opfer-Mahnmal sind weitere 29 Urnen aus 26 Ländern beigesetzt

Häftlingen aus dem KZ Buchenwald, die sich verpflichtet hatten, eine Urne mit Aschenresten verstorbener Mithäftlinge zur Mahnung mit auf den Weg in ihre Heimat zu nehmen. ❖V 5

Laeisz, Carl Ferdinand (geb. 10.8.1853 Hamburg, gest. 21.8.1900 ebd.), Kaufmann und Reeder. L. war noch eine Zeit lang gemeinsam mit Großvater und Vater im Familienunternehmen der größten Segelschiffreederei Deutschlands tätig. Als Mitbegründer und Vorsitzender der 1887 gegründeten Seeberufsgenossenschaft wirkte er 1891 maßgeblich an den ersten Unfallverhütungsvorschriften für Seeleute und Hafenarbeiter mit. 🄴 🄾 ❖V 8, 198–206, 233, große Grabanlage hinter Rhododendren

Laeisz, Carl Heinrich (geb. 27.4.1828 Hamburg, gest. 22.3.1901 ebd.), Kaufmann und Reeder. L. trat 1852 in die von seinem Vater Ferdinand ➤ *Laeisz* gegründete Firma ein und baute sie weltweit aus. 1857 lief deren erstes Segelschiff, die Bark »Pudel«, vom Stapel und begründete damit die Tradition, die Namen ihrer Schiffe mit dem Buchstaben P beginnen zu lassen (»Flying P-Liner«). Zum Transport des Düngemittels Salpeter unterhielt seine Reederei ab 1878 die regelmäßige Verbindung Chile-Hamburg. L. war an zahlreichen Schifffahrtsunternehmen beteiligt und galt als Fachmann auf dem Gebiet der Seeversicherung. 🄴 🄾 ❖V 8, 198–206, 233, große Grabanlage hinter Rhododendren

Laeisz, Ferdinand (geb. 1.1.1801 Hamburg, gest. 7.2.1887), Kaufmann und Reeder. Nach dem Erlernen der Buchbinderei und der Herstellung von

Galanteriewaren machte er sich als Hut-macher selbstständig und nutzte seine Geschäftsverbindungen nach Südame-rika für den Aufbau einer erfolgreichen Im- und Exportfirma. 1847 war er Mit-begründer der HAPAG (➤ *Ballin, Al-bert*) und 1871 der Reederei Hamburg Süd sowie Aktionär mehrerer Hambur-ger Schifffahrtsunternehmen. Mit sei-nem Sohn Carl Heinrich ➤ *Laeisz*, ließ er die ersten eigenen Schiffe bauen. Ⓔ ⓞ̈ ❖ V 8, 198–206, 233, große Grabanlage hinter Rhododendren

Landesbetrieb Friedhöfe. Frühere Betriebseinheit für die Verwaltung der Friedhöfe Ohlsdorf und Öjendorf, ih-rer Krematorien und Leichenhallen so-wie der ➤ *Gärtnerei Klein Borstel* unter der Fachaufsicht der Umweltbehörde Hamburgs. Ein L. ermöglicht der Ver-waltung einen der Privatwirtschaft an-genäherten Entscheidungs- und Hand-lungsspielraum. Er bestand von 1991 bis 1995 und ging über in die ➤ *Ham-burger Friedhöfe AöR.*

Landschaftspark ➤ *Gartenkunst,* ➤ *Parkfriedhof*

Lappenberg, Johann Martin (geb. 30.7.1794 Hamburg, gest. 28.11.1865 ebd.), Archivar und Historiker. L. edierte u.a. die für die Hanseforschung grundlegende Hanserezesse. Seit 1828 war er Mitarbeiter der Herausgabe der mittelalterlichen Quellensammlung »Monumenta Germaniae Historica«. In Hamburg widmete er sich umfang-reichen Studien und Quelleneditionen zur Stadtgeschichte und wurde im Jahr 1839 der Gründungsvorsitzende des Vereins für Hamburgische Geschich-te. Ⓔ ⓞ̈ ❖ P 6, ➤ *Althamburgischer Gedächtnisfriedhof*, Grab 19, Grabmal mit ➤ *Relief*

Historisches Foto der monumen-talen Grabanlage der verschwäger-ten und durch Be-ruf verbundenen Familien Laeisz/ Canel/Hannsen/ Meerwein, herge-richtet 1885 und reich ausgestattet mit figürlichem Bronzeschmuck

Die Lärchenallee
im Licht- und
Schattenspiel der
Morgensonne

Lärchenallee. 600 m lange Straße im ➤ *Linneteil*, einheitlich bepflanzt mit der Japanischen Lärche »Larix decidua«, die zu allen Jahreszeiten ein eindrucksvolles Erscheinungsbild bietet. ❖ Bi-Bk 60–68

Lehnsockel. Einfache, von einem Sockel mit steiler Abschrägung gebildete ➤ *Grabmalform*. Gegen die Schräge wird eine Tafel aus schwarzem Granit, Glas oder Marmor gelehnt, z.B. Kindergrabmal für Harry Landgrebe (**E** ❖ AG 12, 147–150).

Leichengifte ➤ *Verwesung*

Leichenhalle ➤ *Öffentliche Leichenhalle*

Leichenschau. Untersuchung des toten Körpers vor der Bestattung zur Feststellung des Todes. Urspr. zur Verhinderung der Bestattung Scheintoter eingeführt, wurde die L. bei der ➤ *Feu-*

erbestattung obligatorisch, um der Gefahr zu begegnen, dass durch die Einäscherung mögliche Straftaten vertuscht werden könnten.

Leichenträger ➤ Sargträger

Lensing, Elise (geb. 14.10.1804 Lenzen/Elbe, gest.18.11.1854 Hamburg), Förderin und Geliebte Friedrich Hebbels. Ihre Arbeit als Handarbeitslehrerin ermöglichte L. die Unterstützung des mittellosen Dichters Friedrich Hebbel, von dem sie zwei uneheliche Söhne bekam. Hebbel heiratete später die Wiener Schauspielerin Christine Enghaus. Diese befreundete sich mit L. und sorgte 1899 für deren Umbettung nach Ohlsdorf. **E** 🖰 ❖ J 10, 24, ➤ *Stele*, 1913 von der Literarischen Gesellschaft aufgestellt

Lichtwark, Alfred (geb. 14.11.1852 Hamburg, 13.1.1914 ebd.), Kunsthistoriker und Erzieher. Mit seinen Erfahrungen am Kunstgewerbemuseum Berlin wurde L. 1886 zum ersten Direktor der Hamburger Kunsthalle berufen. Seine Aufgabe verstand er u.a. darin, Kunstverständnis zu lehren und künstlerisch zu erziehen sowie junge Künstler zu fördern. Seine Sammlung der Werke bedeutender hamburgischer Maler seiner Zeit für die Kunsthalle ist umfassend. E ö ❖ P 6, ➤ *Althamburgischer Gedächtnisfriedhof* Grab 24, Pfeilergrabmal (Entwurf Fritz ➤ *Schumacher*)

Linne, Otto (geb. 2.12.1869 Bremen, gest. 4.6.1937 Hamburg), Garten- und Friedhofsdirektor, Friedhofsreformer. L. gilt als bedeutender Reformer im Hamburger Garten- und Friedhofswesen des frühen 20. Jh. Er wurde Anfang 1914 von der Stadt Hamburg in das neu eingerichtete Amt eines städtischen Gartendirektors berufen. Nach dem Tod von Wilhelm ➤ *Cordes* wurde ihm 1919 zusätzlich das Amt des Friedhofsdirektors zunächst kommissarisch übertragen. Bei der Gestaltung des großen Erweiterungsteils (später ➤ *Linneteil*) überwand er die landschaftlich-romantisierende Ästhetik seines Vorgängers und realisierte im Sinn der ➤ *Friedhofsreform* einen streng sachlichen, an geometrischen Strukturen orientierten Entwurf des bereits damals international bekannten Ohlsdorfer Friedhofs. Mit Hilfe strikter Gestaltungsvorschriften setzte L. zugleich eine in der Öffentlichkeit umstrittene ➤ *Grabmalreform* auf dem Friedhof durch (s.a. ➤ Linnedenkmal, ➤ *Linnehügel*). ♛ E ❖ Bl 58, 1–2, am Kanal. Lit. *Kuick-Frenz 2000*

Linnedenkmal. Zum Gedenken an Otto ➤ *Linne*, den »Anwalt des so-

zialen Grüns« in Hamburg, wurde im Sommer 2006 ein Ideenwettbewerb zur Erlangung von Entwürfen für ein L. ausgeschrieben. Das Ergebnis wird zum darauf folgenden Jahreswechsel vorliegen. Initiator ist der ➤ *Förderkreis Ohlsdorfer Friedhof e.V.*

Linnehügel. Volkstl. Bez. für eine kleine, aber deutliche sichtbare Bodenerhebung an der ➤ *Mittelallee*. Der Hügel liegt im Schnittpunkt mehrerer Wegeachsen und war als Orientierungshilfe gedacht (➤ *Augenpunkt*). Der nunmehr starke, wegebegleitende ➤ *Gehölz*wuchs lässt heute keine Orientierung mehr zu. Eine breit ausladende Kastanie überdeckt mit ihren Ästen den oberen Teil des L. Baum und Bodenerhebung verschmelzen damit zu einer Einheit. An dieser Seite der Straße begann ab 1919 die ➤ *Friedhofserweiterung* nach Plänen des Garten- und Friedhofsdirektors Otto ➤ *Linne*. ❖ R 32, östl. der Straße

Bei Regen bietet die Kastanie auf dem Linnehügel eine ganze Weile Schutz

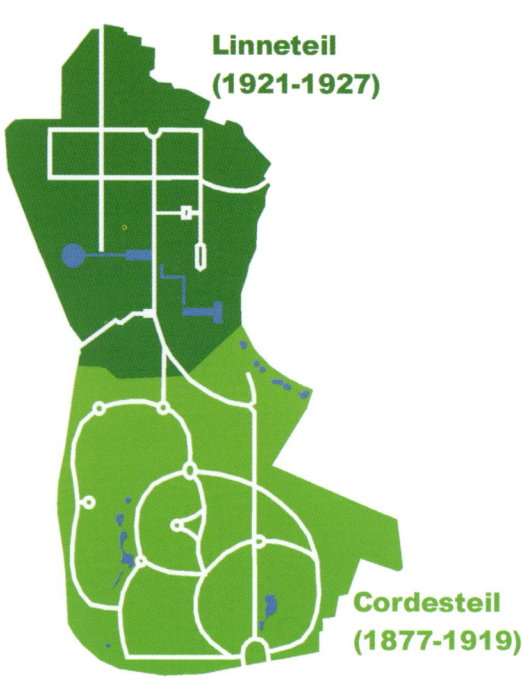

**Linneteil
(1921-1927)**

**Cordesteil
(1877-1919)**

Der Linne- und
der Cordesteil
entstanden nach-
einander und
haben je unter-
schiedlichen Cha-
rakter

Linneteil. Bez. für die etwa 200 ha
große östl. ➤ Friedhofserweiterung
auf ehem. preußischem Gebiet. Geplant von Otto ➤ Linne im Sinne der
➤ Friedhofsreformbewegung, wurde
sie in den Jahren 1920 bis nach 1933
angelegt. Die deutliche Abkehr vom
landschaftlichen Gestaltungsprinzip
im ➤ Cordesteil sowie eine klare Li-
nienführung von Straßen, Wegen und
Teichen sind in diesem Friedhofsteil
gut erkennbar. Dies setzt sich fort in
einer kleinräumlichen und hierarchi-
schen Gliederung der Grabfelder und
durch einheitliche Bepflanzung und architektonisch gesetzte Orientierungshil-
fen. Lit. *Linne 1927*

Lippert, Eduard Amandus (geb.
8.1.1844 Hamburg, gest. 19.11.1925
ebd.), Kaufmann. L. gewann im süd-
afrikanischen Matabeleland durch den
Erwerb von Nutzungsrechten und deren späteren Verkauf an den britischen
Diamantenkönig Cecil Rhodes ein rie-
siges Vermögen und kehrte 1892 nach
Deutschland zurück. Er kaufte das
Gut Hohenbuchen in Hamburg-Poppenbüttel und engagierte sich zusammen mit seiner Frau Marie ➤ Lippert
auf sozialem Gebiet, so mit dem Bau
eines Genesungsheims für Kleinkinder, eines Waisenhauses, eines Erho-
lungsheims für Verkäuferinnen und
Telefonistinnen, und außerdem ließ
er die keimfreie »Hohenbuchener Kin-
dermilch« produzieren. Als begeister-
ter Amateurastronom stiftete er 1910
der Sternwarte Bergedorf einen noch
heute funktionierenden Astrographen.
🛡️ Ⓔ ❖ Q 23, 21–35, V 23, am ➤ Lippertplatz

Lippert, Marie Anne (geb. 7.9.1854
Hamburg, gest. 18.6.1897 ebd.) Frau des
Kaufmanns Eduard ➤ Lippert. L. begleitete ihren Mann nach Südafrika und
verfasste dort das »Tagebuch aus dem
Matabeleland«. Nach der Rückkehr
kümmerte sich das kinderlose Ehepaar
in Hohenbuchen und Großborstel um
die von ihnen gegründeten sozialen Stiftungen. Als sie im Alter von 43 Jahren
verstorben war, ließ ihr Mann ein auf-
wändiges Grabmal errichten, dessen
➤ Reliefs aus dem Leben seiner Frau
erzählen. Ⓔ 🛡️ ❖ U 23, 21–35/V 23,
17–25, am ➤ Lippertplatz

Lippertplatz. Volkstl. Bez. für die
platzartige Erweiterung auf der sich
kreuzenden Wald- und Kapellenstraße,

benannt nach der Grabstätte ➤ *Lippert* am Rande des Platzes. ❖ T–U 23–24

Löwengrabstätte. ➤ *Gemeinschafts-grabstätte* mit ➤ *Urnenwahlgräbern* für Paare, 1999 vom Friedhof eingerichtet. Die einzelne Grabstätte kann nicht bezeichnet werden, eine Namensnennung ist aber auf liegenden Platten am Wegesrand möglich. Eindrucksvolles Grabmalensemble (ehem. Bove-Rode), auf den Postamenten des schlafenden und des wachenden Löwens ist das zwölfzeilige Gedicht »Abschied« von Gottfried Keller eingehauen. Die ehem. seitlich lagernde Gedenkplatte an den gefalle-

nen Sohn befindet sich nunmehr bei den ➤ *Kriegergedenksteinen*. 🄴 ❖ T 25 nahe der Straße

Luckner, Felix Graf von (geb. 9.6.1881 Dresden, gest. 13.4.1966 Malmö), Kapitänleutnant. L. erwarb hohe Bekanntheit durch seine Kaperfahrten als »Seeteufel« während des Ersten Weltkriegs und die humane Behandlung seiner Gegner. Als »Botschafter des guten Willens« war er zwischen den Kriegen und danach ein weltweit gern gesehener Vortragsgast. 1953 erhielt er das Große Bundesverdienstkreuz. 🄾 ❖ AB 13, 89–90, lgd. Platte

Der Findling auf der erst später so benannten Löwengrabstätte wurde 1908 aufgestellt, der schlafende und der wachende Löwe auf den Postamenten kamen 1916 dazu, vermutlich zugleich mit der Gedenkplatte für den im Ersten Weltkrieg gefallenen Sohn der Familie Bove-Rode

Von der Straße aus zieht der etwa sechs Meter hohe Obelisk den Blick auf das Ehrengrab für die »Lufthansaflieger«

Lüdemann'sche Sammlung. Umfangreiche Sammlung von Fotos, Zeitungsausschnitten und anderen Veröffentlichungen zu Personen des öffentlichen Lebens, die auf dem Friedhof begraben sind. Inhaltlich reicht sie zurück bis in die Anfänge des 20. Jh. Nach dem Tod von Werner Lüdemann im Jahr 1985 vermachte seine Witwe die Sammlung dem ➤ *Förderkreis Ohlsdorfer Friedhof,* der sie in sein ➤ *Archiv* aufnahm und aufend weiterführt.

Lufthansaflieger. Das Luftfahrtministerium des Deutschen Reiches erwarb die Grabstätte zur Erinnerung an die zwölf Opfer des Absturzes einer Junkers 90 der Lufthansa im Jahr 1938. Aus Dessau kommend, war die Maschine aus ungeklärten Gründen nahe der westafrikanischen Stadt Bathurst verunglückt. Im Zentrum steht ein sieben Meter hoher ➤ *Obelisk* aus Muschelkalk, im Kopfteil die Embleme der Lufthansa und der Bayerischen Motorwerke BMW sowie ein Reichsadler, dessen Klauen zunächst vermutlich ein Hakenkreuz umfassten. Die kreisförmig angeordneten Grabplatten nennen die Namen der Toten. 🏴 🅴 ❖ H 6, von der Straße aus zu erkennen

Luksch, Richard (geb. 23.1.1872 Wien, gest. 21.4.1936 Hamburg), Bildhauer. Seit 1907 mit umfangreicher Lehrtätigkeit an der Kunstgewerbeschule in Hamburg beschäftigt, schuf L. zugleich zahlreiche Kunstwerke, darunter auch mehrere Reliefs am Neubau seiner Schule. Zu seinen bekanntesten Schülern gehörten Karl August Ohrt und Martin Ruwold. L. war befreundet mit den Dichtern Richard Dehmel und Gustav ➤ *Falke.* 🅴 🔟 ❖ AC 7, 109–113, lgd. Platte

Luksch-Makowsky, Elena (geb. 14.11. 1878 St. Petersburg, gest. 15.9.1967 Hamburg), Künstlerin. L. stammte aus einer Petersburger Malerfamilie und erhielt eine akademische Kunstausbildung. Heirat mit dem Bildhauer Richard ➤ *Luksch,* mit dem sie drei Söhne bekam. 1907 zog die Familie nach Hamburg, später trennte sie sich. In Hamburg erhielt die Künstlerin mehrere öffentliche Aufträge. 🔟 ❖ AH 21, 107, kleine ➤ *Stele* mit figürlichem ➤ *Relief*

Lüttge, Gustav (geb. 12.6.1909 Hamburg, gest. 23.2.1968 ebd.), Gartenarchitekt. Schon in der Jugend befasste er sich mit dem »Werkstoff Pflanze« und hielt seine Beobachtungen in Gartentagebüchern fest. Nach Gärtnerlehre und Volontärsjahren machte sich L. 1933, ohne ein Studium absolviert zu haben, als freischaffender Gartengestalter selbstständig. Seit den 1950er Jahren erhielt er vermehrt Aufträge zur Planung von Privatgärten, Siedlungsvorhaben und Sonderanlagen für bekannte Hamburger Persönlichkeiten, teils in Zusammenarbeit mit führenden Architekten. L. wurde 1953 bekannt durch die Gestaltung des Alstervorlandes mit der Kunstschau »Plastik im Freien« anlässlich der Internationalen Gartenbauausstellung. ❖ AB 21, 146–147, lgd. Platte

Maetzel, Emil (geb. 5.5.1877 Cuxhaven, gest. 23.6.1956 Hamburg), Architekt und Maler. Neben der Leitung der Städtebauabteilung (bis 1933 unter Fritz ➤ *Schumacher*) war M. als Maler des ➤ *Expressionismus* 1919 Mitbegründer der Hamburgischen Sezession. Sein künstlerisches Wirken ist eng verbunden mit dem seiner früh verstorbenen Frau Dorothea ➤ *Maetzel-Johannsen*. Haus und Garten der Künstlerfamilie in Hamburg-Volksdorf beherbergen noch heute eine Sammlung exotischer Kunst und hier entstandener Grafiken und Gemälde. ❖ S 12, 139–140, heller quadratischer Stein

Maetzel-Johannsen, Dorothea (geb. 6.2.1886 Lensahn, gest. 8.2.1930 Hamburg) Malerin. Da Frauen an Kunstakademien noch nicht zugelassen waren, erwarb M. 1907 das Zeichenlehrerdiplom an der Gewerbeschule und unterrichtete in Schleswig. Die expressionistische Malerin gehörte mit ihrem Mann Emil ➤ *Maetzel* zu den Mitbegründern der Hamburgischen Sezession. ❖ S 12, 139–140, heller quadratischer Stein

Mahnmale ➤ *Denkmale*

Marcks, Gerhard (geb. 18.2.1899 Berlin, gest. 13.11.1981 Burgbrohl), Bildhauer. In Hamburg bekannt mit seinen Arbeiten »Der Heilige Drachen« vor der Kirche in St. Georg, dem »Albatros« in der Katharinenkirche und dem ➤ *Bombenopfer-Mahnmal* auf dem Friedhof. 1962 Träger des Edwin-Scharff-Preises (➤ *Scharff, Edwin*). 🄴 🄰 ❖ AD 15, 139–142, auf dem Hügel

Marek, Kurt ➤ *Ceram, Kurt W.*

Margarethenbrunnen. Der hohe filigrane Zierbrunnen ist das Lebenswerk des Kunstschmiedes Eugen Christ, der ihn mit hohem finanziellen Aufwand und ohne Auftrag für die Internationale Gartenbauausstellung 1953 schmiedete. Das ornamentale Gitterwerk ist mit Blumen, Ranken und fremdartigen Tieren verziert, mit denen der Künstler das Gute, das Böse, Freude und Leid ausdrückt. Auf der Spitze des M. sitzt der Vogel Phönix als Sinnbild des sich ständig erneuernden Lebens, im Inneren plätschert Wasser in einer flachen Schale. Der Brunnen wurde auf der IGA

Der Margarethenbrunnen ist eines der 14 Denkmale auf dem Friedhof, die keinen Bezug zu einer Grabstätte haben. Er dient zur Zierde, und aus ihm kann kein Wasser geschöpft werden

Im maritimen Gedenken an Verstorbene wird häufig auf das symbolträchtige Segelschiff zurückgegriffen, hier ein Schiff unter vollen Segeln als Sinnbild für das Schicksal des jung Verstorbenen

nicht aufgestellt, aber im Jahr 1957 von der Stadt Hamburg für 20.000 DM angekauft und auf dem Friedhof errichtet. Zum Gedenken an seine ein Jahr zuvor verstorbene Frau Margarethe wurde der M. zu einem ➤ *Denkmal* der Liebe. ❖O 10, von der Straße aus zu sehen

Maritimes Gedenken. Seit Jahrhunderten prägt der Hafen das Selbstverständnis der Hamburger. Der Friedhof als »letzter Hafen« spiegelt dies mit unzähligen Hafen- und Schiffsabbildungen auf den Grabmalen und den hier beigesetzten Personen wider. Eine gleichnamige Ausstellung in der Hamburgischen Landesbank 1989 dokumentierte diesen Tatbestand zum 800. Hamburger Hafengeburtstag ausführlich. Drei exemplarische Grabmale zum M.G. sind auf Vorschlag des ➤ *Förderkreises* dem im Aufbau befindlichen Marinemuseum in der Speicherstadt zur Verfügung gestellt worden (s.a. ➤ *Ämtersteinmuseum*, ➤ *Avaré-Un-*

tergang, ➤ *Casse der Stücke von Achten,* ➤ *Chinesischer Verein,* ➤ *Deutsche Seemannsmission,* ➤ *Flutopfer,* ➤ *Primuskatastrophe,* ➤ *Schiffsoffiziere der Handelsmarine* und die vielen bekannten Namen von Reedern, Kaufleuten und Werftbesitzern.

Marmor. Um die Wende zum 20. Jh. wurden besonders gern Grabmalplastiken aus blendend weißem italienischen Carraramarmor aufgestellt. Weißer M. fand Verwendung für Schrifttafeln und kleinere Ornamente, farbiger für architektonische Elemente.

Marstrand, Wilhelmine (geb. 7.8.1843 Donaueschingen, gest. 16.8.1904 Spiez am Thuner See), Pianistin und Pädagogin. M. studierte sehr jung am Stuttgarter Konservatorium, gab Konzerte als Pianistin und zog 1868 nach Hamburg, wo sie zu einer hoch geachteten Lehrerin am Konservatorium wurde (🄴 ❖O–P 27, ➤ *Garten der Frauen*). Freunde, ehem. Kollegen und Schüler ließen ihr die hohe ➤ *Stele* aus schwarzem Granit mit einem Bronzerelief errichten.

Matthaei-Mitscherlich, Frieda (geb. 6.4.1880 Berlin, gest. 20.9.1970 Mexico City), Bildhauerin. Sie war zeitweise Schülerin Auguste Rodins in Paris und heiratete 1914 den Frauenarzt Friedrich Matthaei in Hamburg. Sie erzog dessen drei Söhne und drei weitere gemeinsame Kinder. Im Krieg gingen viele ihrer Werke verloren. Sie lebte danach in Chile und Mexiko, von wo aus ihre Asche nach Hamburg zurückgebracht wurde. 🄴 ❖AC 12, 54–59, Plastik einer Sitzenden von Kindern umringt von 1914

Mausoleen. Oberirdische monumentale Grabbauten auch in Form von ➤ *Grabkapellen,* ➤ *Gruftbauten* und ➤ *Säulenhallen,* aufwändigste und repräsentativste Art der Grabmalgestaltung, meist im Stil des ➤ *Historismus* errichtet und Zeugnis der Selbstdarstellung begüterter Familien. Die Rechte der ➤ *Grabnutzung* sind häufig abgelaufen, viele M. konnten aber in ➤ *Patenschaft* gegeben werden. Um die Wende zum 20. Jh. wurden M. zunächst an bevorzugt ausgewählten Standorten des Friedhofs aufgestellt, ab 1906 erfolgte die Ausweisung eines speziellen Bereichs am Nordrand des Friedhofs bei ➤ *Kapelle 7.* Heutzutage werden vereinzelt auf freien Flächen im ➤ *Cordesteil* neue M. errichtet, meist im ➤ *neoklassizistischen* Stil, ähnlich dem ➤ *Mausoleum Stupakoff.* Lit. Leisner u.a. 1990

Das Mausoleum Campe ist ein Beispiel für die gestalterische Reduzierung eines Baukörpers auf seine Architektur, die Nutzung als Grabmal spielt dabei eine untergeordnete Rolle

Mausoleum Campe. 1915 aus Muschelkalk für die Nachfahren des Verlegers Julius Campe errichtet. Der hohe, sehr schmale Zentralbau aus eng stehenden Säulen mit steilem Treppenlauf zum Portal hat in seinem Innenraum nur Platz für eine Person. Die vier ➤ *Grüfte* sind daher unterirdisch vor dem M. angelegt. Die Campe'sche Kulturstiftung ließ das Werk des Architekten Alexander Rudeloff im Jahr 1997 restaurieren. 🄴 ❖ Y 13, hinter der ➤ *Grabkapelle Philipp*

Mausoleum Hoefele (seit 2001 ➤ *Patenschaft* Carsten). Das M. wurde 1911 für den verstorbenen Kaufmann für Eisen- und Kurzwaren Johann Josef Hoefele errichtet. Über dem kubusartigen Erdgeschoss erhebt sich eine hohe Kuppel mit zwölf Fenstern. Seitlich liegen zwei Anbauten, die je zwei Gruftzellen aufnehmen. Im Innern sitzt vor einer Nische auf hohem Postament die Marmorfigur »Weinendes Mädchen« von Hans Dammann. Das M. wurde nach Patenschaftsnahme auf einfachste Art renoviert. 🄴 ❖ AH 20, am Friedhofszaun

Mausoleum Höpfner (seit 1989 ➤ *Patenschaft* Loncar). Hoher Zentralbau mit aufwändiger Bauplastik, die christliche Symbolik mit ägyptischen Motiven vermischt. Innen stehen zwei ➤ *Sarkophage* und hinter ihnen ein Engel, gestützt auf eine gesenkte Fackel. Die Rückwand schmückt ein farbiges Mosaik mit thronendem Christus und zwei Engeln. 1909 bis 1910 von Edmund Gevert errichtet. 🄴 ❖ AH 16–17, an der Straße

Mausoleum Jenisch. Gustav Beger baute das M. 1908 als Kopie des von Gustav ➤ *Forsmann* 1828 auf dem St.-

Auf dorischen Säulen ruht das breite Gebälk, einem Antentempel gleich, über dem Eingang zum Mausoleum Heinrich Freiherr von Ohlendorff

Reliefplatte »Segnender Christus« an der linken Seitenwand in der Säulenhalle des Mausoleums Heinrich Freiherr von Ohlendorff

Der Thanatos im Mausoleum Jenisch

Katharinen-Begräbnisplatz der ➤ *alten Hamburger Friedhöfe* in ➤ *klassizistischer Formensprache* errichteten und 1910 abgebrochen Originals. Es wurde später ergänzt durch Anbauten für Grabkammern und durch Urnennischen in der rückwärtigen Apsis. Der Thanatos (griech. = Todesengel) aus dem alten M. fand davor einen neuen Platz. **E** ❖ AH 17, an der Straße, s. Martin Johann ➤ *Jenisch, d.Ä./d.J.*

Mausoleum Ohlendorff, August von. Kleiner Gruftbau im ➤ *neoklassizistischen* Stil, tempelartiges Bauwerk mit geschlossener Front und sechs Gruftzellen, 1911 von Friedrich J. Schünemann

entworfen. Mit der volkstl. Bez. als der »kleine Ohlendorff« bekannt. **E** ❖ AA–AB 22, nördl. des Erdwalls

Mausoleum Ohlendorff, Heinrich Freiherr von. Monumentaler Grabbezirk mit architektonisch-landschaftlicher Raumkonzeption. Das M. steht als vergitterte ➤ *Säulenhalle* und einem antiken Tempel ähnlich am Ende einer abgesenkten, von bewachsenen Erdwällen umgebenen Anlage. In den eingestellten ➤ *Sarkophagen* sind ➤ *Ohlendorff* und seine Frau bestattet, in den davor seitlich angeordneten Gruftzellen Familienmitglieder. Erbaut von 1899 bis 1900 von den renommierten Rathausbaumeistern Martin ➤ *Haller* und Hermann ➤ *Geißler*. **E** ❖ AA 21–22

Mausoleum Ortlepp/Froböse (seit 2001 ➤ *Patenschaft* Strial). Sechs Meter hohes Bauwerk aus dem Jahr 1912 mit zwei übereinander liegenden Gruftzellen. Das ausladende Gesims wird von kannelierten Säulen getragen. Beisetzungsmöglichkeiten gibt es auch vor dem M. Die ➤ *Pultsteine* gleichen in der Ausschmückung den Verschlussplatten der ➤ *Grüfte*. **E** ❖ AJ 19–20, am Zaun

Mausoleum Peper/Hegel (seit 2001 ➢ *Patenschaft* Uhlig). Über die drei ➢ *Grüfte* aus dem Jahr 1925 wurde 1929 eine vorn offene Halle in tempelartiger Gestalt gesetzt. Hinter den ➢ *Gruftplatten* steht in einer portalähnlichen ➢ *Ädikula* aus poliertem schwarzen ➢ *Granit* ein großer Marmorengel. Ⓔ ❖ AH 19, hinter dem ➢ *Mausoleum Schröder*

Mausoleum Riedemann (seit 2000 ➢ *Patenschaft* Isernhagen). Das M. besteht aus einer in einen künstlich aufgeworfenen Hügel eingelassenen Krypta mit aufgesetzter Grabkapelle. Martin ➢ *Haller* und Hermann ➢ *Geißler* er-

richteten sie 1905/06 als kreuzförmigen Zentralbau mit achteckigem Turm im ➢ *neoromanischen* Stil. Der Zugang erfolgt durch ein Stufenportal, in dessen Giebelfeld die Gottesmutter Maria und der Familienname als farbiges Mosaik dargestellt sind. Das Innere des M. gleicht einem Kirchenraum: in der Apsis ein Altarblock mit der Figurengruppe »Die Frauen am Grabe Christi«, reiche Wand- und Deckenbemalung und bunte Glasfenster mit biblischen Motiven. Von den 13 Gruftzellen in der Krypta waren nur fünf belegt. Eine Überführung erfolgte in den 1950er Jahren in die Grabeskirche der Familie nach Lugano. Wilhelm Anton Riedemann (1832–

Auf der Ansichtspostkarte aus dem Jahr um 1908 ist die inzwischen abgetragene Freitreppe vor dem Mausoleum Riedemann zu erkennen. Heute verläuft hier die Rasenböschung oberhalb des anonymen Urnenhains

Neubauten von Mausoleen orientieren sich in ihrer Architektur häufig an neoklassizistischen Vorbildern wie dem Mausoleum Stupakoff

1920) war gläubiger Katholik und kam durch Rohölhandel zu Reichtum. Seine von ihm gegründete Deutsch-Amerikanische Petroleumaktiengesellschaft ist später in der Firma ESSO aufgegangen. **E** ❖AD 11, oberhalb des ➤ *anonymen Urnenhains*

Mausoleum Stupakoff. Tempelartiger Bau im ➤ *neoklassizistischen* Stil 1916 errichtet. Die schlichte Gliederung des Innenraums berücksichtigt Nischen für das Aufstellen von ➤ *Urnen*. Erdbeisetzungen sind vor dem M. möglich. **E** ❖T 23, nahe der Straße

Mausoleum von Puttkamer/Heymann (seit 2000 ➤ *Patenschaft* Bau-

mann). 1913/14 nach Entwürfen von Ludwig Raabe und Otto Wöhlicke errichteter kleiner Kuppelbau mit vorgelagerter Pfeilerhalle, dessen flacher Giebel durch zwei Karyatiden im Halbrelief getragen wird: links die »Zeit«, rechts die »Ewigkeit« (Entwurf: Hanna Elise Freifrau von Puttkamer). Im Kellergeschoss stehen drei große und zwei kleine Steinsarkophage. **E** ❖AH–AJ 19, nahe Friedhofszaun

Mausoleum von Schröder. Das größte Mausoleum auf dem Friedhof ist baulich zurzeit in schlechtem Zustand. Der Zentralbau auf achteckigem Grundriss im Steil der ➤ *Neoromanik* wurde 1906 errichtet. Die Strebepfeiler und Mauern aus rotem Mainsandstein sowie Säulenportal sind reich mit Bauplastik geschmückt. An der rückwärtigen Wand liegen 24 Gruftzellen in einer böschungsartigen Erdanschüttung. Der Innenraum wird von oben durch bunt verglaste Fenster mit christlichen Szenenbildern belichtet. Der Entwurf des für den Freiherrn Charles von Schröder (1826–1909) errichteten Mausuleums stammt von Edmund Gevert. E ❖ AG–A 19, an der Straße

Meinertz, Anna (geb. 29.12.1840 Düsseldorf, gest. 10.9.1922 Hamburg), Schuldirektorin. M. lebte mit ihrer Kollegin Helene Bonfort zusammen, mit der sie eine höhere Töchterschule leitete. Gemeinsam gründeten sie die erste Volkslesehalle und die Hamburger Ortsgruppe des Allgemeinen Deutschen Frauenvereins, die Dienstmädchenlehranstalt »Annaheim« in Altona und diverse Kinderhorte. ❖ O–P 27, ➤ *Garten der Frauen*

Meinhardt, Adelbert ➤ *Hirsch, Maria*

Melhop, Wilhelm (geb. 11.3.1856 Hamburg, 29.4.1943 ebd.), Architekt, Oberbaurat und Historiker. Seit 1880 hamburgischer Staatsbediensteter, verfasste M. mehrere sehr verdienstvolle Schriften über die topografische und baugeschichtliche Entwicklung Hamburgs: 1895 »Topographie von Hamburg 1880–1895«, 1907 »Althamburgische Bauweise«, 1923 »Topographie von Hamburg 1895–1920« und 1932 »Die Alster«. M.s Werke sind für heutige Hamburghistoriker unverzichtbare Quellen. **Ens** ❖ H 10,426–427/H11, kurze Säulen

Melle, Werner von (geb. 18.10.1853 Hamburg, gest. 18.2.1937 ebd.), Senator und Bürgermeister. M. hatte sich maßgeblich für die 1919 erfolgte Gründung der Universität Hamburg eingesetzt, wofür ihm 1921 die außerordentliche Ehrung zuteil wurde, zum »rector magnificus honoris causa« ernannt zu werden. E ❖ Z 10, 14–23, großes Granitkreuz

Memento-Gemeinschaftsgrabstätten. MEMENTO e.V. hat es sich zur Aufgabe gemacht, für Menschen, die von der Imunschwächekrankheit AIDS betroffen sind, gemeinsame Grabstätten anzubieten und dadurch die erlebte Solidarität Einzelner über den Tod hinaus zu erhalten. Die erste M.-G. wurde 1995 im Rahmen einer ➤ *Patenschaft* erworben. Mit der Erhaltung des 1896 errichteten ehem. Grabmals Storm wurde gleichzeitig ein Beitrag zur ➤ *Denkmalpflege* geleistet. Einzigartig ist die halbkreisförmige Nische mit einem farbigen Mosaik im Mittelfeld. Nach der Restaurierung erfolgte die Einarbeitung des neuen Namens und zusätzlich im unteren Bereich eine Schleife, das »Red Ribbon«, als internationales Zeichen menschlicher Verbundenheit angesichts der weltweiten AIDS-Katastrophe (E ❖ K 10, im äußeren Rundweg). Seit 1997 gibt es auf der Terrasse des ➤ *Millionenhügels* eine weitere M.-G. Der Entwurf des eigenwilligen Grabmals stammt von dem Bühnenbildner und Städteplaner Klaus Neumann: eine steinerne Tür vor einem Stahlrahmen als stilisierende Wand mit aus der Mitte versetztem Türrahmen. Die teils mit farbigen Glaszylindern ausgefüllten Bohrungen folgen dem Zeichensystem der Blindenschrift und bedeuten MEMEN-

TO und den Gedichtanfang: »Der Liebe Anfang – o lieb, so lang du lieben kannst! O lieb, so lang du lieben magst!« von Ferdinand Freiligrath. Wenige Jahre später erfolgte eine nördl. Erweiterung. ❖ AE–AD 15, am östl. Weg

Messkontrollstrecke. Reihung von sechs einheitlich gestalteten Pfeilern mit unterschiedlichen Abständen an der ➤ *Sorbusallee.* Sie dient keinem Friedhofszweck, sondern wurde 1981 vom Vermessungsamt der Baubehörde als Vergleichsstrecke für das Prüfen elektronischer Längenmessgeräte eingerichtet. Heute werden auf der 430 m langen M. Infrarotgeräte auf ihre Genauigkeit geprüft. Dafür ist eine Strecke erforderlich, auf der in einem übersichtlichen, ruhigen Gelände mit wenig Höhenunterschied standsichere Pfeiler als Träger von Messgeräten stehen können. Solche Voraussetzungen bietet in Hamburg nur das Gelände des Ohlsdorfer Friedhofs. Die Pfeilerabstände variieren, da das Prüfen je nach Art des Gerätes unterschiedliche Vergleichslängen erfordert. ❖ Br 69–74, nördl. der Straße

Mettlerkamp, David Christopher (geb. 8.6.1774 Hamburg, gest. 25.7.1850 ebd.), Freiheitskämpfer. Von Beruf Bleidecker, zählte M. zu den »Patrioten« um Ferdinand Beneke, Jonas Ludwig von Heß, Friedrich Perthes und Karl Sieveking, die im März 1813 gegen die Franzosen die Bewaffnung der Stadt betrieben. M. führte später die »Hanseatische Bürgergarde«. **E** **ö** ❖ S 21, 108–119 (s.a ➤ *Hanseatische Kampfgenossen*)

Mewes, Yvonne (geb. 22.12.1900 Karlsruhe, gest. 6.1.1945 KZ Ravensbrück),

Lehrerin. M. befürchtete, als Lehrerin in der Kinderlandverschickung ihren Unterricht zu sehr von Inhalten der NS-Ideologie leiten lassen zu müssen, und kündigte den Schuldienst. Durch Denunziation, auch von Mitgliedern der Schulbehörde, kam sie in die Haftanstalt Fuhlsbüttel und später ins KZ Ravensbrück. Dort starb sie an Hungertyphus. Ihre Asche wurde nach Räumung der Familiengrabstätte im Gräberfeld der ➤ *Opfer von Krieg und Gewaltherrschaft,* ❖ Bp 74, 4, beigesetzt. Die Grabplatte liegt heute im ➤ *Garten der Frauen,* ❖ O–P 27

Meyer, Franz Andreas (geb. 6.12.1837 Hamburg, gest. 17.3.1901 Wildungen), Oberingenieur. M. nahm maßgeblichen Einfluss auf die städtebauliche Umgestaltung Hamburgs im letzten Viertel des 19. Jh. Als Großprojekte plante er u.a. die Speicherstadt, die Stadtwasserkunst und den Friedhof Ohlsdorf während seiner Anfangsphase. M. hatte wie Wilhelm ➤ *Cordes* auf dem Polytechnikum Hannover studiert (s.a. ➤ Hannoversche Schule). **E** **ö** ❖ U 22, 56–57, 125, ➤ *Findling*

Meysel, Inge (vormals Hansen, geschiedene Rudolph, verheiratete Olden, geb. 30.5.1910 Rixdorf bei Berlin, gest. 10.5.2004 Seevetal-Bullenhausen), Schauspielerin. Dem Kaufmann Julius Meysel gelang es, als Jude die NS-Diktatur in einem Kellerversteck zu überleben. Seine Tochter Inge hatte als Halbjüdin Auftrittsverbot. 1945 kam sie an das Thalia Theater. 1959 brachte ihr die Rolle der Portierfrau Anni Wiesner in »Fenster zum Flur« den Beinamen »Mutter der Nation« ein. Darauf folgte eine große Fernsehkar-

Die Blindenschrift auf dem Grabmal der MEMENTO-Gemeinschaftsgrabstätte, ❖ AE-AD 15

riere in der Serie »Die Unverbesserlichen«. Politisch links eingestellt, setzte sie sich aktiv für die Rechte der Frauen ein und unterstützte den Kampf gegen AIDS. Gemeinsames Grab mit ihrem Ehemann John ➢ *Olden*, ❖ P 8, 231–232, lgd. Platte

Millionenhügel lautet die volkstl. Bez. für ein terrassenförmiges ➢ *Grabfeld* mit vielen ausnahmslos großen ➢ *Grabstätten* vermögender Familien. Erhaltenswerte ➢ *Einzelgrabmale* schmücken die streng angeordneten Grabstätten. Die bekannteste ist die der Familie ➢ *Hagenbeck*, unschwer zu erkennen an dem naturgetreuen bronzenen Abbild eines schlafenden Löwen. Etwas unterhalb davon liegt das eigenwillige Grabmal der Gemeinschaftsgrabstätte ➢ *MEMENTO*, auf dem südöstl. Hügel die Grabstätte des Bildhauers Gerhard ➢ *Marcks*. Die Höhenunterschiede in dem rechteckigen Grabfeld werden durch Freitreppen im Stil des ➢ *Neobarock* aus rotem Mainsandstein überbrückt. ❖ AD–AE 13–15, nördl. ➢ *Nordteich*

Mittelallee. Die mit Kastanien bepflanzte M. verläuft mit einer Länge von etwa zwei Kilometern zwischen den ➢ *Kapellen 10* und *13* zunächst bogenförmig und bildet ab ➢ *Inselteich* eine architektonische Einheit mit der ➢ *Kapelle 13* und den angrenzenden Grabfeldern. Die Straße war hier ehem. seitlich mit dunkel wirkenden Douglasfichten und auf dem Mittelstreifen doppelreihig mit blühenden Zierkirschen bepflanzt.

Mönckeberg, Johann Georg (geb. 22.8.1839 Hamburg, gest. 27.3.1908

ebd.), Bürgermeister. Als Leiter der Finanzdeputation hatte M. Ende des 19. Jh. großen Anteil an der städtebaulichen Entwicklung Hamburgs, insbesondere an der Entwicklung des Hafens und der schienengebundenen Verkehrsstruktur. Von 1889 an war er 14-mal Erster Bürgermeister der Stadt. Nach ihm wurde die 1909 fertig gestellte M.straße benannt. **E ö** ❖ AA 10, 22–27/A 11, am Wegekreuz

Museale Bereiche bez. Standorte ausgesuchter und neu zusammengestellter Grabmale von kunstgeschichtlicher, stadtgeschichtlicher oder handwerklicher Bedeutung. Sie sind nach Themen gruppiert und stehen in keinem Bezug zu einer Grabstätte (➢ *Ämtersteinmuseum*, ➢ *Anonymer Urnenhain Kapelle 2*, ➢ *Garten der Frauen*, ➢ *Heckengartenmuseum*, ➢ *Heckenquartier Bl-Bm 56*, ➢ *Jüdischer Friedhof*, ➢ *Kriegergedenksteine*, ➢ *Museum Friedhof Ohlsdorf*).

Museum Friedhof Ohlsdorf. Seit 1996 besteht das M. in einem 1911 errichteten ➢ *Retiradengebäude*. Träger ist die Friedhofsverwaltung, der ➢ *Förderkreis Ohlsdorfer Friedhof* übernimmt die Konzeption und die Betreuung. Das M. ist der Europäischen Vereinigung der Bestattungsmuseen EFFM angeschlossen und Standort des ➢ *Archivs* und der Präsenzbibliothek des Fördervereins. Gezeigt werden Objekte zur Friedhofsgeschichte, zur ➢ *Grabmalkultur* und zu ➢ *Prominentengräbern*, ergänzt mit wechselnden Ausstellungen, auch im Außenbereich und zu anderen Themen im Umfeld von Sterben und Tod. Im M. gibt es Möglichkeiten der Information

Außenansicht des Museums Friedhof Ohlsdorf, aufgenommen während der 2005/06 vom Förderverein Ohlsdorfer Friedhof gezeigten Ausstellung »Geschmiedete Grabmalkunst aus Tirol«

und des Erwerbs von Druckschriften. Trotz eingeschränkter Öffnungszeiten werden jährlich etwa 3500 Besucher gezählt. ❖ L 4, an der Friedhofsausfahrt (s. Allgemeine Informationen)

Mustergrabfelder. Seit Gründung der ➢ *Grabmalgenehmigungs- und -beratungsstelle* und bis zur Auflösung des ➢ *Friedhofskulturdienstes* wurden immer wieder Versuche unternommen, auf die Gestaltung von Grabmalen nicht nur durch fachkundige Beratung, sondern auch mit vorbildhaften Beispielen Einfluss zu nehmen. Noch heute dokumentieren M. als Ensemble zeitgemäße Grabmalkunst. Vergleiche mit dort später aufgestellten Grabmalen lassen das Besondere der Muster deutlich werden.

1. M.: 1922 angelegt unterhalb der ➢ *Mittelallee*, diente es zur Veranschaulichung von Grabfeld- und Grabmalgestaltung im Sinne der ➢ *Fried-*

hofs- bzw. ➢ *Grabmalreform*, vereinzelte Beispiele sind noch heute anzutreffen. ❖ Bl 52–53

2. M.: Überwiegend liegende Platten für parkartige Urnenwahlgrabstätten von 1955, stark vom Bildhauer Egon Lissow beeinflusst, in der Mitte nierenförmiger Brunnen, Anlage mit dendrologischen Seltenheiten bepflanzt. ❖ H–J 16

3. M.: Kubische ➢ *Stelen* und liegende Platten für parkartige Urnengräber aus den Jahren 1955/56, angelegt in freier Form mit Schöpfbrunnen. ❖ R–S 11, Zugang von Norden

4. M.: Aufgelockertes Grabfeld aus dem Jahr 1961 mit ➢ *Typensteinen* für parkartige Urnenwahlgrabstätten. ❖ Bf–Bh 64, parallel zur Seehofstraße

5. M.: Grabmale für parkartige Erdwahlgrabstätten von hohem gestalterischen Wert, Ergebnis eines Wettbewerbs aus dem Jahr 1982. Inmitten des M. stehen eine Sumpfzypresse und ein scheibenwandiges Schöpfbecken. ❖ Bi 64

6. M.: Parkartige Urnenwahlgrabstätten in freier Anordnung aus dem Jahr 1982. ❖ L 6

Naturlehrpfad. Der N. wurde im Jahr 1999 anlässlich der Ausstellung »Friedhof Ohlsdorf – Oasen des Lebens« vorgestellt und erläutert auf einer Gesamtlänge von 1,5 km an 23 Stationen allen, die seinen Markierungssteinen folgen, die naturnahe Vielfalt des ➤ *Parkfriedhofs*. Anfang und Ende des N. bildet die Brücke zum ➤ *Rosengarten*. ❖ N 6

Naturraum Friedhof. Mit fast 400 ha Ausdehnung ist der Friedhof Ohlsdorf die größte Grünanlage Hamburgs. Er ist nicht nur ein Ort für Trauer und Gedenken, sondern bietet auch einen geschützten Raum zur Naherholung für den Menschen und zur ungestörten Entwicklung für die ➤ *Tier- und Pflanzenwelt*. Letzteres ist in Teilen wissenschaftlich untersucht und dokumentiert in ➤ *Biotopkartierungen*. Auch auf dem ➤ *Naturlehrpfad* können die Friedhofsbesucher viele der bislang gewonnenen Untersuchungsergebnisse bei einem Spaziergang nachvollziehen. Die Struktur eines Landschaftsparks (s. ➤ *Parkfriedhof*), die Vielzahl der ➤ *Gehölze* und ➤ *Teiche*, die zunehmenden ➤ *Ökoflächen* sowie die Vernetzung mit angrenzenden ähnlichen Biotopen wie dem ➤ *Jüdischen Friedhof*, Bramfelder See, weiteren Grünflächen und großen Privatgrundstücken in der Umgebung tragen dazu bei. Die ➤ *Friedhofsverwaltung* hält Kontakt zum ➤ *Naturschutzbund Deutschland* sowie zu freischaffenden Biologen und beschäftigt junge Menschen im Rahmen eines ➤ *freiwilligen ökologischen Jahres*.

Naturschutzbund Deutschland (NABU). Der NABU engagiert sich zur Erhaltung der Vielfalt an Lebensräumen und Arten durch gemeinschaftliches Handeln für die Natur. Die Stadtteilgruppe Bramfeld/Ohlsdorf/Barmbek berät und hilft ehrenamtlich u.a. bei Maßnahmen des ➤ *freiwilligen ökologischen Jahres*, bei der Einrichtung eines Nachtigallengehölzes, übernimmt die Bewachung des Uhuhorstes, bietet ➤ *vogelkundliche Führungen* an und entwickelt weitere Projekte wie z.B. die Begleitung der Krötenwanderung. (s. Allgemeine Informationen)

Naturstein bezeichnet aus natürlichen Formationen der Erde stammendes Gestein. Es wird in Steinbrüchen abgebaut oder wie ➤ *Findlinge* und Kieselsteine in der Landschaft gewonnen. Die gebräuchlichsten Arten auf dem Friedhof sind ➤ *Sandsteine* aus dem Weserbergland und aus der Gegend von Cotta, schwarz-schwedische oder rötliche ➤ *Granite* und weißer italienischer ➤ *Marmor*. Wegen niedriger Lohnkosten beim Abbau und der ersten Rohbearbeitung am Gewinnungsort und günstigen Transports als Schiffsfracht wird seit den 1980er Jahren zunehmend farbiger N. aus Indien, China, Südafrika, Brasilien und der Türkei verarbeitet.

Nebenallee. Die N. wurde als breiter Fußweg mit einer Länge von 1,1 km vom ➤ *Nebeneingang* in östl. Richtung über die ➤ *Kapelle 2* hinausführend angelegt. Seit Bau des ➤ *Neuen Krematoriums* und des ➤ *KZ-Opfer-Mahnmals* ist der räumliche Bezug der N. zum einstigen ➤ *Nebeneingang* verloren gegangen. ❖ V 5-26

Der alte Neben-
eingang im
Jahre 1898. Die
schmiedeeisernen
Torflügel wurden
nach Abbruch der
Anlage für das
neue Einfahrtstor
»Seehof« weiter-
verwendet

Nebeneingang. Beim Bau repräsentativ gestaltet und auch für Fahrzeuge gedacht, bestand der N. in seiner urspr. Form bis zum Bau des ➤ *Neuen Krematoriums*. Zusammen mit der ➤ *Nebenallee* bildete der heute nur für Fußgänger von der Fuhlsbüttler Straße in Höhe S-Bahnbrücke nutzbare N. eine gestalterische Einheit. Seit 1997 besteht ein weiterer N. an der Fuhlsbüttler Straße in Höhe des ➤ *Informationshauses* und der Bushaltestellen.

Neobarock. Auch Wilhelm ➤ *Cordes* griff häufig auf diese zum ➤ *Historismus* gehörende architektonische Strömung zurück, z.B. für die Entwürfe seiner Treppenanlagen und Grabmale in barocken Formen und mit üppigen Rosen- und Anemonenreliefs ausschmückte.

Neogotik, auch Neugotik genannt, ist seit der ersten Hälfte des 19. Jh. gebräuchliche Wiederverwendung von Formen der mittelalterlichen Gotik (s.a. ➤ *Historismus*). Das Mittelalter galt damals als besonders christlich geprägt. Neogotische Grabmale finden sich in den ➤ *musealen Bereichen* des Friedhofs und eindrucksvolle Beispiele sind außerdem die schlichte ➤ *Stele* für den Maler Otto ➤ *Speckter* aus dem Jahr 1871 (**E** ❖ X 21, 134–141, vom ehem. St.-Petri-Begräbnisplatz), die Grabmalwand der Familie von Schröder von 1894 (**E** ❖ AA 9, 137–146), das durchbrochene Grabmal von 1900 der Familie Hansing von Caesar ➤ *Scharff* (**E** ❖ Y 23, 21–60) und das Grabmal ➤ *Stahmer* (**E** ❖ AA 12-34-45/AB 12, 1–18, 73–76).

Neoklassizismus ➤ *Klassizismus*

Neue Gartenkunst ➤ *Gartenkunst*

Neues Krematorium. Von Fritz ➤ *Schumacher* in Klinkerbauweise entworfen und 1933 in Betrieb genommen,

Am 8. Mai eines jeden Jahres, dem Tag der deutschen Kapitulation 1945, gedenken Vertreter des niederländischen Konsulats und des Oorlogsgravestichting auf der Ehrenanlage feierlich ihrer Toten

ersetzte es das ➤ *Alte Krematorium* an der Alsterdorfer Straße. Reichhaltig ausgestattete Fassade mit baukeramischen Arbeiten von Richard ➤ *Kuöhl* und bunten Glasfenstern in den ➤ *Feierhallen*. Die hier erstmals installierte gasbetriebene Einäscherungstechnik (s.a. ➤ *Einäscherungsofen*) nach dem System der Hamburger Ingenieure Hans Volckmann und Karl Ludwig minderte die Einäscherungskosten erheblich (s.a. ➤ *Feuerbestattung*). Das N.K. ist heute mit Ausnahme der Feierhallen nicht mehr in Betrieb.

Niederländische Ehrenanlage. Die N.E. liegt inmitten der Kriegsgräberanlage der ➤ *Opfer verschiedener Nationen* und wurde nach Vorstellungen des Niederländischen Königreichs und der ➤ *Oorlogsgravenstichting* 1952/53 als nationale Anlage errichtet. Sie wird seitdem von den Niederländern betreut. In 306 Gräbern ruhen 350 niederländische

Kriegstote, die von verschiedenen Hamburger Friedhöfen hierhin umgebettet wurden. Die Namensstelen sind mit dem niederländischen Staatswappen gekennzeichnet. Die Plastik »Sterbender Jüngling« von Cor van Cralingen wurde 1956 zum Gedenken an die 2500 im KZ Neuengamme ermordeten niederländischen Kriegsgefangenen aufgestellt. In der Ehrenhalle von 1957 erinnern Namen an 99 Kriegsopfer, deren Gräber in Hamburg nicht mehr auffindbar sind. † ✤ Bp 67, Hinweise an der Eichen- und an der ➤ *Sorbusallee*

Nordteich. Der N. diente bis 1884 als Viehtränke. Aufgestaut in der Senke des »F(a)ulen Moores«, wird er gespeist von drei Teichen im Osten, deren Wasser in einen bis zur ➤ *Dichterecke* führenden Bach fließt. Obwohl dieser häufig trockenfällt, ist er in seinen feuchten Senken Standort einer artenreichen Krautflora. Der ➤ *Stille Weg* begleitet die

Die breit gelagerte vordere Fassade des Neuen Krematoriums ist dem Friedhof zugewandt. Von hier aus sind über drei Freitreppen und eine Terrasse die Feierhallen zu erreichen

Bach- und Teichlandschaft auf etwa 800 m und gilt als einer der schönsten Plätze auf dem Friedhof. ❖ AA–AB 14

Nossack, Hans Erich (geb. 30.1.1901 Hamburg, gest. 2.11.1977 ebd.), Schriftsteller. Nach Absolvierung einer kaufmännischen Ausbildung wurde N. nach 1945 mit gesellschaftskritischer Prosa und Dramen bekannt. Zu seinen bekanntesten Werken gehört »Der Untergang« (1948), in dem er die von ihm selbst miterlebten Bombenangriffe auf Hamburg 1943 verarbeitet. Ⓔ Ⓞ ❖ U 22, 8–27, Grabmal mit Plastik

Nutzungsrecht ➢ *Grabnutzung*

Obelisk. Der kunstgeschichtliche Begriff für eine freistehende, viereckig sich nach oben verjüngende Säule mit pyramidenförmiger Spitze bezeichnete im Griechisch der Antike einen (Brat-) Spieß. Die alten Ägypter stellten O.

vor ihren Tempeln als ein Sonnensymbol auf, das zugleich als Schattengeber der Sonnenuhr diente. Seit dem 18. Jh. wurden O. vermehrt als Denkmale und in Zusammenhang mit Grabmalen aufgestellt, auf dem Friedhof z.B. bei der ➢ *Grabstätte* von Caesar ➢ *Pinnau*, ❖ AD 13, 27–44.

Oelsner, Gustav (geb. 23.2.1879 Posen, gest. 26.4.1956 Hamburg), Baumeister und Städteplaner. O. war von 1924–33 Bausenator im damals preußischen Altona und sorgte u.a. für die Erhaltung von noch heute bestehenden Parks sowie für die Anlage des Altonaer Volksparks und des Friedhofs. In der NS-Zeit erhielt er Berufsverbot und ging 1939 in die Emigration. Nach einem Studienaufenthalt in den USA war er acht Jahre Lehrstuhlinhaber an der Technischen Universität Ankara. Nach seiner Rückkehr nach Deutschland 1949 leitete O. bis 1952 die Hamburger Stadt-

Sandsteinstele auf der Familiengrabstätte Ohnsorg planung und gab wesentliche Impulse für den Wiederaufbau der Stadt. **E ö** ❖ P 6, ➤ *Althamburgischer Gedächtnisfriedhof* Grab 23, Grabplatte

Öffentliche Leichenhalle. 1952 zusammen mit der ➤ *Feierhalle C* errichtet. Ersatz für die Leichenhalle der ➤ *alten Hamburger Friedhöfe* an der Jungiusstraße, die dem Bau von Ausstellungshallen weichen musste, und der im Zweiten Weltkrieg zerstörten an der Jarrestraße in Barmbek gelegenen ö.L. Die Besichtigungsräume für Hinterbliebene sind erreichbar von der Fuhlsbüttler Straße.

Öffentlicher Personennahverkehr. Bereits kurz nach der ➤ *Friedhofseröffnung* konnte der weite Weg von der Innenstadt zum Friedhof mit ö.P. bewältigt werden. 1879 führte eine Pferdeomnibuslinie vom Schweinemarkt (heute in der Gegend Lange Mühren/ Ecke Steinstraße) bis vor die ➤ *erste Friedhofskapelle*. Es folgten 1880 eine ➤ *Pferdebahn*, 1895 die ➤ *elektrische Straßenbahn*, 1906 die ➤ *elektrische Vorortbahn* (mit Anschluss nach Garstedt mit dem Wachtmann'schen Pferdeomnibus), 1914 die Hochbahn und seit Ende der 1960er Jahre mehrere ➤ *Buslinien*.

Ohlendorff, Heinrich Freiherr von (geb. 17.3.1836 Hamburg, gest. 3.7.1928 ebd.), Kaufmann und Gutsbesitzer. Durch den 1858 begonnenen Import von peruanischem Guano als Düngemittel kam O. innerhalb weniger Jahre zu einem märchenhaften Vermögen und galt als einer der reichsten Hamburger. 1872 erwarb er die »Norddeutsche Zeitung« und unterstützte mit ihr Bis-

marcks konservative Politik. Mit dem Dovenhof ließ er Ecke Dovenfleet/ Brandstwiete von Martin ➤ *Haller* 1886/87 das erste moderne Kontorhaus Deutschlands errichten. O. wurde 1873 nobilitiert und 1889 in den preußischen Freiherrenstand erhoben. **E ö** ❖ AA 21–22, ➤ *Mausoleum O.*

Ohlsdorf – Zeitschrift für Trauerkultur. Aus dem »Mitglieder-Rundbrief« 1995 hervorgegangenes Organ des ➤ *Förderkreises Ohlsdorfer Friedhof e.V.* Es versteht sich als Forum für Beiträge und Informationen zu den Themen Sterben, Tod und Trauer und erscheint in der gegenwärtigen Form vierteljährlich mit ca. 42–50 Seiten. Die O. zählt zu den wenigen Zeitschriften ihres Themenspektrums in Deutschland. Online-Ausgabe (Volltext) unter www.ohlsdorf-online.de (s. Allgemeine Informationen).

Ohlsdorfer Ruhewald. Grabfeld unter Bäumen in naturbelassener Umgebung mit ➤ *Wahlgrabstätten* für die Beisetzung von acht ➤ *Urnen*, 2006 eingerichtet. Auf Wunsch erfolgt die Kennzeichnung der Gräber mit Metallschildern durch die Friedhofsverwaltung. Blumenschmuck kann auf Flächen entlang des Weges abgelegt werden. ❖ Bx 64/Bw 64, hinter ➤ *Kapelle 11*

Ohnsorg, Richard (geb. 3.5.1876 Hamburg, gest. 11.5.1947 ebd.), Bibliothekar, Philologe, Theatergründer, -leiter und -schauspieler. Nach Studium an der Marburger Philipps-Universität wurde O. 1900 in Rostock mit einer Arbeit über englische Dramatik promoviert. Seit 1901 war er in Hamburg für die durch Eduard ➤ *Hallier*

HOLLT FAST! HOLLT FAST!
DENN GEIHT DAT KLOR
DENN LEWT UNS SPROK
NOCH DUSEND JOHR!

DR. RICHARD OHNSORG
GRÜNDER DER
«NIEDERDEUTSCHEN BÜHNE
HAMBURG»
GEB. 3. MAI 1876
GEST. 11. MAI 1947

ANNA OHNSORG
GEB. GLOCKNER
GEB. 18 JULI 1877
GEST. 15 MAI 1951

Die Oorlogsgra-
vestichting ließ
den »Sterben-
den Jüngling«
auch auf anderen
Friedhöfen mit
Niederländischen
Ehrenanlagen
aufstellen

initiierten Öffentlichen Bücherhallen tätig. O. erlangte Bekanntheit durch die 1902 von ihm begründete »Dramatische Gesellschaft Hamburg«, die 1920 in »Niederdeutsche Bühne Hamburg e.V.« umbenannt wurde und 1945 den später zu Ohnsorg-Theater verkürzten Namen »Richard-Ohnsorg-Theater« erhielt. E ö ❖ AC 6, 168–169, ➢ *Stele* mit Spruch: »HOLLT FAST! HOLLT FAST! / DENN GEIHT DAT KLOR / DENN LEWT UNS SPROK / NOCH DUSEND JOHR!«

Ökoflächen sind Grünbereiche, die extensiv oder kaum gepflegt werden, meist in den Randgebieten und an ➢ *Teichen* und zur Förderung der Ar-

tenvielfalt von Pflanzen und Tieren angelegt (s.a. ➢ *Naturraum Friedhof*).

Oorlogsgravenstichting. Die O. (dt. = »Stiftung Niederländische Kriegsgräberfürsorge«) sorgt sich um die Pflege und Erhaltung niederländischer ➢ Gräber der Opfer von Krieg und Gewaltherrschaft (s.a. ➢ *Niederländische Ehrenanlage*).

Opfer verschiedener Nationen. Auf der etwa 1,5 ha großen und weitläufig gestalteten Anlage befinden sich 2993 ➢ *Gräber der Opfer von Krieg- und Gewaltherrschaft*. Die Opfer sind getötete Menschen aus 28 Nationen, die entweder hier während des Zweiten Weltkriegs

verscharrt wurden oder in den 1950er Jahren durch Umbettung von anderen Friedhöfen nach Ohlsdorf gekommen sind. Das einzelne Grab ist einheitlich mit einem ➤ *Kissenstein* gekennzeichnet. Im Zentrum der Anlage stehen eine niedrige Mauer mit dem Relief Trauernder aus dem Jahr 1977 sowie ein quadratischer Gedenkstein mit den Namen der Nationen. Herausgehobene Bereiche sind die ➤ *Niederländische Ehrenanlage*, die ➤ *Polnische Kriegsgedenkstätte* und die Anlage für ➤ *Russische Fremdarbeiterinnen.* † ❖ Bp–Bq 73–74, Hinweise an der Eichen- und an der ➤ *Sorbusallee*

ÖPNV ➤ *Öffentlicher Personennahverkehr*

Ornithologische Führungen ➤ *Vogelkundliche Führungen*

Oskar vom Pferdemarkt (d.i. Fritz Krüger, geb. 11.4.1902 Hamburg, gest. 18.2.1969 ebd.), Straßenhändler und Hamburger Original. Seine Leidenschaft zur Schauspielerei konnte der gelernte Maschinenschlosser zunächst nur in einem Amateur-Theaterverein ausleben. Arbeitslosigkeit und Inflation veranlassten ihn 1924, sich einen »Bauchladen« anzuschaffen, aus dem er Kleinigkeiten, vom Hosenknopf bis zur Rasierklinge, und die »Wucht in Tüten« verkaufte. Sein schauspielerisches Talent, gepaart mit Witz und Schlagfertigkeit ließen ihn zu einem stadtbekannten Origi-

»Unsere Verpflichtung – Versöhnung und Frieden«, so die Inschrift über dem Relief von Herbert Glink an der Gedenkmauer für die Opfer verschiedener Nationen

Stimmungsvolle Friedhofslandschaft im morgendlichen Nebel. Im Hintergrund ist der T-Teich zu erahnen

nal werden. Schließlich besaß er einen Verkaufsstand auf dem Pferdemarkt (heute Gerhart-Hauptmann-Platz). Bei einer versuchten Streitschlichtung zertrümmerte ihm 1951 ein Faustschlag den Kehlkopf, wodurch O. bis zu seinem Lebensende zum Flüstern verdammt wurde. ❖ Bw 622, 211–212, Grabstätte Krüger, rötliche ➢ *Stele*

Ostasiatischer Verein ➢ *China-Deutsche*

Parkfriedhof. Friedhofsgestaltung im Sinne des englischen Landschaftsgartens, zu der eine unregelmäßige Wegeführung, Teichanlagen, Hügel und waldartige Bereiche gehören. Als frühester P. gilt der Pariser Friedhof Père

Lachaise von 1804. Im 19. Jh. entwickelte sich in Amerika eine »Parkfriedhofsbewegung«, deren frühe Vertreter auch für Europa Vorbildcharakter hatten. In Deutschland wurden schon vor der Mitte des 19. Jh. Friedhöfe mit einzelnen parkartigen Elementen angelegt. Die älteste vollständig parkartig durchgestaltete Anlage ist der Kieler Südfriedhof von 1869. In Bremen folgte 1875 der Riensberger Friedhof, bis nach 1877 der Ohlsdorfer Friedhof als P. einen Höhepunkt darstellte und Vorbild für viele weitere Friedhöfe wurde. Wilhelm ➢ *Cordes* löste die Aufgabe, einen rational geplanten Ort zur Bestattung von Toten nach ästhetischen Kriterien auszugestalten dadurch, dass er die regel-

Architektonisch herausgehoben steht die Paulinenvase im Zentrum des Heckengartenmuseums

mäßigen Grabfelder so weit wie möglich mit landschaftlichen Elementen durchsetzte. Mit den ➢ *Teichen*, dem ➢ *Waldteil* und dem ➢ *Rosengarten* sind sie z.T. noch heute erhalten, verloren gingen dagegen der Geologische Hügel und die Heideanlage am ➢ *Stillen Weg*. Lit. *Leisner* in *Fischer 2005*

Parklandschaft ➢ *Gartenkunst*

Patenschaft. Die P. bietet die Möglichkeit, durch Erwerb des Nutzungsrechts an einer ➢ *Grabstätte* ein dazugehöriges erhaltenswertes ➢ *Einzel-* oder ➢ *Ensemblegrabmal* vor dem Verfall zu bewahren. Das Recht der ➢ *Grabnutzung* wird gegen die Verpflichtung,

das Grabmal zu restaurieren, kostenlos vergeben. Seit 1990 wurden etwa 400 P. für unterschiedlich große Grabmale übernommen. Nähere Informationen bietet das ➢ *Beratungszentrum.*

Patriotische Gesellschaft von 1765 (Hamburgische Gesellschaft zur Beförderung der Künste und Gewerbe) ➢ *Choleraopfer*, ➢ *Kapelle 12*, ➢ *Primuskatastrophe*

Paulinenvase lautet die volkstl. Bez. für eine im ➢ *Heckengartenmuseum* stehende zwei Meter hohe Steinvase mit der Inschrift »Pauline«. Sie war einst eine Sehenswürdigkeit auf dem ➢ *alten hamburgischen Friedhof* St. Petri. Der Weg, an dem sie stand, wurde Paulinenallee genannt. ❖ Bh 54–55

Paulun, Dirks (geb. 10.12.1903 Schanghai, gest. 28.7.1976 Hamburg), Schriftsteller und Kabarettist. Verfasste zu Beginn seiner journalistischen Tätigkeit Kritiken, Feuilletons und veröffentlichte alsbald Satiren und Grotesken, ab 1936 als Kabarettist tätig, seit 1946 in der »Wendeltreppe«. Als gefragter Journalist veröffentlichte er etwa 1000 Beiträge in Zeitungen, im Radio und Fernsehen. Viele davon verfasste er in »Missingsch« (= sein »Paulunisch«), der Hamburger Sprachmischung aus Hoch- und Plattdeutsch. 🄔 ❖ P 10, 131–153, Grabstätte Zedelius

Peiffer, Engelbert Joseph (geb. 14.5. 1830 Köln, gest. 18.10 1896 Hamburg), Bildhauer und Medailleur. P. lernte Steinmetz und ging 1850 zum Akademiestudium nach Berlin. 1862 kam er nach Hamburg, wo er 1873 die Leitung der Steinmetzwerkstätten der

Hanseatischen Baugesellschaft übernahm. Er schuf u.a. das Grabmal für
Gabriel Riesser, den Hamburger Juris-
ten und Vorkämpfer der Emanzipation
der Juden (1806–63, ❖ZY 12, auf dem
Jüdischen Friedhof) und das Grabmal
Rachals im ➢ *Heckengartenmuseum*
mit einer Allegorie des Klavierbaus sowie die ➢ *Herme* vor dem ➢ *Museum
Friedhof Ohlsdorf.*

Perlenteiche. Auch »Cordesteiche«
genannte Reihung von sechs idyllisch
gelegenen ➢ *Teichen* am Friedhofszaun hinter ➢ *Kapelle 10.* Sie waren
einst durch kurze Bachläufe miteinander verbunden, die seit den 1960er Jahren zur Gewinnung von Bestattungsflächen verrohrt wurden. Mit ihrem
natürlichen Bewuchs und dem nahe
gelegenen Bramfelder See bieten die P.
Lebensraum für zahlreiche Amphibien
und Wasservögel (s.a. ➢ *Naturraum
Friedhof)* ❖H 32–P 37

Eindeutig: Grab-
stätte Stiefel

Personenbezogenes Grabmal. Die
Persönlichkeit des Bestatteten wird bei
einem p.G. häufig durch Zeichen, Formen und/oder Figuren versinnbild-
licht. Diese können sich auf Namen,
Lebenswerk, Beruf, Vorlieben, Glau-
bensvorstellungen oder Weltanschau-
ungen des Verstorbenen beziehen. Ein
besonders eigenwilliges Beispiel stellen
die zwei vollplastischen Stiefel auf der
➢ *Stele* der ➢ *Grabstätte* Stiefel dar
(Ⓔ ❖J 28, 16–18). Auf diese Weise können gewöhnliche ➢ *Grabmalformen*
zu individuellen Erinnerungszeichen
werden. Diese meist handwerkliche
Bearbeitung von ➢ *Stelen*, ➢ *Pfeilern*
und anderen schlichten ➢ *Grabmalformen* wurde besonders während des Nationalsozialismus durch den ➢ *Fried-*

hofskulturdienst propagiert. Das p.G.
findet noch heute Resonanz, z.B. beim
➢ *Obelisken* für Lion Tiedecke von
1997, dessen eine Seite die Unterschrift
des Verstorbenen zeigt (❖Y 30).

Petersen, Rudolf (geb. 30.12.1878
Hamburg, gest. 10.9.1962 Wentorf),
Kaufmann und Bürgermeister. P. entstammte einer traditionsreichen hamburgischen Familie. Zwischen den beiden Weltkriegen betätigte er sich als
erfolgreicher Überseekaufmann, ohne
dabei die Nähe zu den NS-Macht ge-
sucht zu haben. Im Mai 1945 wurde P.
von den britischen Besatzern zum Ersten Bürgermeister ernannt. Ⓔ ö̈❖AA
13,1–12/26–30, hohes Steinkreuz

Pfeilergrabmal. Auf quadratischem Grundriss sich erhebender kubischer Steinblock, der oben in ebener Form, mit einer Wölbung oder als flache Pyramide abgeschlossen ist. P. wurden erstmals 1924 im Rahmen der ➤ *Grabmalreform* in einer Broschüre des damaligen Vorläufers der ➤ *Grabmalgenehmigungs- und -beratungsstelle* als neue Form für ➤ *Urnengrabmale* propagiert und in den neu eingerichteten ➤ *Aschengrabgärten* am ➤ *T-Teich* aufgestellt. Lit. *Frank/Linne 1924*

Pferdebahn. Die P. war eine acht Kilometer lange schienengebundene Bahn mit von Pferden gezogenen Wagen. Sie verband von 1880 bis 1895 den Pferdemarkt (heute Gerhart-Hauptmann-Platz) mit dem Friedhofseingang an der Fuhlsbüttler Straße und wurde durch die ➤ *elektrische Straßenbahn* ersetzt (s.a. ➤ *Öffentlicher Personennahverkehr*).

Pinnau, Cäsar (geb. 9.8.1906 Hamburg, gest. 29.11.1988 ebd.), Architekt und Designer. C. trat nach dem Zweiten Weltkrieg weltweit als Architekt von Gebäuden hoher Qualität hervor und entwarf in Hamburg u.a. das Hochhaus der Reederei Hamburg Süd, betreute die Restaurierung eines klassizistischen Wohnhauses an der Palmaille und gestaltete für die Reederei Hamburg Süd die Schiffe der »Cap San«-Serie. P. blieb in der NS-Zeit wegen seiner Arbeiten im Auftrag von Albert Speer zeitlebens umstritten. 🖻 ❖ AD 13, 27–44, ➤ *Millionenhügel*, kleiner ➤ *Obelisk*

Placcius, Vincent (geb. 7.2.1642 Hamburg, gest. 6.4.1699 ebd.), Gelehrter. P. war von 1667 bis zu seinem Tod Lehrer am Hamburger Johanneum und wurde durch seine juristischen, theologischen und philosophischen Forschungen weithin bekannt. Zunächst im Hamburger Dom bestattet, später auf den St.-Georg-Friedhof überführt und dann auf den Friedhof Ohlsdorf umgebettet. **E** **ö** ❖ P 6, ➢ *Althamburgischer Gedächtnisfriedhof*, Grab 8

Planquadrat. Buchstaben- und Zahlenkombination zum Bezeichnen eines ➢ *Grabfeldes*. Im ➢ *Cordesteil* hat das Koordinatennetz eine Größe von 50 x 50 m. Vorbild war der 1856 angelegte Londoner Friedhof »Little Ilford«. Im ➢ *Linneteil* sind keine willkürlichen Koordinaten gezogen worden, sie folgen erkennbaren Grenzen wie Wegen, Straßen oder Pflanzungen. Von der geometrischen Form des Quadrats weicht hier die Bez. P. ab. Die Buchstabenbezeichnungen verlaufen ansteigend von Süden nach Norden, die Ziffern von Westen nach Osten (s.a. ➢ *Grablagenbezeichnung*).

Polizei, Ehrenanlage der. ➢ *Ehrengrabstätte* für Polizisten, die ihr Leben im Dienst für Freiheit, Recht und Sicherheit verloren. Sie wird nach dem Baum im Mittelpunkt der kreisförmigen, von einer ➢ *Hecke* umschlossenen Anlage auch »Revier Blutbuche« genannt. Die Anlage entstand nach den Oktoberunruhen im November 1923 auf Initiative Lothar Danners, damals Kommandeur der Schutzpolizei und von 1950 bis 1953 Polizeisenator. Entwurf von Fritz ➢ *Schumacher*, ➢ *Stelen* und Liegeplatten von Richard ➢ *Kuöhl*. ♛ **E** ❖ L 7

Polnische Kriegsgedenkstätte. 1973 umgestaltete Sonderanlage für 304 Polen als ➢ *Opfer verschiedener Nationen*, die 1959 von anderen Teilen des Friedhofs nach hier umgebettet worden waren. Vor dem über zwei Meter ho-

hen Granitkreuz stehen eine Gedenktafel und Betonkreuze mit dem Relief des polnischen Adlers und Befestigungsspuren ehem. Namenstafeln. Einst war jedes Grab damit gekennzeichnet. Der ➢ *Findling* mit Inschrift am Wegesrand wurde nach 1989 durch das polnische Generalkonsulat aufgestellt. † ❖ Bp 73, Hinweise an der Eichen- und ➢ *Sorbusallee*

Portalgrabmal. Türen und Portale schließen bzw. öffnen den Eingang zu dahinter liegenden Räumen und können so symbolisch für den Übergang

»Revier Blutbuche«. Diese Bezeichnung wird abgeleitet von der Baumart in der Mitte der Ehrenanlage und der sie umschließenden Heckenbepflanzung

Das Portalgrab-
mal Kugelmann
(❖ N 24/O 24,
nahe des Wasser-
turms) aus dem
Jahr 1903. Ferdi-
nand Kugelmann
(gest. 1915) war
jüdischer Kauf-
mann und Mäzen
sowie Mitbegrün-
der der »Ham-
burgischen Wis-
senschaftlichen
Stiftung«, die mit
zur Gründung der
Universität Ham-
burg beitrug

vom Leben in den Tod stehen bzw. die
Grenze zwischen Diesseits und Jenseits
bezeichnen. Auf dem Friedhof finden
sich zahlreiche P., z.B. ➢ *Grabstätte*
Moeller-Jarke von Ernst Barlach mit
einer an einer großen Tür Lauschen-
den (E ❖ U 25, 1-8/V 25, 27-34). Die
Gestalt der ➢ *Trauernden* wird gern
vor ein Portal gestellt, so zu sehen auf
den Grabstätten Herrmann (E ❖ S 25,
143-144, T 25, 43-56) und Franke (E
❖ T 31, 112-125).Ungewöhnlich ist die
Bildidee des großen Jugendstilgrabmals
Diederichsen von Caesar ➢ *Scharff*,
bei der eine junge Frau aus einem Portal herauszutreten scheint (E ❖ AC 17,
31-50). Daneben gibt es P. ohne figürlichen Schmuck, bei denen eine Na-

menstafel den Platz der fiktiven Tür-
öffnung einnimmt (Grabstätte Pape,
E ❖ V7, 65-73) oder ein Gitter die
mittlere Öffnung verschließt (Grab-
stätte Kugelmann, E ❖ N 24, 1-10/
O 24, 41-46). Einen Hinweis auf das
Geschlechterverhältnis der Zeit um
die Wende zum 19. Jh. gibt dabei das
Ergebnis der Grabmalinventarisation
(➢ *Forschungsprojekt*): Männer sind
deutlich häufiger in ihrer individuellen
Gestalt dargestellt worden als Frauen.

Porträt. Die Erinnerung an Verstorbene wird auf Grabmalen mitunter durch
ein Abbild der individuellen Züge wach
gehalten. Eine preiswerte Möglichkeit
dazu bildeten die ➢ *Porzellanfotos*,

die jedoch im Zuge der ➢ *Grabmal-reform* verboten wurden. In repräsentativere Grabmale wurden P. direkt in den Stein gemeißelt (s.a. ➢ *Grabstätte* Garbe, **E** ❖ AC 5, 15), in Form von ➢ *Bronzereliefs* oder Büsten hinzugefügt (s. Grabstätten Leo, **E** ❖ Z 12, 60–67 und ➢ Stahmer, **E** ❖ AA 12, 34, 45/AB 12, 1–18, 73–76, jeweils in voller Amtstracht mit Halskrause). Verstorbene können sogar vollplastisch in Erscheinung treten, wie der Graf von ➢ *Goetzen* (**E** ❖ AA 12, 96–99).

Porzellanengel. Stehende, kniende oder schwebende P. finden sich häufig auf ➢ *Kindergrabmalen* von der Wende vom 19. zum 20. Jh. Sie wurden aus Biskuitporzellan hergestellt und als Katalogware vertrieben. Ihre massenhafte Aufstellung weist darauf hin, dass man sich die Kinderseelen gern als kleine Engel vorstellte bzw. hoffte, die kleinen Verstorbenen würden von Engeln (s.a. ➢ *Grabengel*) in den Paradiesgar-

ten zu anderen Kindern geleitet, wo sie miteinander spielen.

Porzellanfoto. Auf eine kleine Porzellanplakette gebranntes Fotoporträt des Bestatteten (s.a. ➢ *Porträt*). Es kam mit der Entwicklung der Fotografie in Mode und ist sehr witterungsbeständig. Es haben sich im Gegensatz zu den süddt. Friedhöfen nur wenige alte P. erhalten, z.B. ➢ Grabstätte Lamps (**E** ❖ W 33, 107–110). Im Zuge der ➢ *Grabmalreform* wurden sie nicht mehr genehmigt, tauchen aber heutzutage vereinzelt wieder auf.

Prähistorische Anlagen. Zusammen mit zahlreichen Einzelfunden aus der ➢ *Jungsteinzeit* sind die überwiegend im älteren Friedhofsteil liegenden ➢ *Hügelgräber* und ➢ *Steinkreise* sichere Zeugnisse der vorchristl. Besiedlung des heutigen Friedhofsgeländes. Vermutlich wählten die Menschen hier ihren Siedlungsraum, da die halbinselar-

Halbplastische Darstellung von Marie Anne Lippert im Matabeleland, Detail, vor der Grabwand Lippert, 1897/98, 1900, (am Lippertplatz)

Zeitgenössische Ansichtspostkarte mit Christusfigur von C. Echtermeier auf dem Grabfeld Primuskatastrophe. Eine der vier Bronzetafeln am Sockel der Figur erinnert in plattdeutscher Sprache an das Unglück

tige Lage in der Endmoränenlandschaft Schutz vor Feinden bot: im Osten gesichert durch das unwegsame Gelände des ➤ *Prökelmoores*, im Norden durch das tief eingeschnittene Tal der Alster und im Westen durch die sumpfige Alsterniederung. Sieben P.A. stehen seit 1976 unter ➤ *Denkmalschutz.* Die Einzelfunde werden im Helms-Museum, Hamburger Museum für Archäologie und die Geschichte Harburgs, aufbewahrt. Lit. *Schindler 1960*

Präsenzbibliothek ➤ *Förderkreises Ohlsdorfer Friedhof*

Prell, Marianne (geb. 1805 Hamburg, gest. 1877 ebd.), Erzieherin. P. wurde bekannt durch ihr Kinderbuch mit Erinnerungen aus der »Franzosenzeit«,

während derer Hamburg 1806 bis 1813/14 von französischen Truppen besetzt gehalten wurde und seit 1811 als Ganzes dem Kaiserreich Napoleons einverleibt war (s.a. ➤ *Hanseatische Kampfgenossen*). 🎧 ❖ P 6, ➤ *Althamburgischer Gedächtnisfriedhof*, Grab 31

Primuskatastrophe. ➤ *Gemeinschaftsgrabstätte* für 78 der 101 beim Untergang des überladenen Vergnügungsschiffes »Primus« 1902 auf der Unterelbe ertrunkenen Passagiere. Nach dem Unglück bildete sich ein »Hülfsausschuss«, der die Beisetzung und die künstlerische Ausgestaltung der Anlage im ➤ *neobarocken* Stil besorgte. Auf dem Sockel der Christusfigur wird in plattdt. Sprache an die P. und die Spendenbereitschaft der Hamburger erinnert. Ein Gedenkstein

am Ort des Geschehens, am Elbufer-
weg beim kleinen Restaurant »Dill sin
Döns«, wurde erst 1988 auf Betreiben
der ➢ *Patriotischen Gesellschaft* aufgestellt. **E** ❖ U 30–31

Prioritätensetzung 1988. Mit der P.
wurde das Ergebnis des ➢ *Forschungsprojekts* seitens des ehem. Garten- und
Friedhofsamts mit dem Ziel überarbeitet, die zu hohe Anzahl der zunächst er-
mittelten erhaltenswerten Grabmale auf
ein umsetzbares Maß zu reduzieren. In
Abstimmung mit dem Denkmalschutzamt wurden etwa 3600 ➢ *Einzel-* und
2000 ➢ *Ensemblegrabmale* als erhal-
tenswert eingestuft und auf Karteikar-
ten dokumentiert, zwei Jahre darauf in
Listenform übertragen und später in
das EDV-gestützte ➢ *Friedhofskataster* eingearbeitet.

Professorenfeld lautet die volkstl.
Bez. für ein ➢ *Grabfeld*, in dem Grabmale mit Plastiken und Halbreliefs des
Bildhauers Arthur Bock (1875–1957)
und andere bedeutende Arbeiten he-
rausragen. Das P. stellt mit seinem erhaltenswerten Ensemble und der gar-
tenarchitektonischen Anlage von 1926
ein Beispiel der ➢ Friedhofsreform
dar. Die ehem. Wege- und Bepflan-
zungsstruktur wurde 1995 noch historischem Vorbild annähernd original
wiederhergestellt. ❖ AA–Z 25–27

Prökelmoorteich. Ehem. Moortüm-
pel, im Jahre 1928 mit einem Durchmes-
ser von 120 m kreisrund ausgebaut. Auf
dem terrassenartig ansteigenden Gelände sind Urnengrabstätten kreisförmig
angelegt. Der P. wird u.a. gespeist vom
nördl. außerhalb des Friedhofszauns
liegenden Teich. ❖ PA 1–8

Prominentengräber bezeichnen Gräber von Personen, die für das öffentliche Leben der Stadt Hamburg und
darüber hinaus von Bedeutung waren.
Eine Auflistung mit Lebensdaten von
etwa 600 Personen, deren Gräber noch
bestehen, liegt im ➢ *Museum Friedhof
Ohlsdorf* aus, weitere Personen und Angaben sind dort der ➢ *Lüdemann'schen
Sammlung* zu entnehmen. Nur zehn
der P. stehen im Rang einer ➢ *Ehrengrabstätte.* Lit. *Bake 1997, Freitag 1973,
Schoenfeld 2000*

Erdarbeiten zur
Herstellung der
Verbindung von
Prökelmoor- und
Inselteich, um
1927

Prophet und Genius. ➢ *Bronzeplastik* von Gerhard ➢ *Marcks*, 1961 geschaffen und 1972 der Stadt Hamburg geschenkt. Sie zeigt einen hageren und alten Propheten mit weit aufgerissenen Augen als Verkünder einer Gottesbotschaft, hinter ihm als Schutzgeist einen jünglingshaften, schlanken Genius mit ausgebreiteten Armen und weit gespannten Flügeln. Die Plastik ist von Marcks inhaltlich nicht interpretiert worden, vermutlich begleitet der Genius den alten Mann auf dem Weg zum Ort der ewigen Ruhe. Bekannt ist, dass Marcks 1961 zur Zeit des Schaffens seinen Gesundheitszustand beklagte und Todesahnungen bekundete. E ❖ M 6

Pyramide ➢ *Grabmalform*

Pultstein. Schlichte ➢ *Grabmalform*, gebildet von einem Sockel mit aufgesetztem pultartigen Stein für die Inschrift

Pulvermann, Eduard (geb. 2.9.1882 Hamburg, gest. 9.4.1944 ebd.), Kaufmann und Pferdesportler. Legte 1920 eine später erweiterte, besonders schwierige Sprungkombination im Deutschen Springderby an, das nach ihm benannte »Pulvermanns Grab«. Nach dem später entkräfteten Verdacht einer angeblichen Spionagetätigkeit wurde P. 1940 im KZ Neuengamme inhaftiert und verstarb im Gefängnislazarett Langenhorn. E

⑥ ❖ AB 25, 96–100/AC 25, aufwändig gestaltete Grabmalwand, stark mit Efeu überwuchert

Quistorf, Hermann (geb.6.5.1884 Hamburg, gest. 7.10.1969 ebd.), niederdt. Schriftsteller. Nach einer Lehre als Schriftsetzer und Buchdrucker war Q. ab 1920 als Gewerbeoberlehrer für das Buchgewerbe tätig. Als Mitglied der »Lehrerkammer für das Gewerbe- und Fachschulwesen« arbeitete er am Aufbau eines modernen Berufsschulwesens in Hamburg mit und übernahm von 1926 bis 1933 die Schulleitung der Fachschule für das Buchgewerbe. 1906 trat Q. dem Saxnotbund bei, einer Vereinigung junger niederdt. Künstler, und wurde Mitbegründer der »Nedderdüütsch Sellschopp«, Schriftleiter der Zeitschrift des Verbandes »De Eekboom« und Herausgeber der »Eekboom-Böker«. 1943 übernahm er das Amt des Beauftragten der alljährlichen »Niederdeutschen Dichtertagung Bevensen«. ⑥ ❖ AC 5, 7, lgd. Platte

Quo Vadis e.V. Verein für Grabmal- und Trauerkultur, gegründet 2001 unter Mitwirkung von Mitarbeitern des GBI (Großhamburger Beerdigungsinstituts). Ziel ist es, mit einer eigenen Anlage als ➤ *Gemeinschaftsgrabstätte* eine Alternative zur anonymen Bestattung anzubieten. Das Grabmal Bögel wurde dafür in ➤ *Patenschaft* übernommen, Ⓔ ❖ U 4, 501, großer ➤ *Findling*

Rasengräber. Sammelbezeichnung für verschiedene Formen der ➤ *Anonymen Bestattung* (➤ *Anonymer Urnenhain*), aber auch von als »pflegeleicht« bezeichneten ➤ *Wahl-* oder ➤ *Reihengrabstätten.* Der Rasen über der Bestat-

tungsfläche lässt kaum Schmuck oder ein Grabzeichen zu.

Räumung ➤ *Grabmalräumung*

Rauhes Haus. Das R.H. ist eine der bekanntesten sozial-diakonischen Einrichtungen in Deutschland. Sie wurde 1833 von Johann Hinrich Wichern begründet, der in Hamburg-Horn ein christliches »Rettungsdorf« für Kinder, die ohne christliche Erziehung in Not und Elend lebten, einrichtete. Für die Ausbildung und Betreuung seiner Schützlinge schuf Wichern eine Brüderanstalt, in der zukünftige Erzieher eine »Gehilfenausbildung« erhielten. Die Einrichtung unterhält auf dem Friedhof zwei ➤ *Gemeinschaftsgrabstätten.* Die ältere ist mit einem hohen Granitkreuz als Hauptstein und der Inschrift »Jesus lebt« gekennzeichnet. Beide sind mit zahlreichen ➤ *Stelen* besetzt. ❖ AF 43, 1–50 und ❖ AF 44

Rave, Christopher (geb. 20.2.1881 Hamburg, gest. 13.1.1933 ebd.), Marinemaler. Bevor R. sich ganz der Malerei widmete, fuhr er als Steward und Seemann auf Schiffen vorwiegend über den Atlantik. Von 1900 bis 1909 schuf er zum Thema »8000 Jahre Geschichte der Seefahrt« insgesamt 300 Ölgemälde. Er war auf der Fünfmastbark »Preußen«, als sie 1910 vor Dover strandete, beteiligte sich an einer Nordpolexpedition und dokumentierte diese Ereignisse mit Bleistift und Pinsel. Von seinen wegen ihrer Detailtreue gerühmten Arbeiten sind jedoch nur wenige nachweislich erhalten geblieben. Dazu gehört das 4,80 x 3,50 m große Gemälde »Die brandenburgische Flotte vor Emden« in der Hamburger Kunsthal-

Der Vogel auf dem Rücken von Christopher Rave wird in Bezug auf seinen Namen fälschlicherweise als Rabe bezeichnet. Nach der Schnabelform ist er aber ein Greifvogel, vermutlich ein Adler

le. R. nahm sich wegen eines Kehlkopfkrebses das Leben. 🄴 ❖ J 14, 378–381, sitzender Mann mit Greifvogel hinter seiner Schulter

Redder. Norddt. Bez. für einen Feldweg, der seitlich von ➢ *Knicks* begrenzt wird. Ein solches Relikt aus der Vorzeit des Friedhofs führt auf einer Länge von etwa 300 m auf die Einfahrt der ➢ *Gärtnerei Klein Borstel* zu. Im Wechsel der Jahreszeiten von heimischer Gehölz- und schattenverträglicher Krautflora gesäumt, ist er für Spaziergänger als Querverbindung vom alten ➢ *Wasserbassin* in Richtung ➢ *Stiller Weg* zu empfehlen (❖ AB 26–AG 26). Weitere Beispiele sind der ➢ *Finkenstieg* und die R. bei ➢ *Kapelle 12.*

Rée, Anita (geb. 9.2.1885 Hamburg, gest. 12.12.1933 Kampen/Sylt), Malerin. Ausgebildet in Hamburg und Paris, 1919 Mitbegründerin der Hamburgischen Sezession, bekannt besonders

für ihre Porträts. Im Nationalsozialismus wegen ihrer jüdischen Abstammung und ihrer »entarteten« Kunst gleich mehrfach verfemt, wählte sie den Weg in den Selbstmord. Die ➢ *Urne* war urspr. im ➢ *Urnenhain* des ➢*Alten Krematoriums* beigesetzt. Durch Privatinitiative 1995 umgebettet nach ❖ P 6, ➢ *Althamburgischer Gedächtnisfriedhof*, Grab 16, 🄴 ȫ, dort neues Grabmal in Form eines überkuppelten Pfostens

Rée, Anton (geb. 9.11.1815 Hamburg, gest. 13.1.1891 ebd.), Pädagoge und Politiker. R. stammte aus wohlhabenden Verhältnissen. Als sein Vater in wirtschaftliche Schwierigkeiten geriet, gab er die Absicht einer akademischen Laufbahn auf und wurde 1839 Lehrer und später Direktor an der liberalen Israelitischen Freischule in Hamburg. In dieser Zeit förderte er eine Reform des hamburgischen Schulwesens mit dem Ziel einer nicht konfessionell gebunde-

Reihengrabstätten für Sargbeisetzung in besonderen Grabfeldern gibt es selten. Ausgewiesen werden sie meist in bestimmten Bereichen des Friedhofs auf freien Stellen zwischen Wahlgrabstätten

nen Volksschule. So setzte er sich für eine Öffnung seiner jüdischen Schule für Christen ein. R. gilt als Vater der 1870 eingeführten allgemeinen Schulpflicht in Hamburg. U.a. war er 1848–50 Mitglied der Verfassungsgebenden Versammlung und 1859–71 Bürgerschaftsabgeordneter. Ein Mandat für den Deutschen Reichstag erhielt er 1851. 🄴 🄾 ❖ Z 8, 338–348, ➢ *Bronzerelief* auf rötlichem ➢ *Obelisk*

Reformgrabmal ➢ *Friedhofsreform,* ➢ *Grabmalreform*

Reichsausschuss für Friedhof und Denkmal e.V. Gegründet am 15.10.1921 in Dresden, wurde der Ausschuss zum wichtigsten institutionellen Repräsentanten der ➢ *Friedhofs-* und ➢ *Grabmalreform* im frühen 20. Jh. und vereinigte verschiedene im sepulkralen Bereich tätige Gewerbe und Vereinigungen. Die führende Persönlichkeit war Waldo Wenzel. Der

R. veröffentlichte 1922 Richtlinien für Friedhofs- und Grabmalgestaltung und 1927 den programmatischen Sammelband »Grab und Friedhof der Gegenwart«. In der NS-Diktatur ging er in der Reichskammer für bildende Künste auf. Der R. ist die Vorläuferorganisation der heutigen ➢ *Arbeitsgemeinschaft Friedhof und Denkmal e.V.* AFD in Kassel. Lit. *Reichsausschuss 2002*

Reihengrabstätte. Einstellige ➢ *Grabstätte*, die von der Friedhofsverwaltung der »Reihe« nach überlassen wird und auf der nur ein Verstorbener bestattet werden kann. Nach Ablauf der 25-jährigen ➢ *Ruhezeit* wird die R. geräumt (s.a. ➢ *Grabnutzung*, ➢ *Grabstelle*).

Reimarus, Johann Albert Heinrich (geb. 11.11.1729 Hamburg, gest. 6.6.1814 Rantzau), Arzt, Naturforscher und Aufklärer. Der Sohn des Philosophen Hermann Samuel R. wirkte ab 1757 als praktischer Arzt in Hamburg,

Drei bronzene Reliefs schmücken das Grabmal Haerlin (❖ M 23, 85-96), 1911 von Karl Garbers geschaffen. Zum Gedächtnis an einen Gefallenen ist rechts eine 70 cm breite Tafel mit einem Krieger zu Pferd angebracht

führte hier die Pockenimpfung ein und wurde durch ausgedehnte wissenschaftlich-publizistische Tätigkeit bekannt. R. gehörte zu den Pionieren der 1765 gegründeten Patriotischen Gesellschaft und war deren erster Vorsteher. ⬛ ❖ P 6, ➤ *Althamburgischer Gedächtnisfriedhof*, Grab 56; Grabmal: ⬛ ❖ S 26, 1-10, Grabstätte Sieveking

Reitendiener. Die »R. eines Hohen Senats« waren ehem. eine Bruderschaft aus 16 Mitgliedern zur Aufwartung des Hamburger Senats. Schon seit dem Mittelalter versorgten sie deren Pferde und den Fuhrpark und waren zugleich Hochzeitsbitter, Leichenbitter und »Trauermänner«. Als Pächter des

Hamburger Marstalls hatten sie seit dem Ende des 17. Jh. u.a. das Recht, »Herren und Graduierte« zu Grabe zu tragen. Je nach Stand und Vermögen des Verstorbenen wurden deren Leichname mit dem ratseigenem Kasten-, Jungfer- oder Himmelswagen mit zwei, vier oder sechs Pferden zum Begräbnis gezogen. Als 1865 der Hamburger Marstall aufgelöst wurde, behielten die ehem. R. die Aufgabe, Verstorbene zu Grabe zu tragen. Die Geschichte von Bestattungsunternehmen und der ➤ Sargträger in Hamburg ist eng mit dieser Entwicklung verbunden.

Reitze, Johanne (geb.16.1.1878 Hamburg, gest. 22.2.1949 ebd.), SPD-Politikerin und Reichstagsabgeordnete. Heirat mit sozialdemokratischem Journalisten, Eintritt in die SPD, Mitglied der Hamburgischen Bürgschaft und von 1919 bis 1933 eine der wenigen weiblichen Reichstagsabgeordneten. Während der NS-Diktatur 1944 in Schutzhaft genommen, nach dem Krieg Einsatz für den Wiederaufbau der Arbeiterwohlfahrt. ❖ J 20, 90–91, Kissenstein

Relief. Darstellung, die sich plastisch von einem Hintergrund abhebt. R. können aus dem Grabstein herausgearbeitet oder in ➢ *Bronze*, Stein, Terrakotta oder Porzellan aufgesetzt sein. Auf dem Friedhof erscheinen sie hauptsächlich als ➢ *Porträts*, zeigen aber auch figürliche Gestaltungen wie auf der Grabstätte Soltau von Caesar ➢ *Scharf* (𝔼 ❖ H 14, 82–89) oder andere Darstellungen, wie z.B. Schiffsabbildungen auf der Grabstätte Grell (𝔼 ❖ T 3, 173–176).

Remembrance Day. Auch »Armistice Day« genannt, bezeichnet der R.D. den am 11.11. jeden Jahres in Großbritannien begangenen Volkstrauertag. Erstmals gefeiert wurde er 1919, dem ersten Jahrestag des Waffenstillstandsabkommens mit Deutschland am 11.11.1918.

Retiradengebäude. In ein R. zieht man sich zurück (= retirieren), und zwar zur Benutzung der Toilette. Diese vornehme Bez. für öffentliche Toilettengebäude auf dem Friedhof stammt aus den Anfangstagen des Friedhofs im letzten Drittel des 19. Jh. (s.a. ➢ *Informationshaus*, ➢ *Museum Friedhof Ohlsdorf*).

Revier Blutbuche s. Ehrenanlage der ➢ *Polizei*

Revolutionsgefallene 1918 bis 1920. In zahlreichen bewaffneten Auseinandersetzungen zwischen der Arbeiterschaft und den Ordnungsmächten waren seit der Novemberrevolution 1918, im ➢ *Sülzeskandal* 1919 und bis zum Kapp-Putsch im März 1920 in Hamburg insgesamt 73 Tote zu beklagen. Die Idee eines ➢ *Denkmals* wurde erstmals 1919 in Erwägung gezogen. Da letztlich nicht genau festzustellen war, ob unter den Opfern nicht auch Täter gewesen waren, einigte man sich auf »eine würdige Ehrung der für die Allgemeinheit gefallenen und umgekommenen Mitbürger«. 1922 versuchten unbekannte Täter zwei Sprengstoffanschläge auf das Denkmal. 1933 ließen es die Nazis abbauen, es wurde sorgfätig eingelagert. 1945 veranlasste der Senat die Wiederaufstellung. Der Entwurf des Denkmals (zwei Säulen mit ovalem Querschnitt auf gemeinsamem Stylobat) stammt von Fritz ➢ *Schumacher*. ♿ 𝔼 ❖ L 5, gegenüber dem Museum

Statt das Denkmal für die Revolutionsgefallenen einfach abzureißen, ließ es die Friedhofsverwaltung sorgfältig abbauen und einlagern – ein Beispiel dafür, dass nach 1933 auf dem Friedhof nicht alles Verwaltungshandeln im Zeichen vorauseilenden NS-Gehorsams stand

Rhododendron. Immergrüner Groß-
strauch, der zur Sehenswürdigkeit wird,
wenn er Ende Mai/Anfang Juni in Über-
fülle zu blühen beginnt. Auf dem Friedhof gedeiht überwiegend die Kultur-
form R. catawbiense »Grandiflorum«.
Die im Nordosten der USA beheimatete
Urform wurde im 19. Jh. über England
nach Norddeutschland eingeführt und
1884 erstmals auf dem Friedhof ange-
pflanzt. Der starken Rückschnitt ver-
tragende R. ist anspruchslos und daher
überall auf dem Friedhof anzutreffen.
Allerdings wird der raumgreifende Bestand aus gartendenkmalpflegerischer
und ökologischer Sicht als bedenklich
eingeschätzt, da er das urspr. und zeittypische Vegetationsbild des Friedhofs zurückgedrängt und zugleich der
➤ *Tier- und Pflanzenwelt* vermehrt den
Lebensraum nimmt.

Rogge, Lola (geb. 20.3.1908 Altona,
gest. 13.1.1990 Hamburg), Tänzerin und
Tanzpädagogin. L. gründete 1927 die
nach ihr benannte Lola-Rogge-Schule,
die sie bis 1977 leitete. Sie schuf damit die Basis für den heutigen Beruf
der Lehrerin/des Lehrers für Tanz und
tänzerische Gymnastik. ⬛❖ O-P 27,
➤ *Garten der Frauen*

Rosengarten. Die Schmuckanlage
wurde im historisierenden Stil zusammen mit dem ➤ *Südteich* in Vorbereitung auf die ➤ *Allgemeine Gartenbauausstellung 1897* angelegt. Er ist damals
»mit alten Rosensorten, wie sie zur Zeit
der Griechen und Römer und in den
Klöstern des Mittelalters gepflegt worden sind«, bepflanzt worden. Aufstellung des ➤ *Cordesdenkmals* 1920.
Der R. wurde nach historischem Vorbild 1997 in urspr. Gestalt wiederher-

gestellt. Der Pflanzenbestand dokumentiert nunmehr die Entwicklung
der Gartenrosen in Europa in Form
einer Rosenuhr. Die älteste Rosensorte
ist hier die ➤ *Heilige Rose*. Von der Bedeutung des Namens ➤ *Linne* könnte
die Sorte ➤ *Gartendirektor Otto Linne*
eine Ergänzung im R. werden. Der R.
ist Teil des ➤ *Naturlehrpfades*. ❖ J-K
9-10, hinter dem Südteich

Rosenweg heißt der fast 600 m lange
von der ➤ *Kapelle 4* in nördl. Richtung
führende Hauptweg, der seinen Namen
den hier einst in vermutlich dekorativ

großer Anzahl gepflanzten Rosen verdankt. ❖ G–S 12

Ruben, Emmy (geb. 7.2.1875 Hamburg, gest. 4.6.1955 ebd.), Mäzenin. R. setzte nach dem Tod ihres Mannes dessen Mäzenatentum fort und kaufte während der NS-Diktatur als »entartet« bezeichnete Kunst an. Sie schenkte ihre Sammlung 1948 der Hamburger Kunsthalle. **Ens** ❖ O–P 27, ➢ *Garten der Frauen*, ➢ *Findling*

Ruete, Emily (geb. Sayyida Salme, Prinzessin von Oman und Sansibar, geb. 30.8.1844 Sansibar, gest. 29.2.1924 Jena). R. flüchtete mit dem Kaufmann Rudolf Heinrich Ruete aus ihrer Heimat, heiratete ihn und brachte drei Kinder zur Welt. Nach dem frühen Tod ihres Mannes wurde sie mittellos und verdiente sich ihren Lebensunterhalt als Arabischlehrerin. Später veröffentlichte sie ihre Memoiren. ❖ U 27,78–79, Grabmal mit arabischen Schriftzeichen

Ruhewald ➢ *Ohlsdorfer Ruhewald*

Ruhezeit. Die R. beträgt gemäß ➢ *Bestattungsgesetz* für alle Friedhöfe in Hamburg 25 Jahre. In dieser Zeit haben sich erfahrungsgemäß fast alle Überreste einer Leiche zersetzt. Danach können in derselben ➢ *Gruft* erneut ein Sarg oder eine Urne beigesetzt werden. Bei ➢ *Wahlgrabstätten* kann die Nutzung der ➢ Grabstätte über die R. hinaus verlängert werden, bei ➢ *Reihengrabstätten* nicht (➢ *Grabnutzung*).

Runge, Philipp Otto (geb. 23.7.1777 Wolgast, gest. 2.12.1810 Hamburg), Maler. Während seines Studiums in Kopenhagen und Dresden kam R.

in Kontakt zu Vertretern der romantischen Kunst. Seit 1804 in Hamburg, opponierte er hier gegen die akademische Malerei. Neben Caspar David Friedrich zählt R. zu den bedeutendsten Malern der norddt. Romantik. Vor allem als Porträtist von Kindern ist er hervorzuheben (»Die Hülsenbeckschen Kinder«, 1806). Er schuf das erste dreidimensionale Farbsystem. R.s Landschaften und sein Konzept, die gesamte Umgebung des Menschen künstlerisch zu gestalten, machten ihn zum Vorbereiter des ➢ *Gesamtkunstwerks*. 🖸 ❖ P 6, ➢ *Althamburgischer Gedächtnisfriedhof*, Grab 15, ➢ *Stele* mit Künstlerporträt aus den 1960er Jahren

Russische Fremdarbeiterinnen. Im Juni 1944 wurden am östl. Rand des Friedhofs 140 junge Russinnen begraben. Sie waren Zwangsarbeiterinnen im Valvo-Werk an der Stresemannstraße in Hamburg-Eimsbüttel. Bei Luftangriffen

Die Stele des Malers Otto Runge schuf der Bildhauer Egon Lissow (1926–1990), damaliger Leiter des Friedhofskulturdienstes

standen ihnen grundsätzlich keine si-
cheren Bunkerplätze zu. Die Frauen
waren vollkommen schutzlos, als der
ihnen zugewiesene unbedeckte Split-
tergraben einen Bombentreffer erhielt,
und kamen alle ums Leben. Vor dem
schlichten Gedenkstein sind ihre Namen und Lebensdaten auf ➢ *Kissen-*
steinen genannt. Die ➢ *Gemeinschafts-*
grabstätte ist Teil der weitläufigen Grabanlage der ➢ *Opfer verschiedener Na-*
tionen. † ❖ Bp 73, Hinweisschilder an
der ➢ *Sorbusallee* und Eichenallee

Sargträger in der
Tracht der Reiten-
diener

Ruths, Amalie (geb. 28.4.1871 Hamburg, gest. 3.4.1956 ebd.), Malerin. Die
Nichte des Landschaftsmalers Valentin
➢ *Ruths* legte 1889 ihr Examen als Zei-
chenlehrerin an der Gewerbeschule für
Mädchen ab und bildete sich im Ausland weiter. Zurück in Hamburg, spe-
zialisierte sie sich auf Landschaftsbilder
ihrer norddt. Heimat. Ⓔ ❖ K 5, 86–95,
➢ *Findling*

Ruths, Valentin (geb. 6.3.1825 Hamburg, gest. 17.1.1905 ebd.), Maler. Nach
einer kaufmännischen Lehre entwickelte R. sein zeichnerisches Talent beim
Lithographen Carl Friedrich Emil Beer
weiter und fand den Weg zur Land-
schaftsmalerei. Das Stipendium für seine Ausbildung an der Düsseldorfer Akademie gewann er 1848 mit seinem ersten
Ölbild »Das ehemalige Blockhaus im
Hamburger Hafen«. Seit 1857 wieder
in Hamburg, wurde R. mit Aufträgen
überhäuft. Seine stimmungsvollen Gemälde zeichnen sich durch plastische
Zeichnung und kräftige Farben aus. Ⓔ
Ⓖ ❖ K 5, 86–95, ➢ *Findling*

Säkularisierung ➢ *Kommunalisie-*
rung

Sargbestattung. Die S. ist die Erdbestattung eines Toten im Sarg und ist
in der christl.-abendländischen Kultur
seit dem 13. Jh. üblich. Seit dem 19. Jh.
fanden keine Bestattungen mehr ohne
Sarg statt.

Sargträger sind in Hamburg in Trä-
gerdiensten organisiert. Sie bieten ihre
Dienste den Bestattungsunternehmen
an, die über keine eigenen Träger ver-
fügen. Das Tragen des Sarges von der
➢ *Kapelle* zum Grab ist seit langem
nicht mehr üblich, ein Rollwagen ist
nunmehr zum Transport des Sarges auf
dem Friedhof behilflich. Auffallend ist
die auch im ➢ *Museum Friedhof Ohls-*
dorf ausgestellte Tracht der S., deren
Ursprung in der jahrhundertealten Be-
kleidung der ehem. ➢ *Reitendiener* zu
finden ist: schwarzer Samtrock, weiße
Halskrause, schwarze Kniehose, Drei-
spitz auf dem Kopf und einen Kava-
lierdegen an der Seite.

Sarkophag. Auf griech. *sarko phage-*
in (= fleischverzehrend) zurückgehend,
wurde mit diesem Namen im antiken
Griechenland eine Steinart bezeichnet,

Dem beharrlichen Einsatz von Friedhofsmitarbeitern ist es zu verdanken, dass die ehemalige Säulenhalle Rolfing (nunmehr Nugent) vor dem Abriss verschont blieb

die bei der Verwendung zum Bau eines Sarges angeblich besonders schnell zur ➤ *Verwesung* der Toten führte. Der Name ging später auf alle monumentalen Särge über, die offen in ➤ *Grüften,* ➤ *Mausoleen* oder Grabkammern aufgestellt sind. In mehreren Mausoleen stehen S. frei und offen sichtbar, so im ➤ *Mausoleum Ohlendorff, Heinrich Freiherr von.* E ❖ AA 21–22

Säule. Runde oder vieleckige Stütze in der Architektur. Als eigenständiges Grabmal erscheint sie meist in abgebrochener Form und soll so darauf hinweisen, dass etwas unvollendet geblieben oder verloren gegangen ist. Diese S. symbolisiert überdies den Tod als Ende des Sicht- und Fassbaren, häufig bezeichnet sie auch den als zu früh empfundenen Tod eines jungen Menschen. Abgebrochene S. können für sich allein auf einen Sockel gestellt sein (Grabmal Mählmann im ➤ *Heckengartenmuseum),* auf deren Bruchstelle ein Totenschädel liegt, oder von einer Plastik begleitet werden (Grabstätte Reimers, E ❖ U 7, 248–262, mit stehendem Putto am Sockel). Mehrfach kommen sie als

Die weiße Terrakottaplastik, auf abgebrochener Säule sich stützende Frau, war Ende des 19. Jh. ein beliebter Grabschmuck der Firma Villeroy und Boch, hier Grabstätte Köhler (❖ S 4/T 4, an der Talstraße)

Stütze für die Figur der ➤ *Trauernden* aus Terrakotta vor. Ungewöhnlich ist die ➤ *Hudtwalkersäule,* die eine besondere Verbindung zum englischen Landschaftsgarten hat. Die Beziehung der abgebrochenen S. zur Natur wird u.a. darin erkennbar, dass auch abgebrochene Baumstämme aus Stein als Grabmal auftreten (Grabstätte Kerber, E ❖ AB 29, 93–99). Lit. *Kändler*

Säulenhalle Nugent, ehem. Rolfing, ➤ *Patenschaft* seit 1998. Die S. war 1890 die erste »auf Friedhofsdauer« überlassene ➤ *Grabstätte.* Acht toskanische Säulen und die geschlossene Rückwand tragen eine antikisierende Dachkonstruktion. Darunter steht auf einem Postament ein aus der Wolke herabsteigender mamorner Engel. Seit 1999 sind unter dem Fußboden zusätzlich fünf Grüfte ausgemauert worden. E ❖ T 22, an der Straße

Schadwild. Bez. für wild lebende Tiere, die bei massenhaftem Vorkommen und/oder ungewöhnlichem Verhalten Hab und Gut des Menschen gefährden. Auf dem Friedhof gehören Wildkaninchen und Steinmarder zum S., in Sonderfällen auch Elstern, Enten, Gänse, Rabenkrähen und Rehe. Sie werden von einem ➤ *Stadtjäger* bejagt.

Scharff, Cäsar (geb. 22.10.1864 Rahlstedt, gest. 21.10.1902 Hamburg), Bildhauer. S. widmete sich bei seiner Grabmalkunst intensiv dem Flachrelief und gab um 1900 die Schrift »Der Hamburger Friedhof und sein plastischer Grabschmuck« heraus. Er arbeitete eng mit Friedhofsdirektor Wilhelm ➤ *Cordes* zusammen. Bei der Grabmalinventarisation von 1985 (s. ➤ *Forschungsprojekt)*

Die ältere der beiden gleichnamigen Skulpturen »Das Schicksal« steht auf der Grabstätte Cohen

kannt geworden durch seine Rollen im Hamburger Ohnsorg-Theater, war er zeitweilig auch Geschäftsführer des Theaters. S. wirkte auch in drei dt. Spielfilmen und einigen Fernsehproduktionen mit. Den Künstlernamen S. nahm Walter Voscherau nach 1945 an, als die Brüder Carl und Walter sich beide hauptberuflich der Schauspielerei im Ohnsorg-Theater zuwandten. ⓞ ❖ AC 5, 18, lgd. Platte am Fuß des Hügels

Schicksal, Das. Marmorskulptur im ➤ *Jugendstil* von Hugo Lederer 1905 geschaffen. Sie ist kein Grabmal und stand einst im Garten der Familie Eduard ➤ *Lippert* in Harvestehude und wurde 1956 der Stadt Hamburg geschenkt. »Die grausame Gräfin«, so auch benannt, zerrt die am Boden liegenden Körper zweier junger Menschen an den Haaren vorwärts. D.S. ist ein beliebtes Fotomotiv (Ⓔ ❖ AH 18 direkt an der Straße). Eine zweite,

konnten noch zwölf seiner Werke aufgefunden werden. Ⓔ ⓞ ❖ H 11, 174–176, kleines rotes Grabmal

Scharff, Edwin (geb. 21.3.1887 Neu-Ulm, gest. 18.5.1955 Hamburg), Bildhauer. Nach dem Studium arbeitete S. zunächst als Radierer und Maler. Nach einem Parisaufenthalt wandte er sich der Bildhauerei zu. Sein erstes Werk »Der junge Athlet« von 1913 aus Bronze steht heute im Hof des Edwin-Scharff-Museums in Neu-Ulm. 1923 erhielt er einen Lehrauftrag an der Hochschule für bildende Künste in Berlin, wurde 1931 Mitglied der Preußischen Akademie der Künste und am Beginn der NS-Diktatur 1933 nach Düsseldorf zwangsversetzt. Später erhielt er Berufsverbot. Ab 1946 unterrichtete S. an der Landeskunstschule Hamburg. Kurz vor seinem Tod erhielt der Hamburger Kunstpreis seinen Namen. Ⓔ ⓞ ❖ Bv 60, 189–190, lgd. ➤ *Kruxifix*

Hugo Lederers 1905 geschaffene Skulptur »Das Schicksal« wurde bei Kapelle 7 im Bereich des Mausoleumsensembles mehrfach umgesetzt

Scherau, Walter (eigtl. Walter Voscherau, geb. 10.1.1903 Hamburg, gest. 12.5.1962 ebd.), Volksschauspieler. Be-

Das Denkmal für die Schiffsoffiziere hat keinen Bezug zu einer Grabstätte. Es ist ein Beispiel für maritimes Gedenken auf dem Friedhof

vom selben Künstler 1901–04 gefertigte Figurengruppe mit dem gleichen Namen ist auf der Grabstätte Cohen aufgestellt: Eine kolossale Frau steht hinter einem Mann, der sich ans Herz greift und hinüberblickt zu einer sitzenden Knabengestalt. **E** ❖ O 12, 45–48 (...)/P 12, 228–229 (...)

Schiffsoffiziere der Handelsmarine. ➤ *Denkmal* für im Ersten Weltkrieg und in amerikanischen Internierungslagern verstorbenen Schiffsoffiziere der deutschen Handelsmarine und Besatzungsmitglieder hamburgischer Schiffe. Initiiert 1919 durch eine Spendensammlung von Internierten des Lagers Fort Orglethorpe/Georgia, eingeweiht 1920. Einer Pietà gleich umhüllt die von Arthur Bock entworfene trauernde »Mutter Erde« den heimgekehrten, aber toten Sohn. Bronzetafeln nennen die Namen der Verstorbenen und die Länder, in denen sie ums Leben kamen. **E** ❖ V 7, nahe der ➤ *Nebenallee*

Schlichting, Hedwig von (geb. 29.10.1861 Berlin, gest. 14.11.1924 Hamburg), Krankenschwester und Oberin, Gründerin des ➤ *Schwestern-Vereins der Allgemeinen Staatskrankenanstalten*. S. baute ab 1894 ihren Schwesternverband am Allgemeinen Krankenhaus Eppendorf auf. Im Kompetenzstreit mit dem Direktor trat dieser 1901 zurück. Bald darauf übernahm sie das Präsidium des Verbandes Deutscher Schwestern-Vereine. ❖ O–P 27, ➤ *Garten der Frauen*

Schlosserinnung. Ehem. ➤ *Genossenschaftsgrabstätte* der Sterbekasse der S., letzte Beisetzung 1947. Das schmiedeeiserne Eingangstor und das Grabmal mit obeliskartiger Bekrönung stammen aus den Jahren 1900 und 1904 und wurden von Fritz Schmidt bzw. Eduard Schmidt gearbeitet. Die Firma Schmidt war eine bekannte Kunstschlosserei, die auch die ➤ *Einfriedung* des Friedhofs gefertigt

Beispiele für gelungene handwerkliche Leistungen und die Beschäftigung mit dem Thema Schmetterling in der modernen Grabmalgestaltung. Voraussetzung dazu war eine Grabmalvorschrift des Friedhofs

hatte. Mit Unterstützung von »Jugend in Arbeit e.V.« wurde im Rahmen einer Arbeitsbeschaffungsmaßnahme das Tor 1988 vom Kunstschmied Michael Gehringer restauriert. Das ➢ *Grabfeld* wird seit 1975 für Urnenbeisetzungen mit gemeinsamen Grabmalen genutzt. Ⓔ ❖ D 14–15

Schmetterlingsgarten ➢ *Schmetterlingsgrabstätte*

Schmetterlingsgrabstätte. ➢ *Gemeinschaftsgrabstätte* für ➢ *Sarg-* und ➢ *Urnenbeisetzungen*. Jedes aufzustel-

lende Grabmal muss mit einem Schmetterlingsmotiv geschmückt sein. Die Umpflanzung besteht aus Schmetterlingssträuchern, die die Falter im Sommer anlocken. Der Schmetterling ist ein traditionelles Auferstehungssymbol: Die sich verpuppende Raupe verfällt in ihrem Kokon, der als Sarg gedeutet wird, in einen todesähnlichen Schlaf, aus dem sie als Schmetterling aufersteht (❖ AE 46, nahe ➢ *Inselteich* und ➢ *Prökelmoor*). Seit Herbst 2006 besteht mit dem Schmetterlingsgarten eine weitere ➢ *Gemeinschaftsgrabstätte* mit dem Thema Schmetterling (❖ Bn 71, hinter Kapelle 13).

Schmiedeeisen ➢ *Eisen* ➢ *Schlosserinnung*

Schönfelder, Adolph (geb. 5.4.1875 Hamburg, gest. 3.5.1966 ebd.), Zimmermann, Bürgerschaftspräsident. S. trat 1902 der SPD bei und blieb bis 1933 politisch tätig u.a. als Polizeisenator. Unter Rudolf ➢ *Petersen* wurde er 1945 Zweiter Bürgermeister und war maßgeblich am Aufbau der hamburgischen Verwaltung nach dem Zweiten Weltkrieg beteiligt. S. trug zudem zur Prägung des politischen Lebens der jungen Bundesrepublik bei und wurde 1950 Hamburger Ehrenbürger. ♔ ❖ AA 15, 59–60, am Nordteich, schlanke ➢ *Stele*

Schramm, Percy Ernst (geb. 14.10.1894 Hamburg, gest. 12.11.1970 Göttingen), Historiker. S. erhielt 1929 einen Ruf auf die Professur für Mittlere und Neuere Geschichte an der Universität Göttingen. Er verfasste u.a. wichtige, teilweise auf das eigene Familienarchiv gestützte Werke zur Geschichte Hamburgs, darunter das zweibändige, 1963/64 erschienene »Neun Generationen. Dreihundert Jahre deutscher Kulturgeschichte im Lichte der Schicksale einer Hamburger Bürgerfamilie (1648–1948)«. ▣ ⓞ̈ ❖ S 23, 63–72, lgd. Platte

Schröder, Friedrich Ludwig (geb. 3.11.1744 Schwerin, gest. 3.9.1816 Rellingen), Schauspieler und Theaterdirektor. Schon als Kind spielte S. Theater und zog mit der Ackermanschen Gesellschaft durch Deutschland, bis die Truppe 1765 nach Hamburg verpflichtet wurde. Er hatte seine Bühnenlaufbahn als Komiker und Ballettmeister begonnen und glänzte später in Charakterrollen. 1771–1812 war er mehrmals Direktor des Theaters am Gänsemarkt, zwischenzeitlich auch am Burgtheater in Wien. Der »große Schröder« gehörte zu den bedeutendsten Schauspielern und Intendanten seiner Zeit und hatte großen Anteil an Erstaufführungen von Werken Shakespeares in Deutschland. S. war Freimaurer und trug zur Erneuerung der Logen bei. ▣ ⓞ̈ ❖ P 6, ➤ *Althamburgischer Gedächtnisfriedhof* Grab 14, lgd. Platte

Schumacher, Fritz (geb. 4.11.1869 Bremen, gest. 5.11.1947 Hamburg), Architekt und Stadtplaner. S. lehrte ab 1901 an der Technischen Hochschule Dresden und entwarf 1908–11 mit dem dortigen Krematorium Tolkewitz ein frühes Beispiel seiner sich vom ➤ *Historismus* lösenden Reformarchitektur. 1909–33 war er in Hamburg als Bau-, ab 1923 als Oberbaudirektor tätig und 1920–23 als Stadtplaner in Köln beschäftigt, wo ihm für seine Entwürfe zur Grünplanung der Dr. med. h.c. verliehen wurde. S. entwarf zahlreiche Hamburger Einzelbauten, Siedlungs-

komplexe und weitere Anlagen in der für ihn typischen Klinkerbauweise. 1927–29 organisierte er den Bau der Jarrestadt, entwarf das ➤ *Neue Krematorium* (1930–33) und die ➤ *Kapelle 13*. S. wirkte maßgeblich bei der Gestaltung des Winterhuder Stadtparks mit. 1933 wurde er von den Nationalsozialisten aus dem Dienst entlassen. ▣ ⓞ̈ ❖ P 6, ➤ *Althamburgischer Gedächtnisfriedhof*, Grab 25, lgd. Platte

Schweizer Begräbnisstätte. ➤ *Genossenschaftsgrabstätte* mit 148 ➤ *Grabstellen* der 1899 gegründeten Schweize-

Bronzerelief auf dem Gedenkstein: Der Knabe im Bug verkündet mit einem Alphorn die Ankunft der im Kahn aufgebahrten Verstorbenen, im Hintergrund die Friedhofskapelle

rischen Beerdigungskasse für Angehörige der Schweizer Kolonie in Hamburg. Der Gedenkstein mit der Inschrift »Fern der Heimat« und dem Bronzerelief einer »letzten Fahrt« über den Vierwaldstätter See in die endgültige Heimat ist eine Arbeit von Xaver ➤ *Arnold.* Die Grabmale nennen außer Namen und Lebensdaten meist auch den heimatlichen Herkunftsort. ❖ L 14–15, schmiedeeisernes Hinweisschild.

Schwen'sches Bauernhaus ➤ *Erste Friedhofskapelle*

Schwestern des Albertinen-Hauses ➤ *Diakonissenhaus*

Schwestern des Diakonissenhauses Bethanien ➤ *Diakonissenhaus*

Schwestern des Diakonissenhauses Jerusalem ➤ *Diakonissenhaus*

Schwestern des Marienkrankenhauses ➤ *Katholische Grabfelder*

Schwestern vom Rothen Kreuz vom Vereinshospital. ➤ *Genossenschaftsgrabstätte* mit einer Granitstele und dem Zeichen des Roten Kreuzes von 1897, 𝐄 ❖ L 14 (s. ➤ *Schwesternschaft DRK Hamburg e.V*)

Schwesternschaft der Freien und Hansestadt Hamburg. ➤ *Genossenschaftsgrabstätte* des städtischen Schwesternvereins von 1946. 𝐄 ❖ J 17

Schwesternschaft DRK Hamburg e.V. 1868/69 gründete Minna Plambeck den »Vaterländischen Frauen-Hülfsverein zu Hamburg« und Helene Donner ein Altonaer Pendant. Zwei Jahre später vereinigten sie ihre Institutionen zur ersten Rotkreuz-Schwesternschaft der Stadt. Fünf Frauen wurden ausgebildet und als Hauskrankenpflegerinnen eingesetzt. 1876 konnte am Schlump ein eigenes Vereinshospital mit zunächst 50 Betten errichtet werden, zu dem auch ein Schwesternhaus gehörte. Eine erste ➤ *Genossenschaftsgrabstätte* für die Schwestern wurde 1897 eingerichtet (➤ *Schwestern vom Rothen Kreuz vom Vereinshospital).* Als sich 1958 die beiden Schwesternschaften vom »Schlump« und vom »Helenenstift« zusammenschlossen, wurde eine neue Grabstätte erworben und mit einem hohen schlanken ➤ *Kreuz* besetzt. 𝐄 ❖ H 22–23.

Schwesternschaft in den Alsterdorfer Anstalten. 1941 für Pflegerinnen der ➤ *Ev. Stiftung Alsterdorfer Anstalten* eingerichtete ➤ *Genossenschaftsgrabstätte* mit kreuzförmiger ➤ *Stele.* 𝐄 ❖ Z 17-19

Schwestern-Verein Hamburger Staatskrankenanstalten. 1896 eingerichtete ➤ *Genossenschaftsgrabstätte* des von Hedwig von ➤ *Schlichting* aufgebauten Schwestern-Vereins. 𝐄 ❖ M 21, felsartig behauener roter Sandsteinblock, in der Nische eine bronzene Schrifttafel

Seemannsfriedhof. 1923 auf Initiative der Deutschen Seemannsmission in Zusammenarbeit mit dem Verband Deutscher Reeder und dem Verein Hamburger Rehder angelegte ➤ *Gemeinschaftsgrabstätte,* »um den heimatlosen, in Krankenhäusern Hamburgs verstorbenen deutschen Seeleuten eine würdige letzte Ruhestätte zu verschaffen«. 280 kleine, mit symbolischen Ankermotiven und nicht immer mit den Lebensdaten versehene Sandsteinstelen verweisen auf die Gräber. Bemerkenswert ist das Doppelgrabmal für den Seemanns-Diakon Friedrich Schlage (»Vater Schlage«) und seine Frau. Der große Stockanker und das hölzerne Hochkreuz am Zugang stehen dort seit 1936. ❖ Bi 58, ab ➤ *Kapelle 12,* Hinweisschilder

Siemers, Edmund (geb. 12.3.1840 Hamburg, gest. 20.11.1918 ebd.), Kaufmann und Reeder. Seine bereits vom Großvater begründete Firma gehörte zu den ersten Hamburger Petroleumimportgeschäften. Sie unterhielt ab 1887 eigene Tankdampfer und handelte später auch mit Salpeter. S. war Mitglied der Hamburgischen Bürgerschaft, stiftete die Lungenheilstätte Edmundsthal-Siemerswalde bei Geesthacht und für das damalige Allgemeine Vorlesungswesen das heutige Hauptgebäude der Universität Hamburg an der Edmund-Siemers-Allee. Ⓔ ⓞ̈ ❖ AD 14, 174–191, Grabmalwand

Sieveking, Johanna (geb. Reimarus, geb. 20.11.1760 Hamburg, gest. 12.6.1832 ebd.), Kaufmannsgattin. S. war die Frau des Kaufmanns Georg Heinrich Sieveking und galt als geschätzte Gastgeberin und Mittelpunkt auf dem Sieveking'schen Landsitz in Neumühlen. ⓞ̈ ❖ P 6, ➤ *Althamburgischer Gedächtnisfriedhof,* Grab 54; ehem. Grabmal: Ⓔ ❖ S 25, 1–10, Grabstätte Sieveking

Simon, Anna (geb. 3.8.1892 Hamburg, gest. 16.12.1964 ebd.), Theaterdirektorin. S. übernahm nach dem Tod

ihres Mannes Siegfried das St.-Pauli-Theater und führte es bis zu ihrem Tod als erfolgreiche niederdt. Boulevardbühne fort. Ⓔ ⓞ̈ ❖ Z 10, 118–123

Stockanker und Hochkreuz machen schon von weitem auf den sonst unauffälligen Seemannsfriedhof aufmerksam

Singvögel ➤ *Vogelarten*

Soldatenfriedhöfe ➤ *Britische Soldatengräber Erster/Zweiter Weltkrieg,* ➤ *Deutsche Soldatengräber Erster/*

Zweiter Weltkrieg, ➤ *Finnische Soldatengräber Erster Weltkrieg*, ➤ *Französische Soldatengräber Erster Weltkrieg*, ➤ *Gräber der Opfer von Krieg und Gewaltherrschaft*, ➤ *Sowjetrussische Soldatengräber*

Sorbusallee. 700 m lange Straße zum Ausgang Bramfeld, 1989/99 neu bepflanzt als Allee mit hochstämmigen Mehlbeeren der Art »Sorbus aria«.

Sowjetrussische Soldatengräber. ➤ *Gräber der Opfer von Krieg und Gewaltherrschaft* für 384 sowjetische Soldaten, die in den Jahren 1941 bis 1945 in verschiedenen Hamburger Arbeitslagern Zwangsarbeit leisten mussten. Viele Leichen kamen zunächst zur Untersuchung in das Pathologische Institut des Reservelazaretts V nach Wandsbek, wo im Rahmen von Hungerversuchen mit tödlichem Ausgang auch sowjetische Kriegsgefangene ermordet wurden. † ❖ AD 38, Hinweis an der Linnestraße

Sozialbestattung. Bestattung für mittellos Verstorbene, in der Regel in einer ➤ *Reihengrabstätte*. Die Kosten der Grabüberlassung, der Bestattung und eines Grabmals, des ➤ Sozialkissens, trägt die Behörde für Soziales, Familie, Gesundheit und Verbraucherschutz.

Sozialkissen. Interne Friedhofsbezeichnung für das bei ➤ *Sozialbestattungen* übliche Grabmal: lgd. Natursteinplatte in den Maßen 20 x 40 cm und einer Namensinschrift.

Speckter, Otto (geb. 9.11.1807 Hamburg, gest. 29.4.1871 ebd.), Zeichner und Radierer. S. entstammte einer Künstlerfamilie, war 1832 Mitbegründer des Hamburger Künstlervereins und arbeitete zunächst als Steindrucker im väterlichen Betrieb. Große Anerkennung erwarb er sich durch Buchillustrationen, z.b. 1832 für die »Fünfzig Fabeln für Kinder«. Ⓔ ⓞ ❖ X 21, 134–141, breites Grabmal

St. Michaelis, Ruhestätte von Gebeinen. Beim Wiederaufbau der 1906 abgebrannten Michaeliskirche entdeckte man in den Umgängen unter dem Turm und den Portalen zahlreiche dicht gedrängt gestapelte Särge. Die Gebeine von etwa 1000 Angehörigen von Bruderschaften und weitere aus den durch Löschwasser beeinträchtigten ➤ *Grüften* des Gewölbes wurden zum Friedhof Ohlsdorf umgebettet. Ⓔ ❖ D 16, hohes dunkles ➤ *Kreuz* auf felsartigem Sockel mit Hinweis auf das Ereignis, von der Straße 40 m westwärts, rechts

St.-Michaelis-Gemeinschaftsgrabstätte. 1998 mit 16 Erd- und 48 Urnengrabstätten in ➤ *Patenschaft* genommene ➤ *Gemeinschaftsgrabstätte* für Mitglieder des gleichnamigen Vereins. Es haben sich dort Gemeindemitglieder zusammengefunden, die nicht nur zu Lebzeiten, sondern auch im Tod beieinander sein möchten. Ehem. Grabstätte Döhner, mächtiges Hochkreuz auf neobarockem Sockel. Ⓔ ❖ S 7

Staatsarchiv Hamburg. Zur Thematik Friedhofswesen und Ohlsdorfer Friedhof sind im Staatsarchiv der Freien und Hansestadt Hamburg in Wandsbek insbesondere Akten in folgenden Beständen verwahrt: Friedhofsverwaltung 325-1 / Senat CL VII Lb No 4 und Friedhofsdeputation 311-2 IV Bd. 31. Die Be-

Nach einem Entwurf von Friedrich Küsthardt führte Paul von Rinckleben den Engel für die Bekrönung des Grabmals Stahmer aus. Auf dem Bild links ist zu sehen, dass die Tonfigur erst nach einem Aktmodell gefertigt und dann mit Kleidern modeliert wurde. Rechts der fertig in Kupfer getriebene Engel

standsauflistung der Inhalte kann im ➤ *Archiv* eingesehen werden.

Stadtjäger sind ehrenamtliche, mit einer Genehmigung der Behörde für Wirtschaft und Arbeit ausgestattete Jäger und zuständig für die Jagd auf ➤ *Schadwild* in einem befriedeten Gebiet. Sie werden ausgebildet und eingesetzt vom Landesjagd- und Naturschutzverband e.V. mit Zustimmung der Bezirksverwaltungen Hamburgs. Der Friedhof wird als ein Revier geführt. Die Jagd wird außerhalb der Öffnungszeiten von einem ortskundigen Gärtnermeister ausgeübt.

Stahmer, Johann Friedrich Thomas (geb. 4.8.1819 Hamburg, gest. 1.6.1896 ebd.), Senator und Präses der ➤ *Friedhofsdeputation*. Nach längerem Aufenthalt in Havanna kehrte S. im Jahr 1850 nach Hamburg zurück und gründete ein Handelsgeschäft. Er bekleidete viele Ehrenämter, wurde 1875 in den

Senat gewählt und übernahm zunächst den Vorsitz der 2. Sektion der Baudeputation (Hafenerweiterung). Als Mitglied der ➤ *Commission für die Verlegung der Begräbnißplätze* wurde er nach Gründung der ➤ *Friedhofsdepu-*

Das etwa zehn Meter hohe, »siegessäulenartige« und auf einem Hügel stehende Grabmal für Johann Stahmer war bald nach seiner Errichtung 1898 eine Sehenswürdigkeit. Leider engt heute starker Baumwuchs die beabsichtigten Blickbeziehungen ein (historisches Foto)

Über Stufen erreicht man das versteckt liegende Grabmal Stavenhagen, eine gemauerte Stele, darauf ein Bronzemedaillon mit dem Porträt des Dichters

tation 1883 deren Präses. **E** **ö** ❖ AA–AB 12, 34–35, hohes, säulenförmiges Grabmal

Die um die Bodenerhebung und als Kreis gelegten Findlinge lassen die Umrisse der ehemaligen Behausungen erahnen

Stavenhagen, Fritz Ernst August

(geb. 18.9.1876 Hamburg, gest. 9.5.1906 ebd.), Dramatiker und Erzähler. Der Sohn eines Kutschers lernte zunächst Drogist und schlug sich in München und Berlin mit kleinen Beiträgen für Zei-

tungen durch. In Berlin wurde er durch Otto Brahm, den Leiter des Deutschen Theaters, gefördert und 1905 schließlich Dramaturg am Berliner Schillertheater. S.s bedeutendstes Werk, das Theaterstück »Mudder Mews« (1904) wurde mehrfach mit den naturalistischen Dramen von Gerhart Hauptmann verglichen. »De dütsche Michel« (1905), eine niederdt. Bauernkomödie, spielt zur Zeit der Leibeigenschaft in Mecklenburg. S. starb mit 29 Jahren an einem Gallenleiden. **E** **ö** ❖ AC 5, 14, Klinkergrabmal auf dem Hügel

Stein des guten Glücks ➢ *Goethe-Stein*

Steinkreise.

Die S. gehören zu den auf dem Friedhof gefundenen ➢ *prähistorischen Anlagen*. Kreisförmig angeordnete kleine ➢ *Findlinge* lassen die Umrisse ehem. sechs fester Wohnstätten aus der ➢ *Eisenzeit* erkennen. Das Ebenmaß der S. entstand als gärtnerische Anlage erst nach der o.g. Untersuchung. Im weiteren Umfeld wurden bei Erdarbeiten immer wieder ➢ *Urnen* aus der frühen ➢ *Eisenzeit* gefunden. Die S. wurden 1884 von E. Rautenberg (gest. 1913, bestattet am Rand der S.) systematisch untersucht. ❖ T 13, an der Straße

Steinskulptur.

Werk eines Bildhauers, das aus ➢ *Naturstein* geschlagen wird. Auf dem Friedhof befinden sich zahlreiche S. von verschiedenen dt. ➢ *Künstlern*, vermutlich wurden viele Figuren auch aus Italien importiert. Darauf lassen der weiße Carrara-Marmor und die ungewöhnlich feine Ausarbeitung mancher S. schließen sowie die doppelte Ausfertigung einer solchen

Der Sternbrunnen ist der größte Schöpfbrunnen im Linneteil des Friedhofs

S., die sowohl als ➤ *Grabengel* wie als ➤ *Trauernde* vorhanden ist, Grabstätte Weidle-Wulff, ▣ ❖ AE 17, 194–203, und das Grabmal der ehem. Grabstätte Froebel auf der ➤ *Gemeinschaftsgrabstätte* für Kinder. ❖ T 5

Stele ist das griech. Wort für Grabstein oder Grabsäule und bezeichnet aufrecht stehende Steinplatten unterschiedlicher Größe. S. werden häufig auf Sockel gesetzt und teils mit einem giebelartigen Abschluss oder seitlichen Zusätzen versehen.

Sternbrunnen. ➤ *Expressionistisch* gestalteter großer ➤ *Brunnen* aus Sandstein im ➤ *Linneteil* auf sternförmigem Grundriss mit hoher Mittelsäule. ❖ Bl 66–67, im Kreuzungspunkt von Wegen, weithin sichtbar

Stiller Weg. Der S.W. gilt als der schönste Fußweg auf dem Friedhof. Auf einer Länge von etwa einem Kilo-

meter folgt er in etwa der ehem. Grenze zwischen den Gemarkungen Ohlsdorf und Klein Borstel und ist gesäumt von abwechslungsreicher Parklandschaft, Teichen und blumenreichen Wiesen sowie waldartig angelegten Gräbern mit bemerkenswerten Grabmalen. Er beginnt bei der ➤ *Dichterecke* (❖ AB 4) und endet am ➤ *Wasserturm* (❖ N 24) bzw. am Eingang Kornweg (❖ AE 37), denn er gabelt (❖ AB 21) sich kurz vor dem ➤ *Mausoleum Ohlendorff, Heinrich von.*

Stolten, Otto (geb. 5.4.1853 Hamburg, gest. 8.1.1928 ebd.), Journalist und Bürgermeister. S. stammte aus einer kinderreichen Arbeiterfamilie. Als gelernter Schlosser trat er 1874 der SPD bei. Nach nebenberuflichen Tätigkeiten in der Partei und der Metallarbeitergewerkschaft wechselte er zum Journalismus und übernahm 1887 die Chefredaktion des neu gegründeten »Hamburger Echos«. 1901 war er der erste SPD-Abgeordnete in der Hamburgischen Bürgerschaft. Nach dem Krieg übernahm S. im März 1919 das Amt des Zweiten Bürgermeisters. Ihm fiel damit die entscheidende Verantwortung für die demokratische Umgestaltung Hamburgs zu. Der Senat ehrte ihn 1925 mit der Stiftung einer nach ihm benannten Auszeichnung, der Otto-Stolten-Medaille. Sie wird seitdem fast jährlich (ausgenommen 1932-45) an Personen vergeben, die sich durch ihr öffentliches Wirken bleibende Verdienste um Hamburg erworben haben. **E** **ö** ❖ Y 20, 148-153, helles ➤ *expressionistisches Grabmal*

Straßen. Der überwiegende Teil des 17 km langen für die Infrastruktur des Friedhofs unerlässlichen Straßennetzes wurde angelegt, als es noch keine oder nur sehr wenige Kraftfahrzeuge gab. Anfangs waren die S. noch ungenügend befestigt, und das Befahren mit Pferdewagen im Galopp wurde wegen der Staubentwicklung verboten. Eine spätere Befestigung mit Basaltpflaster ist an einigen Abschnitten der nunmehr asphaltierten Fahrbahnen zu erkennen. Obwohl es verboten ist, wird der Friedhof heute häufig für den Durchgangsverkehr genutzt. Grundsätzlich gilt die Straßenverkehrsordnung, Verkehrsschilder befinden sich jedoch nur an den Eingängen. Die zulässige Höchstgeschwindigkeit beträgt 30 km/h. Begegnet man einem Trauerzug, ist das Fahrzeug in angemessener Entfernung anzuhalten und der Motor abzustellen. Die Benennung der S. im ➤ *Cordesteil* richtet sich nach topografischen Gegebenheiten und im ➤ *Linneteil* meist nach der Baumart, mit denen ihre Ränder bepflanzt sind.

Südteich. Der S. wurde 1889 zusammen mit dem ➤ *Rosengarten* als malerische Friedhofslandschaft von Wilhelm ➤ *Cordes* geschaffen. Die Insel konnte früher über Brücken erreicht werden, eine davon ist die schmiedeeiserne, die in den 1950er Jahren nach Westen versetzt wurde. Sie stand ehem. in der Sichtachse ➤ *Cordesbrunnen*–Rosengarten und wurde urspr. für die 1889 in den Wallanlagen ausgerichtete Hamburger Gewerbe- und Industrieausstellung gebaut und anschließend auf den Friedhof gebracht. ❖ L-M 7-10

Sülzeskandal/Sülzeunruhen. Ende Juni 1919 protestierte die hungernde Bevölkerung Hamburgs u.a. vor dem Rathaus gegen den Fleischwarenfabrikanten Heil & Co., der Tierkadaver zu Delikatess-Sülze verarbeitet haben soll. Zum Schutz wurden die in der Arbeiterschaft verhassten Bahrenfelder Jäger und Einheiten der Reichswehr herbei gerufen, und es kam zu Schießereien. Die dabei zu Tode Gekommenen wurden in Ohlsdorf beigesetzt (s.a. ➤ *Revolutionsgefallene 1918-1920*).

Tapeziererverein von 1810 ➤ *Innung Tapeziererverein*

Teiche. Die auf dem Friedhof liegenden T. wurden nach gartenkünstlerischen Gesichtspunkten in natürlichen wasserführenden Senken angelegt. Sie nehmen insgesamt fünf Hektar Fläche ein, gliedern den Friedhof und geben Orientierungshilfe. Ihre Hauptfunktion gilt der Vorflut für Drainagen und Entwässerungen. Darüber hinaus bieten sie wichtige Lebensräume für die ➤ *Tier- und Pflanzenwelt* am und im Wasser (➤ *Naturraum Friedhof*,

➤ *Nordteich*, ➤ *Perlenteiche*, ➤ *Südteich*). Naturnah angelegte T. liegen im ➤ *Cordesteil*, die streng geometrisch geformten im ➤ *Linneteil*: ➤ *Inselkanal*, ➤ *Inselteich*, ➤ *Prökelmoorteich*, ➤ *T-Teich*, ➤ *Z-Teich*. Letztere sind Vorfluter für das im Stadtteil Wellingsbüttel anfallende Regenwasser und wasserrechtlich öffentliche Gewässer II. Ordnung.

Terrakottagrabmal. Im 19. Jh. kam die industrielle Herstellung lebensgroßer Tonfiguren auf. Zu den bekannten Firmen, deren Erzeugnisse auf dem Friedhof aufgestellt wurden, gehörten u.a. die Tonwarenfabrik Ernst March und Söhne in Charlottenburg bei Berlin und die Firma Villeroy & Boch, die 1879 in Merzig ein Werk für dieses Produkt eröffnete. Terrakottafiguren wurden als Bauschmuck und als Grabmalplastiken vertrieben. Sie wurden aus weißem Ton gebrannt, so dass sie äußerlich den teureren Marmorplastiken ähnelten, s. Grabstätten Neumann (E ❖ T 19, 17–18), Schwartau (E ❖ V 14, 103–11) und Hansen (E ❖ R 18, 100–103).

Tesdorpf, Ebba (geb. 23.1.1851 Hamburg, gest. 22.2.1920 Ahrweiler), Malerin und Zeichnerin. T. dokumentierte in vielen Zeichnungen das alte Hamburger Stadtbild während der Abbruchphase der Innenstadtsanierungen seit Ende des 19. Jh. ⓞ ❖ P 6, ➤ *Althamburgischer Gedächtnisfriedhof*, Grab 49

Themengrabstätte ➤ *Gemeinschaftsgrabstätte*

Thielicke, Helmut (geb. 4.12.1908 Barmen, gest. 5.3.1986 Hamburg), Theologe. T. war der erste Lehrstuhlinhaber für systematische Theologie der Universität Hamburg. Mitte der 1950er Jahre entfaltete er als Prediger in der St. Jacobikirche so große Wirkung, dass seine Gottesdienste wegen übergroßen Andrangs in die Große St. Michaeliskirche verlegt wurden. ⓞ ❖ AF 36, 194–195, kleines Steinkreuz

Thürey, Magda (geb. 4.3.1899 Hamburg, gest. 17. 6. 1945 ebd.), Lehrerin und Widerstandskämpferin. Als KPD-Mitglied in der NS-Zeit aus dem Schuldienst entlassen, eröffnete T. mit ihrem Mann, Paul Thürey, in Hamburg-Eppendorf einen Laden, der als Verbindungsstelle für die kommunistische Widerstandsgruppe Bästlein, Jacob und Abshagen diente. 1943 kam sie in Schutzhaft, deren Folgen sie nicht überlebte. ❖ Bn 73, 93, ➤ *Geschwister-Scholl-Stiftung*

Tier- und Pflanzenwelt. Die Vielfalt der Fauna und Flora im ➤ *Naturraum Friedhof*, z.T. erforscht und dokumentiert in ➤ *Biotopkartierungen*, ist groß. Hinweise auf dem ➤ *Naturlehrpfad* und auf speziellen ➤ *Friedhofsführungen* vermitteln einen kleinen Einblick. Kaum bekannt ist die Vielfalt der ➤ *Fledermäuse*, ➤ *Insekten* und der Flechten auf den Grabsteinen sowie Pilze, Moose und Wildkräuter auf den ➤ *Ökoflächen*. In der Regel vollkommen unbeobachtet leben u.a. Fuchs, Gelbhalsmaus, Feldhase, Mauswiesel, Steinmarder, Reh, Uhu und Waldmaus auf dem Friedhof. Für den Besucher unmittelbar wahrzunehmen sind dagegen ➤ *Gehölze*, ➤ *Rhododendron*, der ➤ *Rosengarten* und die vielen verschiedenen ➤ *Vogelarten*.

Tierdarstellungen erscheinen relativ selten in Zusammenhang mit Grabma-

Hier ist kein Hund begraben. Vermutlich war dem Verstorbenen der Hund ein treuer Begleiter

Paar aus der Figurengruppe der Allegorie von »Werden, Sein, Vergehen«, die Arthur Bock 1915 für die Grabstätte Albrecht schuf (❖ N 23/O 23, beim Wasserturm)

Ab den 1920/ 30er Jahren wird der weibliche Körper fast nur noch unverhüllt dargestellt. Kniende Frau, Bronze von Oskar Ulmer, 1933, Grabstätte Burmeister (❖ N 7, 21–30)

len und stehen meist in engem Zusammenhang mit dem Leben der Verstorbenen, wie bei dem bronzenen Löwen auf der ➢ *Grabstätte* ➢ *Hagenbeck* (**E** ❖ AE 15, 43–58). Mehrfach erscheinen Hunde, wie der schlafende Jagdhund, zusammen mit Jagdutensilien auf der Grabstätte Nitzsche (**E** ❖ AF 16, 243–252, von Xaver ➢ *Arnold*). Urspr. nicht für den Friedhof vorgesehen war die Plastik eines stehenden, vom Berliner Bildhauer Louis Tuaillon geschaffenen Hirschen (Grabstätte Brinckmann, **E** ❖ Z 4, 182–195/AA 4, 50).

Todesgenius. Aus dem ➢ *Klassizismus* stammende stehende Grabfigur. Waren Genien in altrömischer Vorstellung »Schutzgeister«, so verkörpert der T. als geflügeltes Wesen auf Friedhöfen seit dem späten 18. Jh. das Sinnbild vom »sanften Tod«. Er erscheint meist als nackter, mit gesenkter Fackel, Kranz u.ä. ausgestatteter Jüngling, so auf dem Friedhof Ohlsdorf auf der Grabstätte

Gätcke, ❖ G 10, 216–225, Jüngling mit Fackel und Eichenlaubkranz (s.a. ➢ *Trauernde*).

Totengräber ➢ *Kuhlengräber*

Totenladen lautete der in Hamburg gebräuchliche Name für gemeinschaftliche Sterbekassen, in die alle Mitglieder Geld legten, um daraus das gemeinsame Grab sowie Totenmessen und Armenspeisungen zu begleichen. Gleichzeitig war man zu bestimmten Dienstleistungen im Todesfall eines Mitglieds verpflichtet, wie dem Tragen des Sarges, der Begleitung zum Kirchhof und dem gemeinsamen Gebet für die arme Seele. Mit den ➢ *Genossenschaftsgrabstätten* sind Grabstätten von T. erhalten geblieben. Im ➢ *Ämtersteinmuseum* stehen Grabmale ehem. T.

Trauernde. Aus dem ➢ *Klassizismus* stammende weibliche Grabfigur, die als Verkörperung des »sanften Todes« in

Links: Detail einer dünnbekleideten Trauernden, kniend auf einem tumbaähnlichen Postament, 1928 von Richard Kuöhl, Grabstätte Köser (❖ O 11, 99–106)

Trauernde mit Mohnstrauß im Arm vor hoher Marmorstele auf der Grabstätte Uhlmann von 1906 (❖ Z 25, 41–52)

charakteristischer, auf die Tradition antiker Trauergestik zurückgreifende Gestalt erscheint (s.a. ➢ *Todesgenius*). Es gibt zahlreiche Varianten: stehend, gebückt, sitzend oder in sich zusammengesunken, den weiblichen Körper mehr oder weniger verhüllt, manchmal zum Porträt des Verstorbenen aufblickend. Häufig mit Trauerattributen wie einem Kranz, Mohn u.ä. ausgestattet. Die T. zählte zwischen 1800 und dem Ersten Weltkrieg zu den populärsten Grabfiguren auf dt. Friedhöfen und war um 1900 als industriell fabrizierte ➢ *Galvanoplastik*, meist von der ➢ *WMF* auf (groß-)städtischen Friedhöfen massenhaft verbreitet, z.B. ➢ *Grabstätte* Dörner (❖X 10, 229–235, T. aus ➢ *Bronze*) und Grabstätte Albers (❖AE 17, 214–225).

Troplowitz, Oscar (geb. 18.1.1863 Gleiwitz, gest. 27.4.1918 Hamburg), Pharmakologe und Unternehmer. Nach dem Studium in Heidelberg arbeitete T. in der Hof-Apotheke in Posen. Vater und Schwiegervater ermöglichten ihm, in Hamburg das Laboratorium von Paul Carl Beiersdorf zu erwerben, der zusammen mit dem Dermatologen Paul Gerson Unna das neue, medikamentös wirkende »Guttapercha-Pflaster« erfunden hatte. T. entwickelte ab 1897 neue Produkte, u.a. Leukoplast und den Labello-Stift (bis heute Marktführer). Es folgte 1911 die Nivea-Creme. Zwischen 1900 und 1914 verzwölffachten sich die Umsätze. 1892 verkürzte T. als Erster in Hamburg die Wochenarbeitszeit seiner Mitarbeiter bei vollem Lohnausgleich schrittweise von 60 auf 48 Stunden. Der Werktag wurde durch eine zweistündige Mittagszeit unterbrochen, damit die meist in Hamburg-Eimsbüttel wohnenden Mitarbeiter zu Hause essen und sich ausruhen konnten. **E** **ö**
❖ O 24, 129–138, Monopterus beim Wasserturm

T-Teich. Der etwa ein Hektar große ➢ *Teich* ähnelt im Grundriss dem

Buchstaben T. Seine strenge Form wird durch auf der Uferböschung in Reihen gepflanzte Trauerbuchen unterstrichen. Sein unterirdischer Abfluss erfolgt in den Bramfelder See. ❖ Bh–Bk 54–55

Ulmer, Oskar Erwin (geb. 19.6.1888 Hamburg, gest. 19.12.1963 ebd.), Bildhauer. U. war Schüler von Adolf von Hildebrandt. Viele seiner Arbeiten zeigen das Motiv »Mutter und Kind«. Die Skulptur auf seiner ➢ *Familiengrabstätte* wurde 1941 auf der Großen Kunstausstellung in München ausgestellt und erhielt nach dem Tod seiner Mutter 1945 auf dem Friedhof ihren endgültigen Platz. U. wirkte 1948 an der Ausführung des ➢ *KZ-Opfer-Mahnmals* mit, vermutlich in der Gestaltung und Ausführung von Schrift und ➢ *Urnen*. 𝐄 ❖ AC 4, 102, überdachte Skulptur

Standard-Urne. Im Erdreich beigesetzt, vergeht ihr Eisenblech im Laufe der vorgegebenen Ruhezeit von 25 Jahren durch Korrosion vollständig

Urne. Bauchförmiges Gefäß mit Deckel, das zur Aufnahme der Asche nach einer ➢ *Einäscherung* dient. Je nach Verwendung und Beisetzungsart (unter-/oberirdisch) unterscheidet man zwischen Gebrauchs- und Schmuckurne, bei Seebestattungen ist sie wasserlöslich. Im ➢ *Klassizismus* sowie in der Frühzeit der ➢ *Feuerbestattung* war die U. als Grabschmuck verbreitet. Zur Wahrung der Identität des Verstorbenen und seiner Asche befindet sich heute eine einmalig vergebene »Feuernummer« sowohl auf einem Schamottestein in als auch aufgeprägt auf der verschlossenen U.

Urnenfriedhof. In der Frühzeit der modernen ➢ *Feuerbestattung* wurden U. häufig an den Krematorien angelegt, da die ➢ *Urnenbeisetzung* vor allem auf kirchlichen Friedhöfen in der Regel

untersagt war. Am Hamburger ➢ *Alten Krematorium* erfolgte 1901 und 1904 die Anlage eines U. Sie stehen zusammen mit dem Gebäude seit 1981 unter ➢ *Denkmalschutz*. (s.a. ➢ *Urnenhain*). Lit. *Fischer 2002*

Urnengrabmal. Zu Beginn der ➢ *Feuerbestattung* spielten in antik-klassizistischer Tradition stehender Grabschmuck und -symbolik und somit häufig die ➢ *Urne* selbst als Gestaltungsmotiv eine zentrale Rolle. Im Kontext der ➢ *Friedhofs-* und ➢ *Grabmalreform* des frühen 20. Jh. wurden kleine ➢ *Stelen*, Pfeiler und lgd. Steine zu den wichtigsten Formen des U.

Urnenhain. Bez. für besonders gestaltete Flächen für ➢ *Urnenbeisetzungen*, entweder als eigenständiger ➢ *Urnenfriedhof* der Frühzeit der ➢ *Feuerbestattung* oder als abgegrenztes Areal auf regulären, vor allem kommunalen Friedhöfen. Auf dem Friedhof erfolgte die Anlage eines ersten U. 1885 im »Birkenwäldchen«. Vorerst waren hier nur oberirdische Beisetzungen von ➢ *Urnen* aus dem Krematorium Gotha, dem ersten in Deutschland, gestattet (❖ Y–Z 12–13). Einige zeittypische ➢ *Urnengrabmale* stehen noch heute. 1975 wurde der ➢ *Anonyme Urnenhain* eingerichtet.

Urnenhalle ➢ *Kolumbarium*

Vahl, Henry (geb. 26.10.1897 Stralsund, gest. 21.7.1977 Hamburg), Theater- und Filmschauspieler. V. wurde als Volksschauspieler vor allem durch die aus dem Ohnsorg-Theater in Hamburg übertragenen Fernsehsendungen bekannt. Nachdem er jahrzehntelang

als Schauspieler kaum größere Rollen erhalten hatte, konnte er 1958 durch Zufall in Vertretung eines erkrankten Kollegen im Ohnsorg-Theater auftreten. Die Rolle des komischen Alten war V. auf den Leib geschrieben. In über 100 Ohnsorg-Rollen wurde er darin zu einem Publikumsliebling. Ⓑ ❖ AD 5, 158–159, lgd. Platte

van Imhoff-Katastrophe. Gedenkstätte für 411 Deutsche, die 1942 als Internierte beim Untergang des holländischen Schiffes »Van Imhoff« nach Bombardierung durch japanische Flugzeuge vor der Küste Sumatras ums Leben kamen, sowie Sammelgrabstätte für ➢ Urnen von 49 Deutschen, die

von 1940 bis 1948 durch unmittelbare Kriegseinwirkung starben, in Schanghai eingeäschert und 1955 nach Hamburg überführt wurden. Zwei große Grabplatten markieren die 1963 vom Ostasiatischen Verein eingeweihte Gedenkstätte. Die Anlage wurde erst 1982 als ➢ *Gräber der Opfer von Krieg und Gewaltherrschaft* anerkannt. † ❖ AA 19, von der Waldstraße links am Urnengrabfeld entlang, letzte Grabreihe links

VDK ➢ *Volksbund Deutsche Kriegsgräberfürsorge*

Vegetation ➢ *Gehölze,* ➢ *Naturlehrpfad,* ➢ *Naturraum Friedhof,* ➢ *Ökoflächen,* ➢ *Rhododendron,* ➢ *Rosen-*

Oberirdisch aufgestellte Urnen im Kolumbarium Kapelle 11. Oft werden sie in eine schmückende Überurne eingestellt, oder mit einer Namensplatte dem Besucherblick entzogen

Blick auf die fried-
hofsseitige Fas-
sade des Verwal-
tungsgebäudes

garten, ➤ *Teiche,* ➤ *Tier- und Pflan-*
zenwelt, ➤ *Waldteil*

Verbrennungsofen ➤ *Einäscherungs-*
ofen, ➤ *Kalzinierofen*

Verein Deutscher Gartenkünst-
ler. 1887 als berufsständische Inter-
essenvertretung u.a. zur Förderung der
➤ *Gartenkunst* gegründet und Vorläuferorganisation der heutigen Deutschen
Gesellschaft für Gartenkunst und Land-
schaftskultur DGGL (s.a. ➤ *Weltaus-*
stellung 1900 in Paris).

Verein für Feuerbestattung in Ham-
burg. 1883 unter dem Namen »Ham-
burg-Altonaer Verein zur Förderung
der Leichenverbrennung« gegründet,
seit 1886 »Verein für Feuerbestattung
in Hamburg«. Der Verein setzte sich
für den Bau des ➤ *Alten Krematoriums*
und damit für die Einführung der modernen ➤ *Feuerbestattung* in Hamburg
ein. Langjähriger Vorsitzender war der

Rechtsanwalt Eduard ➤ *Brackenhoeft.*
Lit. *Fischer 1996* und *2002*

Versmann, Johann Georg An-
dreas (geb. 7.12.1820 in Hamburg-St.
Pauli, gest. 28.7.1899 in Hamburg),
Bürgermeister. V. war Präsident der
ersten, 1859 gewählten Hamburgischen
Bürgerschaft, ab 1861 Senator und ab
1887 Bürgermeister. Als sein größtes
Verdienst gilt die Einigung über den
Zollanschluss Hamburgs an das Deutsche Reich. E ö ❖ AB 13, 1–19, stelen-
artiger ➤ *Obelisk*

Verwaltungsgebäude. Zusammen
mit den Pförtnerhäuschen, den beiden
➤ *Retiradengebäuden* und der ➤ *Ein-*
friedung stellt das V. ein repräsentati-
ves Ensemble am ➤ *Haupteingang* des
Friedhofs dar. Geplant in ➤ *neobaro-*
cken Formen von Wilhelm ➤ *Cor-*
des, 1909/10 errichtet. Die friedhofsseitigen Freitreppen sind ausgerichtet
auf Sichtachsen zum ➤ *Althamburgi-*

schen *Gedächtnisfriedhof*, zum ➤ *Wasserturm* und zur später angelegten Ehrenanlage der ➤ *Polizei*. In den 1970er Jahren erfolgte eine Sanierung und damit auch ein Eingriff in die Ursprünglichkeit der Architektur: Entfernung schmückender Dachaufsätze und Einbau von Kunststofffenstern mit breiteren Rahmen. Das Innere des Gebäudes ist geprägt von hohen und mit Stuckdecken verzierten Räumen sowie von einer großzügigen Treppenhausgestaltung. Dort hängen Gouachemalereien von Friedrich Wilhelm Schwinge, die Ansichten des ➤ *Althamburgischen Gedächtnisfriedhofs* und des ➤ *Rosengartens* aus dem Jahr 1899 zeigen.

Verwesung bezeichnet den mikrobiellen Abbau organischer Substanzen unter Luftzufuhr und geht bei mangelnder Sauerstoffzufuhr in Fäulnis über. Der V.prozess der Verstorbenen auf Friedhöfen hängt von der Bodenbeschaffenheit ab. Seine hygienische Unbedenklichkeit für die Bevölkerung ist seit Beginn der Neuzeit ein zentrales Kriterium für die teils außerstädtische Anlage von Friedhöfen. Im hygienereformerisch orientierten Diskurs des 18. und 19. Jh. spielte die Furcht vor austretenden »Leichengiften«, als schädlich betrachtete Emanationen des toten Körpers, eine wichtige Rolle für die Auflösung innerstädtischer Begräbnisplätze und die Verlegung von Friedhöfen vor die Tore der Städte. Der weit von der Innenstadt entfernt angelegte Ohlsdorfer Friedhof zeigt wegen seines sandig-trockenen Geestbodens in der Regel gute V.eigenschaften.

Villeroy & Boch ➤ *Terrakottagrabmal*

Vogelarten. Der Friedhof als ➤ *Naturraum* ist ein bevorzugter Platz für Vögel. Von den in Hamburg beobachteten 167 V. sind auf dem Friedhof 95 nachgewiesen, darunter 15 als potentiell bis stark in ihrem Bestand gefährdete (u.a. Eisvogel, Baumfalke, Krickente, Zwergtaucher) und 67 als Brutvögel (s.a. ➤ *Vogelkundliche Führungen*).

Vogelkundliche Führungen werden seit mehr als fünf Jahrzehnten veranstaltet vom ➤ *Naturschutzbund NABU* im April und Mai eines jeden Jahres unter dem Motto: »Was singt denn da?« (s. Allgemeine Informationen).

Volksbund Deutsche Kriegsgräberfürsorge e.V. Der »Volksbund« wurde 1919 mit dem Ziel gegründet, das Gedenken an die Gefallenen und die Sorge für ihre Gräber über parteipolitische und religiöse Gegensätze zu stellen. Zugleich sollte auf diese Weise zu einer Versöhnung beigetragen und die staatliche Gräberfürsorge ergänzt werden. Ab 1926 wurde der V. zunehmend auch im Ausland im Auftrag der Regierung tätig, vornehmlich in Frankreich. Mit Beginn der NS-Zeit erfolgte 1933 die Gleichschaltung und Enthebung des V. von seinen bisherigen Aufgaben. Er ist seit 1946 für die Anlage und Feststellung von Kriegsgräbern (➤ *Deutsche Soldatengräber Zweiter Weltkrieg*, ➤ *Gedenkhalle*), Überführungen und Exhumierungen in Deutschland zuständig und seit 1952 im Auftrag der Bundesregierung wieder international tätig. Zu seinen Aufgaben gehören neben der Anlage und Pflege von Kriegsgräbern in aller Welt u.a. auch Umbettungen, Identifizierungen, Beratung von Hinterbliebenen und internationale Jugendarbeit zu den Aufgaben des V. Der Landesverband Hamburg zählt etwa 12.000 Mitglieder und Förderer. Seit den 1950er Jahren organisiert er mehrmals im Jahr Gedenkveranstaltungen auf Kriegsgräbern des Friedhofs, betreut ausländische Besucher und hilft beim Auffinden der Gräber. Ab Herbst 2006 stellt der Landesverband Hamburg im Rahmen einer bundesweiten Aktion auf ➢ *Gräbern der Opfer von Krieg und Gewaltherrschaft* des Friedhofs Texttafeln auf, die über die Geschichte des jeweiligen ➢ *Grabfeldes* und zu den Todesumständen dort Beigesetzter informieren. Die Finanzierung erfolgt weitgehend über Stifter, die namentlich genannt werden (s. Allgemeine Informationen). Lit. *Schicksal in Zahlen 2003*

Volks-Feuerbestattungsvereine. Neben der bürgerlichen, in Vereinen organisierten ➢ *Feuerbestattungsbewegung* entwickelten sich im frühen 20. Jh. innerhalb der dt. Arbeiterschaft »Volks-Feuerbestattungsvereine«. Auf dem Prinzip genossenschaftlicher Selbsthilfe basierend, boten sie ihren Mitgliedern preisgünstige Einäscherungen und förderten ➢ *Feuerbestattung* und Krematoriumsbau. Der erste und größte der V.-F. war die 1913 gegründete »Volks-Feuerbestattung V.V.a.G«, urspr. »Volks-Feuerbestattungsverein Groß-Berlin V.V.a.G«. Die V.-F. fanden sich sowohl in der sozialdemokratischen als auch in der kommunistischen Arbeiterschaft und zählten in ihren Glanzzeiten nach 1918 z.T. mehrere hunderttausend Mitglieder. Die NS-Diktatur brachte die Zerschlagung der Vereine. Ein Relikt aus dieser Zeit ist das leicht abgestufte Urnengrabfeld ❖ Bg 59, südl. davon ein Brunnen mit der Flamme als Symbol der Feuerbestattung. Lit. *Fischer 2002*

Vorsorge bezeichnet die Möglichkeit der Reservierung einer ➢ *Grabstätte* bis zur ersten Beisetzung gegen eine geringe Gebühr, zusätzlich der für die Überlassung der ➢ *Grabnutzung*. Auch im Falle künftiger Gebührenerhöhungen erfolgen keine Leistungsminderungen oder Nachforderungen.

Voscherau, Carl Hans August (geb. 24.12.1900 Hamburg, gest. 24.8.1963 ebd.), Theater- und Filmschauspieler. Nach Schauspielunterricht und kaufmännischer Lehre wurde V. Finanzbeamter. Als Sozialdemokrat 1933 arbeitslos geworden, betätigte er sich als Bänkelsänger und wurde 1940 von Richard ➢ *Ohnsorg* an dessen »Niederdeutsche Bühne« und 1946 von Willy ➢ *Maertens* an das Thalia Theater geholt. Auch als Synchronsprecher war V. tätig. Sein Bruder Walter ist unter dem Künstlernamen ➢ *Scherau* bekannt geworden und sein Sohn Henning als Hamburgs Erster Bürgermeister von 1988 bis 1997. 🆔 ❖ AC 5, 19, lgd. Platte

Voss, Ernst Christian (geb. 12.1.1842 Fockbeck bei Rendsburg, gest. 1.8.1920 Hamburg), Werftbesitzer. V. absolvierte als Sohn eines Hufschmieds zunächst eine Maschinenbaulehre und dann ein Ingenieurstudium. 1877/78 gründete er mit Hermann ➢ *Blohm* die nach ihnen benannte und später führende dt. Großwerft Blohm + Voss, 🅴 🆔 ❖ T 23, 33–50, große Grabanlage

Wahlgrabstätte. Größe und Lage einer W. können vom Nutzungsberechtigten in Absprache mit der Friedhofsverwaltung ausgewählt werden. Auf ihr sind im Gegensatz zur ➢ *Reihengrabstätte* mehrere Beisetzungen möglich.

Eine W. kann bereits zu Lebzeiten auch ohne Beisetzung überlassen und das Recht der ➤ *Grabnutzung* an ihr nach Ablauf von ➤ *Ruhezeiten* auf Wunsch verlängert werden.

Waldteil bezeichnet jenen Bereich im ➤ *Cordesteil*, der schon 1875 zur »Beholzung der zu Begräbniszwecken ungeeigneten lehmigen Parzellen [...], welche das eigentliche Begräbnisterrain gegen Norden und Osten abschließen« vom Volksdorfer Förster aufgeforstet wurde. Erkennbar am heutigen Verlauf der Norder- und der Waldstraße, erstreckt sich der W. von der ➤ *Dichterecke* bis über den ➤ *Wasserturm* hinaus. Etwa ab 1900 wurde der Friedhof erweitert und der W. mit großen Familiengräbern belegt. Der Waldcharakter mit seinem typischen mehrschichtigen Aufbau ging dabei weitgehend verloren, wozu auch der zunehmende ➤ *Rhododendron*-Bewuchs beigetragen hat.

Wappen. Zeichen in Form eines Schildes, das nach heraldischen Regeln zusammengesetzt ist. Auf Grabmalen erscheinen W. als Zeichen der familiären Tradition, z.B. auf der Grabstätte Götz (Ⓔ ❖ Z 27, 189–194). Auf dem Bronzerelief von Arthur Bock lehnt sich ein Ritter auf einen sehr großen Schild, der W. und Helmzier trägt.

Warburg, Aby (geb. 13.6.1866 Hamburg, gest. 26.10.1929 ebd.), Kunsthistoriker. W. verzichtete zugunsten seines Bruders Max auf die zu ererbende Führung des väterlichen Bankhauses unter der Bedingung, dass jener im Gegenzug seine Bücherrechnungen begleiche, und zwar auf Lebenszeit. Seit 1902 widmete sich W. dem Aufbau seiner kulturwissenschaftlichen Privatbibliothek, die 60.000 Bände sowie 25.000 Abbildungen umfasste und ab 1926 in der Heilwigstraße der Öffentlichkeit zugänglich war. Sie konnte 1933 vor den Nazis nach London gerettet werden und ist seit 1944 als Warburg Institut der dortigen Universität angegliedert. Ⓔ ⓞ̈
❖ Y 10, 78–98, ➤ *Grabstätte* Hertz

Warburg, Eric M. (geb. 15.4.1900 Hamburg, gest. 9.7.1990 ebd.), Bankier. Der Neffe von Aby ➤ *Warburg* wurde in Deutschland, England und in den USA zum Bankkaufmann ausgebildet. W. wurde 1929 Teilhaber der Warburg-Bank in Hamburg und floh 1938 vor der Judenverfolgung der NS-Diktatur nach New York. Als Nachrichtenoffizier der US-Armee nahm er 1944 an der Invasion teil, kehrte 1948 nach Hamburg zurück und übernahm die Führung des familieneigenen Bankhauses. W. setzte sich fortan für die Aussöhnung zwischen Juden und Deutschen ein (Ⓔ ⓞ̈ ❖ R 26, 109–116, sarkophagähnlicher Stein). Die Form des Grabmals geht zurück auf einen Entwurf von Ernst Barlach, der im Hause Warburg verkehrte. W. ließ es fertigen und zunächst auf dem jüdischen Friedhof Königstraße aufstellen. Nach dem Erwerb der Grabstätte in Ohlsdorf erhielt es dort seinen endgültigen Platz und wurde mit seitlichen Inschriften versehen. Sie nennen Namen und Sterbeort von Familienmitgliedern, die gewaltsam ums Leben kamen.

Warburg, Mary (geb. 13.10.1866 Hamburg, gest. 4.12.1934 ebd.), Malerin. Erhielt als Tochter einer Senatorenfamilie eine künstlerische Ausbildung, reiste viel und lebte zeitweise in Paris. Hei-

Zur Zeit seiner Fertigstellung konnte man aus den oberen Fenstern des Wasserturms weit über die freie Bramfelder Feldmark hinweg bis zur Marktkirche nach Wandsbek blicken

ratete den Kulturwissenschaftler Aby ➤ *Warburg*, mit dem sie drei Kinder bekam. **E** ❖ Y 10, 78-98, Grabstätte Hertz

Wasserbassin. Der offene Wasserbehälter wurde 1912 auf dem höchsten Punkt der ehem. Klein Borsteler Feldmark errichtet und war bis 1919 in Funktion. Zusammen mit dem ➤ *Wasserturm* wurde er in den Jahren 1988-92 restauriert. Seine Gestaltung entspricht dem kunstvollen Gesamtbild, das Wilhelm ➤ *Cordes* in seinen Entwürfen anstrebte. ❖ AH 26, an der Straße

Wasserturm. Denkmal einer technischen Hygieneeinrichtung und wichtiger Bestandteil des ➤ *Gesamtkunstwerks* Friedhof 1898 auf dem damaligen höchsten Punkt des Friedhofs und am Ende der heutigen ➤ *Cordesallee* als »abschließender ➤ *Augenpunkt*« an der damaligen Grenze zum preußischen Bramfeld nach Plänen von Wilhelm ➤ *Cordes* und wie dessen ➤ *Kapellen* im Stil des ➤ *Historismus* errichtet (s.a. ➤ *Wasserbassin*). Der W. war bis 1919 in Betrieb, erfuhr 1989-91 im Rahmen einer Arbeitsbeschaffungsmaßnahme eine Restaurierung und wird seit einigen Jahren vom Verein ➤ *Garten der Frauen* genutzt. ❖ O 25

Wedells, Siegfried (geb. 17.10.1848 Hamburg, gest. 4.6.1919 ebd.), Kaufmann und Mäzen. W. sammelte eine Vielzahl von Kunstschätzen und Bildern aus den voraufgegangenen fünf Jh. und vermachte sie samt »Grundstück Neue Rabenstraße 31 mit Gebäuden und den bei meinem Ableben darin befindlichen Kunstschätzen und Einrichtungsgegenständen« der Stadt Ham-

burg. W. lebte zurückgezogen und hatte keine unmittelbaren Nachkommen. Das Leben des jüdischen Kaufmanns, der sich aus reinem Patriotismus für Kultur und Wissenschaft seiner Vaterstadt engagiert hatte, ist noch vollkommen unerforscht. **E** ❖ N 23, 13-17, breite Grabmalwand (2006 restauriert)

Weichmann, Elsbeth (geb. 20.6.1900 Brünn, gest. 10.7.1988 Bonn), Wirtschaftswissenschaftlerin. W. arbeitete nach dem Studium als Statistikerin bei der Genossenschaft Deutscher Bühnenangehöriger. 1928 heiratete sie Herbert ➤ *Weichmann* und ging mit ihm 1933 ins Exil. 1949 kehrte sie aus New York nach Hamburg zurück, engagierte sich u.a. für den Aufbau der Verbraucherzentrale. W. war 1957-74 Mitglied der Hamburgischen Bürgerschaft.

Weichmann, Herbert (geb. 23.2.1896 Landsberg/Oberschlesien, gest. 9.10. 1983 Hamburg), Jurist und Bürgermeister. Nach 1933 Flucht ins Exil über verschiedene Staaten in die USA und 1948 von Max Brauer nach Hamburg geholt, war er für das öffentliche Haushalts- und Rechnungswesen in mehreren Funktionen tätig und von 1965 bis 1971 erfolgreicher Erster Bürgermeister mit großer persönlicher Ausstrahlung. 1971 wurde W. das Hamburger Ehrenbürgerrecht verliehen. **ö** ❖ AA 15, 66-67, rotes Grabmal

Weltausstellung 1900 in Paris. Hamburg stellte sich auf der W. mit der Speicherstadt und mit Modellen, Plänen und Fotos des Friedhofs vor und wurde dafür mit einem »Grand prix« ausgezeichnet. Die Ausstellung war Grundstock für Hamburgs Beiträge auf der

Die Gedenkmau-
er im Hintergrund
des Ehrenhains
Hamburger Wi-
derstandkämpfer
trägt die Inschrift:
»Menschen, wir
hatten euch lieb,
seid wachsam«

Deutschen Städteausstellung 1903 in
Dresden, der Ausstellung des Vereins
Deutscher Friedhofsbeamten 1905 in
Berlin, der Hygiene-Ausstellung 1907
in Berlin, der Ausstellung »Amis des
parcs« 1912 in Antwerpen und der Internationalen Hygiene-Ausstellung 1912
in Dresden.

**Widerstandskämpfer, Ehrenhain
der Hamburger.** Grabfeld für 55
hamburgische Widerstandkämpfer gegen die NS-Diktatur. Die ersten Umbettungen von 27 ➤ Urnen aus dem
KZ Brandenburg erfolgten 1946 neben
den ➤ Revolutionsgefallenen, seit 1962
auf einem eigenen ➤ Grabfeld. Angehörige und Freunde gründeten dazu

ein »Kuratorium Ehrenhain«, das auch
Finanzierung und Gestaltung übernahm. Einheitliche Kennzeichnung
der Gräber mit dem Signum des Kura-
toriums: auf den Kopf gestellte Dreie-
cke, die ehem. Kennzeichnung der KZ-
Häftlinge. Die Gedenkmauer mit den
mahnenden Worten des tschechischen
Widerstandskämpfers Julius Fucik und
die Plastik »Der Redner« von Richard
Steffen wurden im Zug der Umgestaltung des Grabfeldes 1968 errichtet bzw.
aufgestellt. † ❖ L–K 5, Hinweis an der
Straße, Lit. *Hochmuth 2005*

Witte, Otto (geb. 16.10.1872 Düsseldorf, gest. 13.8.1958 Hamburg),
Schausteller. W. gab sich auf einer

Tournee in Albanien verkleidet als der zu erwartende türkische »Prinz Halim Etti« aus und ließ sich statt seiner 1913 in Tirana zum »König von Albanien« krönen. Als der Schwindel des »Fünf-Tage-Königs« aufflog, flüchtete er als Bettler verkleidet. W. legte bei späteren Jahrmarktauftritten immer Wert auf seine verliehene Königswürde. Zuletzt wohnte er in einem Wohnwagen in Hamburg-St. Pauli. ❖ Q 9, 430–433, Porträt auf dem Grabmal

WMF. Die Württembergische Metallwaren-Fabrik (WMF) wurde um 1900 zum wichtigsten dt. Produzenten industriell gefertigter ➤ *Galvanoplastiken,* nachdem sie 1890 die Münchener »Galvano-Bronzen«-Fabrik erworben hatte. 1894 erfolgte die Verlegung der Produktion zum WMF-Stammsitz in Geislingen/Steige. Durch technische Innovationen gelang es der WMF, auch überlebensgroße Galvanoplastiken zu produzieren, darunter massenhaft Figuren für ➤ *Grabstätten:* ➤ *Trauernde,* ➤ *Grabengel-* und Christusfiguren. Die Galvanoproduktion der WMF für Friedhöfe hatte ihren Höhepunkt vor dem Ersten Weltkrieg, verlor im Kontext der ➤ *Friedhofs-* und ➤ *Grabmalreform* an Bedeutung und wurde 1953 endgültig eingestellt. Auf dem Friedhof sind von den 158 erhaltenen Galvanoplastiken allein 135 von der WMF gefertigt (Stand 1997). Lit. *Thormann u.a. 1997*

Woermann, Adolph (geb. 10.12.1847 Hamburg, gest. 4.5.1911 Grönwohld-Hof bei Trittau), Kaufmann und Reeder. W. wurde 1874 Teilhaber und 1880 Nachfolger seines Vaters Carl ➤ *Woermann* in der 1837 gegründe-

ten, Afrika-Handel betreibenden Firma C. Woermann (Woermann-Linie, ab 1890 auch Deutsch-Ostafrika Linie AG, DOAL). W. war Mitglied der Hamburgischen Bürgerschaft und des deutschen Reichstags. Als Verfechter kolonialistischer Politik unterstützte er u.a. die Inbesitznahme Kameruns als »deutsches Schutzgebiet« 1884. Ⓔ ⓞ̈ ❖ Q 24, 1–14, roter flacher Stein

Woermann, Carl (geb. 11.3.1813 Bielefeld, gest. 25.6.1880 Hamburg), Kaufmann und Reeder. Der Sohn eines Bielefelder Leinenhändlers begründete 1837 die zu einem der bedeutendsten dt. Handelsunternehmen und Reedereien aufsteigende Firma C. Woermann, die zunächst Verbindungen nach Westindien, ab 1849 dann auch nach Westafrika. 1854 unterhielt W. eine Faktorei in Liberia. Ⓔ ⓞ̈ ❖ Q 24, 76–82, ➤ *Findling*

Wohlwill, Anna Cunigunde (geb. 20.6.1841 Seesen, gest. 30.12.1919 Hamburg), Leiterin der Schule des Paulsenstifts. W. schuf aus der Armenschule eine private höhere Mädchenschule und erhielt als erste Frau eine goldene Denkmünze vom Senat. Ⓔ ⓞ̈ ❖ O–P 27, ➤ *Garten der Frauen*

Wohlwill, Gretchen (geb. 27.11.1878 Hamburg, gest. 17.5.1962 ebd.), Malerin. W. arbeitete als Kunsterzieherin an der Emilie-Wüstenfeld-Schule und gehörte zu den Gründungsmitgliedern der Hamburgischen Sezession. 1933 wegen jüdischer Herkunft aus dem Schuldienst entlassen und aus der Hamburgischen Künstlerschaft ausgeschlossen. Sie emigrierte nach Portugal und kehrte 1952 zurück. Ⓔ ⓞ̈ ❖ O–P 27, ➤ *Garten der Frauen,* lgd. Platte

Wölber, Hans-Otto (geb. 22.12.1913 Hamburg, gest. 10.8.1989 ebd.), Hauptpastor. Seit Kriegsende in Hamburg als Landesjugendpastor, Hauptpastor an der Nikolaikirche und als Lehrbeauftrager an der Universität Hamburg tätig. 1964–83 war W. Bischof der Hamburgischen Landeskirche. Ⓔ ⓞ ❖ AA 8, 101–102, lgd. Platte, ➤ *Bischofskuhle*

Wolff, Henny (geb. 3.2.1896 Köln, gest. 29.1.1965 Hamburg), Sängerin und Gesangspädagogin. W. gelangte als Bach- und Händel-Interpretin zu Weltruhm, lehrte am Bonner Konservatorium und in Berlin. Nach dem Zweiten Weltkrieg kam sie nach Hamburg und unterrichtete hier an der Musikhochschule. ❖ O–P 27, ➤ *Garten der Frauen*, lgd. Platte

Wolffson, Isaac (geb. 21.1.1817 Hamburg, 12.10.1895 ebd.), Jurist. W.

Die schlichte Stele auf dem Grabmal für Helmut Zacharias

kämpfte seit 1842 engagiert um die staatsbürgerliche Gleichstellung der Juden und gilt als bedeutender jüdischer Parlamentarier seiner Zeit. Von 1859 an war er 30 Jahre lang Mitglied der Hamburgischen Bürgerschaft. W. wirkte am Entwurf des Bürgerlichen Gesetzbuches BGB mit. Ⓔ ⓞ ❖ S 11, 592–597, 602–607, großes rotes Grabmal

Wüstenfeld, Emilie (geb. 17.8.1817 Hamburg, gest. 2.10.1874 ebd.), Gründerin von Frauenvereinen. Um Frauen eine bessere Schulausbildung zu ermöglichen und den Armen zu helfen, gründete sie 1850 mit anderen Frauen die erste Hochschule für das weibliche Geschlecht. ⓞ ❖ P 6, ➤ *Althamburgischer Gedächtnisfriedhof*, Grab 54

Zacharias, Helmut (geb. 27.1.1920 Berlin, gest. 28.2.2002 Ascona), Violinvirtuose. Z. konnte bereits als Zweijähriger »Hänschen Klein« fiedeln. Die Geige begleitete ihn fortan sein Leben lang, und er eilte von Erfolg zu Erfolg. Den Anfang machte Z. im Berlin der 1920er Jahre als »Sitzgeiger« mit klassischer Musik, bis ihn der Swing in seinen Bann zog und zum »Stehgeiger« machte. Nach 1945 gründete Z. seine eigene Big Band und entwickelte das typische virtuose Violinspiel, dem er seinen Ehrentitel »Teufelsgeiger« verdankt. Die ganze Welt swingt mit seiner Version von »Wenn der weiße Flieder wieder blüht«, einem deutschen Erfolgsschlager der 1930er Jahre, den er »entschnulzt« hatte. ❖ M 17, 306, an der Wegrundung

Ziegel, Erich (geb. 26.8.1876 Schwerin, gest. 30.11.1950 München), Schauspieler, Regisseur und Theaterleiter. Z.

kam 1916 nach Hamburg an das Thalia
Theater und wechselte bald zum Deutschen Spielhaus, wo seine Frau Mirjam
➢ *Horwitz* spielte. 1918 eröffnete er seine Kammerspiele am Besenbinderhof,
machte die Bühne bis 1928 zu einem
führenden avantgardistischen Theater
im deutschsprachigen Raum mit Autoren wie Bertolt Brecht, Ernst Barlach
und Heinrich Mann und gab Schauspielern wie Gustaf ➢ *Gründgens*, Vik-
tor de Kowa und Ernst Fürbringer entscheidende Impulse für ihre Karrieren.
1934 flüchteten Z. und seine jüdische
Frau nach Wien. 1956 wurde er nach
Ohlsdorf in die Ehrengrabstätte umgebettet. 🏵 ❖ P 7, 13, lgd. Platte

Zippus bezeichnet einen rechteckigen, in der Antike als Grabmal oder
Grenzstein aufgestellten Steinpfeiler. Im
➢ *Klassizismus* wurde diese Form wieder aufgegriffen, wobei die Ausschmückung der Z. meist mit Eckakroteren
(ornamentale Zierstücke) und/oder
Giebeln erfolgte. Beispiele: ➢ *Hanseatische Kampfgenossen* und Grabstätte
von Hildebrandt (Ⓔ ❖ K 5, 316–319),
beide aus dem Jahr 1832. Ein besonders
großes, neoklassizistisches Beispiel dieser Form findet sich auf der Grabstätte
Gaiser (Ⓔ ❖ Z 19, 44–49/AA 19, 5–16).

Zitronenjette (d.i. Johanne Henriette
Marie Müller, geb. 18.7.1841 Dessau,
gest. 8.7.1916 Hamburg), Straßenhänd-
lerin, Hamburger Original. Die Z. verkaufte auf der Straße und in Lokalen Zi-
tronen und wurde später als Alkoholike-
rin in die »Irrenanstalt Friedrichsberg«
eingeliefert. Aus dem Stoff einer Lokal-
posse über sie machte Paul Möhring
1940 ein erfolgreiches Theaterstück.
❖ O–P 27, ➢ *Garten der Frauen*

Z-Teich. Streng geformter Teich,
dessen Verlauf im Grundriss einem
Z ähnelt. Die anfangs ausschließlich
mit Pyramidenpappeln bepflanzte Bö-
schungskrone wurde 2006 auf halber
Länge rekonstruiert. Ein Standort des
zukünftigen ➢ *Linnedenkmals* in diesem Bereich steht zurzeit noch nicht
fest. An der östl. Biegung befindet sich
die Grabstätte von Otto ➢ *Linne*. ❖ Bl
55–Bm 58

Zuerstbeerdigte. Die ersten drei Beisetzungen waren eingebunden in die
feierliche Zeremonie der Friedhofsein-
weihung am 1.7.1877. Beigesetzt wurden
die kath. Frau eines Tischlers, Eva Maria
Stülken, der Arbeitsmann Hans Hinrich Davidsen und der Arbeiter Heinrich Anton Schmidt. Alle drei waren
im Allgemeinen Krankenhaus St. Georg
verstorben. Symbolisch für die Z. wurden später drei Trauerbuchen gepflanzt.
Eine bronzene Erinnerungstafel auf einem ➢ *Findling* weist auf die ➢ *Friedhofseröffnung* hin. Erst 1902, zum 25-
jährigen Jubiläum des Friedhofs, wurde
das ➢ *Denkmal* aufgestellt. Ⓔ ❖ U 9,
nördl der Kapelle 1, rechts am Weg

Das laubum-
wundene Gerüst
für die feierliche
Einweihung des
Friedhofs über
den Gräbern der
Zuerstbeerdigten.
Der Blick nach
Norden über den
»Eigensinnigen
Berg« hinweg
ins Alstertal war
durch Baum-
wuchs schon we-
nige Jahrzehnte
später nicht mehr
möglich

Allgemeine Informationen

Anfahrt
Der Friedhof besitzt vier Einfahrten und vier weitere Eingänge für Fußgänger. Sie sind mit folgenden öffentlichen Verkehrsmitteln zu erreichen:

Haupteingang Fuhlsbüttler Straße:
U/S-Bahnen: U1, S1, S11 bis Ohlsdorf
Busse: 39, 172, 179 bis Ohlsdorf

Eingang Kornweg:
S-Bahn Linie S 1 bis Kornweg, von da aus ca. 10 Gehminuten

Eingang Bramfeld:
Metrobus 8 bis Maisredder

Eingang Seehof in Bramfeld:
Buslinie 177 bis Seehof

Taxistand
am U-/S-Bahnhof Ohlsdorf

Auskunft
Auskünfte und Beratungen zu Grab-, Bestattungs- und Friedhofsangelegenheiten, kostenlose Informationsblätter, Broschüren und Literatur über den Friedhof im ➢ Beratungszentrum des Hauptgebäudes, im ➢ Informationshaus am Fußgängereingang Fuhlsbüttler Straße und in den ➢ Friedhofsgärtnereien auf dem Friedhof.

Busverkehr
Auf dem Friedhof verkehren die Buslinien 170 und 270 täglich bis etwa 18.00 Uhr im 20- bzw. 30-Minuten-Takt ab Fußgängereingang Fuhlsbüttler Straße am ➢ Informationshaus über alle ➢ Kapellen bis zu den Einfahrten Bramfeld und Seehof.

Förderkreis Ohlsdorfer Friedhof e.V.
Fuhlsbüttler Straße 756, 22337 Hamburg., Tel.: 040-50053387, Sprechzeiten während der Öffnungszeiten des Museums: Mo, Do und So von 10.00 bis 14.00 Uhr, info@fof-ohlsdorf.de, www.fof-ohlsdorf.de

Friedhofsführungen
Termine können über die Veranstalter ➢ Förderkreis Ohlsdorfer Friedhof, ➢ Garten der Frauen, ➢ Naturschutzbund und die ➢ Friedhofsverwaltung in Erfahrung gebracht werden, s. auch Aushang in den Schaukästen des Friedhofs.

Friedhofsmusiker
Tel.: 040-598922

Friedhofspfarramt
Fuhlsbüttler Straße 658, 22337 Hamburg, Tel.: 040-599778, E-Mail: friedhofspfarramtohlsdorf@web.de

Friedhofsverwaltung
Friedhof Ohlsdorf, Fuhlsbüttler Straße 756, 22337 Hamburg., Tel. 040-59388-0, Telefax: 040-59388-777, E-Mail: information@friedhof-hamburg.de, www.friedhof-hamburg.de

Friedhofsbetreuer:
Alle Kapellen und Feierhallen: 040-59388-730

Friedhofsgärtnereien auf dem Friedhof Ohlsdorf

Kapelle 1   040-59388-151
Kapelle 4   040-59388-154
Kapelle 6   040-59388-156
Kapelle 7   040-59388-157
Kapelle 9   040-59388-159
Kapelle 10   040-59388-160
Kapelle 12   040-59388-162
Kapelle 13   040-59388-163

Öffnungszeiten Friedhof:

April bis Oktober 8.00 bis 21.00 Uhr täglich
November bis März 8.00 bis 18.00 Uhr täglich

Beratungszentrum im Hauptgebäude:

Mo bis Do 9.00 bis 16.00 Uhr
Fr 9.00 bis 15.00 Uhr

Informationshaus am Fußgängereingang Fuhlsbüttler Straße:

Täglich 11.00 bis 15.00 Uhr

Friedhofsgärtnereien

Mo bis Do 8.00 bis 15.00 Uhr
Fr 8.00 bis 13.00 Uhr

Fundsachen:

Fundbüro im ➢ ? am Fußgängereingang, geöffnet täglich von 11 bis 15 Uhr

Garten der Frauen e.V.:

Tel./Fax: 040-41099666, E-Mail: info@garten-der-frauen.de, www.garten-der-frauen.de

Hunde

sind auf dem Friedhof mit Ausnahme von Führhunden für Blinde verboten

Jüdischer Friedhof

Ilandkoppel 68, 22337 Hamburg, Tel.: 040-6307964, geöffnet: Mo-Fr 8.00 bis 16.00 Uhr, So 10.00 bis 16.00 Uhr; Sa und an jüdischen Feiertagen geschlossen. Männliche Besucher benötigen eine Kopfbedeckung.

Kolumbarien

Kapelle 8 und 11: geöffnet Mo bis Fr 9.00 bis 16.00 Uhr, Sa u. So 10.00 bis 15.00 Uhr

Museum Friedhof Ohlsdorf

geöffnet: Mo, Do u. So 10.00-14.00 Uhr und nach Vereinbarung, Tel.: 040-50053387 (Förderkreis), kostenloser Eintritt.

Naturschutzbund Deutschland

Landesverband Hamburg e.V., Osterstraße 58, 20259 Hamburg, Tel.: 040-697089-0, E-Mail: nabu@nabu-hamburg.de, www.nabu-hamburg.de, Stadtteilgruppe Ohlsdorf: Tel.: 040-61130111, ingke.carstens@hamburg.de

Notfälle

In Notfällen kann über die Polizei-Notrufsäulen und Telefone des Friedhofs Hilfe herbeigeholt werden. Zentrale Notrufnummer bei Wasserrohrbrüchen: 040/65681691. Diebstähle bitte unbedingt der Polizei melden.

Straßenverkehr

Fahrstraßen mit Pkw oder Fahrrad befahrbar, Durchgangsverkehr verboten. Es gilt die Straßenverkehrsordnung, Höchstgeschwindigkeit 30 km/h. Bei Begegnung eines Trauerzuges Fahrzeug in angemessener Entfernung anhalten und Motor abstellen.

Toiletten
Öffentliche Toiletten im ➤ *Informationshaus* am Fußgängereingang Fuhlsbüttler Straße, im Hauptgebäude, am Krematorium und bei allen ➤ *Kapellen*

Volksbund Deutsche Kriegsgräberfürsorge e.V.
Landesverband Hamburg: Saling 9, 20535 Hamburg, Tel.: 040-259091, E-Mail: info@volksbund-hamburg.de, www.volksbund-hamburg.de

Literaturhinweise

Ahlefeldt, Otto von: 50 Jahre Ohlsdorfer Friedhof, in: Alstertal-Bote, Hamburg 1927

Albrecht, Ludolf/ Maaß, Harry: Unsere letzte Wohnung, Bilder von alten Friedhöfen, Hamburg 1920

Arbeitsgemeinschaft Friedhof und Denkmal AFD (Hg.): Raum für Tote, Braunschweig 2003

Bake, Rita: Stadt der toten Frauen. Der Hamburger Friedhof Ohlsdorf in 127 Frauenporträts, Hamburg 1997

Diercks, Herbert: Friedhof Ohlsdorf. Auf den Spuren der Naziherrschaft und Widerstand, Hamburg 1992

Fischer, Norbert: »Das Herzchen, das hier liegt, das ist sein Leben los« – Historische Friedhöfe in Deutschland, Hamburg 1992

Fischer, Norbert: Geschichte des Todes in der Neuzeit, Erfurt 2001

Fischer, Norbert: Zwischen Technik und Trauer. Feuerbestattung–Krematorium–Flamarium. Eine Kulturgeschichte, Berlin 2001

Fischer, Norbert/Herzog, Markwart (Hg.): Nekropolis – Der Friedhof als Ort der Toten und der Lebenden, Stuttgart 2005

Fischer, Norbert: Vom Gottesacker zum Krematorium. Eine Sozialgeschichte der Friedhöfe seit dem 18. Jahrhundert. Köln/Weimar/Wien 1996 (Online-Version: www.sub.uni-hamburg.de/37/inhalt.hmtl)

Frank/Linne: Die Aschengrabmale für den Ohlsdorfer Friedhof, Hamburg 1924

Freitag, Hans-Günther: Von Mönckeberg bis Hagenbeck, Hamburg 1973

Großes Lexikon der Bestattungs- und Friedhofskultur. Wörterbuch zur Sepulkralkultur. Hrsg. vom Zentralinstitut für Sepulkralkultur, Bd. I: Braunschweig 2002, Band II: Braunschweig 2005

Hochmuth, Ursel: Niemand und nichts wird vergessen. Eine Ehrenhain-Dokumentation, Hamburg 2005

Kändler, Eberhard: Begräbnishain und Gruft. Die Grabmale der Oberschicht auf den alten Hamburger Friedhöfen, Hamburg 1997

Kiesel, Otto Erich: Die alten hamburgischen Friedhöfe, Hamburg 1921

Kolfhaus-Beyer, Johannes: Viele jüdische Friedhöfe auf dem jüdischen Friedhof Ohlsdorf, Hamburg 1994

Kopitzsch, Franklin/Brietzke, Dirk (Hg.): Hamburgische Biografie Bd. I: Hamburg 2001, Bd. II: Hamburg 2003, Bd. III: Göttingen 2006

Kopitzsch, Franklin/Tilgner, Daniel (Hg.): Hamburg Lexikon, Hamburg, 3. Aufl. 2006

Kuick-Frenz, Elke von: Anwalt des sozialen Grüns. Die funktionale und gestalterische Entwicklung öffentlicher Grün- und Freiflächen am Beispiel der Planungen Otto Linnes, 2 Bde., Hamburg 2000

Leisner, Barbara/Fischer, Norbert: Der Friedhofsführer. Spaziergänge zu bekannten und unbekannten Gräbern in Hamburg und Umgebung, Hamburg 1994

Leisner, Barbara/Schoenfeld, Helmut: Der Ohlsdorfführer, Hamburg 1993

Leisner, Barbara/Schulze, Heiko/Thormann, Ellen: Der Hamburger Hauptfriedhof Ohlsdorf, Hamburg 1990

Linne, Otto: Der Ohlsdorfer Friedhof in Hamburg, in: Friedhofskunst, Heft 6/1927

Lütcke, Ernst: »Revier Blutbuche« 1945–1988, Hamburg 1989

Marheinecke, Jens: Egino Weinerts Kreuzweg, Ein Gang über den katholischen Teil des Friedhofs, Hamburg 1998

Mauss, Hans-Jörg/Zinnow, Ingrid, Bd. 10 der Schriftenreihe des Förderkreises: Johannes Brahms – Menschen aus seinem Hamburger Umkreis, Hamburg 2003

Raum für Tote. Die Geschichte der Friedhöfe von den Gräberstraßen der Römerzeit bis zur anonymen Bestattung. Hrsg. von der Arbeitsgemeinschaft Friedhof und Denkmal e.V./Zentralinstitut und Museum für Sepulkralkultur Kassel, Braunschweig 2003

Schindler, Reinhard: Die Bodenaltertümer der Freien und Hansestadt Hamburg, Hamburg 1960

Schoenfeld, Helmut: Der Friedhof Ohlsdorf, Hamburg 2000

Thormann, Ellen/Leisner, Barbara/Schoenfeld, Helmut: Massenhaft Engel – Galvanoplastiken auf dem Ohlsdorfer Friedhof, Hamburg 1997

Volksbund Deutsche Kriegsgräberfürsorge: Schicksal in Zahlen, Kassel 2003

Vom Reichsausschuss zur Arbeitsgemeinschaft Friedhof und Denkmal, Kassel 2002

Autor und Verlag danken der Hamburger Friedhöfe AöR und dem Archiv des Förderkreises Ohlsdorfer Friedhofs e.V. für die Bereitstellung des Bildmaterials und insbesondere Lutz Rehkopf, Peter Normann und Peter Schulze für die Anfertigung von aktuellen Aufnahmen

Impressum

Die Deutsche Bibliothek verzeichnet diese Publikation in der Deutschen Nationalbibliografie; detaillierte bibliografische Daten sind im Internet unter http://dnb.ddb.de abrufbar.

Der Ohlsdorfer Friedhof – ein Handbuch von A bis Z

Text und Bildlegenden: Helmut Schoenfeld unter Mitarbeit von Dr. Norbert Fischer, Dr. Barbara Leisner und Lutz Rehkopf

Lektorat: Dr. Daniel Tilgner
Gesamtherstellung: EDITION TEMMEN

1. Auflage 2006

Hohenlohestraße 21
28209 Bremen
Tel. 0421-34843-0
Fax 0421-348094
info@edition-temmen.de
www.edition-temmen.de

ISBN 3-86108-086-9
ISBN 978-3-86108-086-8